普通高等教育“十一五”国家级规划教材
北京市高等教育精品教材·国家级精品课程

21世纪广告基础教材
广告学专业“十三五”规划教材

市场调查与分析

王云蔚　著

Market Research and Analysis

中国传媒大学出版社
·北京·

前 言

市场调查技术和方法的应用与发展在国内已较成熟,大大小小、成千上万的调查公司,以及丰富多彩的调查项目,都为调查理论和技术积累做出了贡献。市场调查方面的教材也出版众多。我在十几年的教学过程中,所选用的教材也不下十本,每本教材都各有其风格和特点。经过多年的教学积累,我感觉需要在本科教学中,结合普通本科学生的需求和教学需求编写一本《市场调查与分析》。

本教材的编写思路主要出于两方面的考虑:一个是明确实地调查的工作逻辑;另一个是明确调查理论和方法的理论逻辑。在实地调查的工作逻辑上,本教材的编写遵循实地调查工作的谋划——实施——总结这样的基本工作逻辑。谋划工作包括对调查项目主题的探索、确定和去伪存真;实施工作包括具体的抽样方案的制定、具体的问卷和访谈大纲的设计及实地调查、各种实地调查工作中遇到的问题及解决等;总结则包括对实地调查采集数据的分析及整个调查工作的总结等。在理论逻辑上,本教材除了对一些基本调查方法做了介绍之外,也就一些看似相似的调查方法及方法逻辑展开了讨论,并对它们的适用范围做了尝试性的讨论和说明。

大数据是市场调查不能忽视的话题。目前,大数据对市场调查方法的影响,并不是对传统调查方法的颠覆和取代,而是把传统的调查方法推到它更能发挥长处的领域——深度分析上。除此之外,大数据的筛选及分析原则实际上依然离不开传统的市场调查方法。目前,虽然大数据话题火热,但是,真正能被大众所接受和使用的大数据分析工具并没有开发出来,一些所谓的大数据分析软件仍然处于小众化、专业化的使用状态,当然也不排除一些数据分析公司仍然用传统的数据分析法来分析片段化的所谓的大数据。本教材中关于大数据以及大数据下调查方法的应用与发展也从此思路简单展开了讨论。

本教材付梓出版之际,需要感谢的人很多。感谢我的博士生导师包智明教授。本书的部分内容以及写作所受到的启发，离不开当年在包智明教授所主持的调查方法课程上的学习和讨论，更离不开他严谨而自律的治学精神对我的熏陶和感染，虽然只是学到皮毛，已获益良多。感谢清华大学的沈阳教授，他的课程信息量爆棚，课程涉及的技术更新更是让人目不暇接。在课堂上，他提供了独家开发的ROST软件，让我受益匪浅，在本书中对此也有介绍。还要感谢我的单位及领导，感谢项目负责人魏超教授。本教材得到了北京印刷学院新闻出版学院广告学专业建设经费支持。还要感谢我的家人和朋友，我每迈出一步，都离不了他们的支持。最后，要诚挚地感谢本书的编辑程平老师，以及幕后的更多编辑。

本教材在写作过程中参阅了大量文献，虽然已经在书后列出，但是难免有纰漏，书中的一些内容也难免存在表述不严谨的地方，还请读者指正。

目 录

第一章　市场调查导论

对于“调查”这个字眼，很多人并不陌生，调查无处不在。无论是从专业性还是非专业性来讲，“调查”都出现在我们学习和工作的方方面面。由于调查在媒体创意、媒介选择、信息发布和信息传播效果评估等方面发挥着不可忽视的作用，市场调查(marketing research)对于媒介从业者和媒介相关专业的学生而言，便成了一项不可缺少的技能。市场调查的内容和操作具有很强的系统性与流程性，市场调查也是理论与实践的综合应用，本书将按市场调查的流程来组织内容。

传统的调查工作主要可以分为三个阶段：计划阶段、实施阶段和分析总结阶段，主要工作集中在收集有效数据和分析数据上。随着大数据的出现和应用，传统调查中的难题——收集数据已经不再困难，工作重点转移到了如何从海量的数据中提取有关的数据和有效的数据。大数据的出现虽然为我们的数据分析提供了各种可能性和便捷性，但是由于数据的庞杂和混乱，怎样从中找到有价值的数据已成为今后调查工作要面对的重点问题。

第一节　市场调查及其价值和意义

一、市场调查

对于什么是市场调查，不同的学者和研究机构给出了大同小异的概念。根据美国市场营销协会的定义，市场调查是一种通过信息将消费者、顾客和公众与营销者联系起来的职能工作。这些信息用于识别和确定营销机会及问题，产生、提炼并评估营销活动，监督营销绩效，改进人们对营销过程的理解。一般的教材将市场调查界定为运用科学的方法有目的地、系统地搜集、记录和整理有关市场营销的信息，分析市场情况，了解市场现状及其发展趋势，为市场预测和营销决策提供客观、正确的资料。尽管不同作者和不同机构在语言描述上有所差别，但是，市场调查的本质是一样的，即：通过科学合理的方法和技术，搜集所需要的市场信息与资料，并在此基础上进行数据与资料分析的一门工具性、技术性的工作。市场调查类的图书则是在长期实践工作的基础上，总结市场调查规律形成的各种调查技术和实践经验的汇总。虽然市场不断发生着变化，但是调查的技术和方法并不局限于某一个领域或者某一个行业。从这个角度来看，市场调查的技术和方法在很多领域存在着通用性。由于各个行业又存在一定的特殊性，因此，市场调查往往会和行业结合起来应用并展开讨论。

目前，我们经常见到的调查类教材主要以社会调查、广告调查、媒介调查等内容为重点，下面我们将对这几类调查进行简单的讨论和区分。

(一)市场调查与社会调查

社会调查主要指人们有目的、有意识地通过对社会现象的观察、分析和研究来了解社会真实情况，认识社会生活的本质及其发展规律，探索改造社会、建设社会的道路或方法的一种自觉的认识活动。社会调查活动开始较早，主要是对涉及社会生存、发展等方面情况的调查，广义的社会调查包括民意调查和舆情调查。在调查方法上，社会调查积累了丰富的经验；在调查领域上，社会调查涉及社会生活的方方面面，如社会阶层调查、社会流动调查、社会网络调查等。可以说市场调查的主要方法源于社会调查方法，二者在基本方法上并没有本质区别，主要区别集中在调查和研究领域。社会调查侧重对社会问题及社会现象的调查和研究，而市场调查则侧重对市场现象及市场行为等的调查与研究。

(二)市场调查与广告调查

广告活动作为市场活动的一个领域，它的方方面面都被打上了市场的烙印。从广义上来说，广告调查属于市场调查的一个领域，它更关注对广告品牌、广告产品、广告媒介、广告效果等的调查，调查范围主要集中在消费市场；而市场调查范围更广，既包括消费市场，也包括生产市场。从具体的调查方法和指导原则来看，二者基本一致，广告调查并没有独特的、属于本领域和本学科的方法及原则。从定义来看，市场调查和广告调查的功用及性质并没有什么本质区别，而且广告调查的方法大多借鉴了市场调查的方法，如抽样技术、问卷技术等。二者的不同之处在于调查领域各异。市场调查的领域和范围更加广泛，既包括生产领域，也包括消费领域；而广告调查主要集中在消费领域和媒介市场。

（三）市场调查与媒介调查

媒介调查指以新闻媒介为载体，发布专项主题调查问卷，通过广大听众、观众、读者自愿回答并反馈调查结果来搜集调查资料的一种专项调查形式。媒介调查分为狭义和广义两种，狭义的媒介调查是指运用问卷调查法进行的媒介研究，广义的媒介调查是指运用任何科学的方法进行的媒介研究。媒介调查主要包括传播内容调查、传播媒介调查、传播受众调查和传播效果调查，其具体方法依然是以市场调查的方法为基础，再结合自身领域进行技术和手段的延伸。

二、市场调查的价值和作用

任何市场活动都离不开相关产品和市场的数据支持。市场活动的策划、创意、媒介选择、广告投放和信息的传播效果评估等都离不开市场调查的支持。人们通过市场调查来分析市场活动的可行性以及活动可能达到的预期。具体来说，市场调查的价值和作用主要体现在以下几方面。

（一）市场调查能够为各种市场活动策划提供依据

销售活动和其他市场活动的创意诉求、广告活动的策划都离不开对消费市场的了解和预测，而这些通常是通过市场调查获得的。

（二）市场调查能够为活动的媒介选择提供依据

针对投放市场的产品应该设计怎样的销售策略，是降价促销还是饥饿营销，所设计的广告信息在何时、何地，选择什么样的媒体进行投放，投放频次、媒体排期怎样选择……这些决策都离不开市场调查所获得的数据作为依据。

（三）市场调查能够为市场活动的效果评估提供依据

市场的各种活动具有系统性，根据信息简单地制定出销售策略并不算完成了市场调查，还需要对活动效果进行评估，从而为后面的市场活动提供可行性分析。因此，对市场活动的效果评估是非常必要的。各种市场活动和信息传播的效果评估尽管有不同的方法和模型，但所需要的数据都离不开调查工作。

(四)市场调查能够为市场活动预算和各种营销与市场开拓活动的投资提供数据支持

对于企业而言，每一年的市场活动预算及投资都需要谨慎地决断，决断的依据源于对市场的判断，包括对竞争对手的活动投资以及活动预算、产品的生命周期等特性做出判断，这些都离不开对市场有力的调查和分析。

三、当前市场调查的特点

作为一项在西方发达国家率先发展成熟的调查技术，随着时间的推移、调查和数据分析技术的不断完善，尤其是随着当今以互联网为基础的网络技术的发展，市场调查被赋予了新的方式，有了新的平台，调查技术也在不断改进。

(一)抽样技术的广泛应用

现代调查技术离不开合理的调查样本的选择。如何选择样本，对于调查尤其是大型调查而言，是一项非常重要的工作。样本选取是否有代表性、选择标准和过程是否客观，将直接影响整个调查的质量。建立在概率论基础上的随机抽样和建立在研究者已有知识与经验基础上的非随机抽样在各种类型的调查中都得到了广泛应用。

大数据时代，抽样技术不仅被用于抽取待调查的对象，也被用于选取大数据中的典型数据和代表数据。

(二)问卷和大纲设计的精密化

抽样技术解决的是“调查谁”的问题，问卷与大纲解决的则是“搜集什么数据和信息”的问题。问卷与大纲的内容和设计技巧往往与调查主题及调查对象的特点密切相关。问卷设计经过多年的经验积累，已经有了非常成熟的方法和手段。大型的市场调查需要缜密、详细的问卷和大纲，一般性调查的问卷设计则相对简单。问卷设计的成熟性尤其表现在心理学和人力资源领域，例如我们经常用到的对消费者心理与行为的调查所使用的问卷(测量表)就非常专业，而由学生针对自己感兴趣的主题所设计的问卷则相对简单和随意。

随着大数据的出现和发展，通过问卷来搜集数据与资料仿佛变得可有可无，但实际上，如果想对市场展开深度调查与分析，还是离不开有针对性的问卷的使用。

(三)计算机技术在资料整理和分析中的应用

随着计算机技术的应用和发展，数据的分析技术也在不断发展。调查资料早就脱离了手工计算和分析的阶段，现在我们常常借助不同的分析软件来进行各种数据分析。定量分析方面，常用的分析软件既包括通用的 Excel 和 SPSS 统计分析软件，也包括 SAS、STATUS 等专业性很强的分析软件；较流行的定性分析软件是 UCNET。通过这些分析软件，我们可以更加自如但并非随意地获得研究所需要的数据和变量关系。

网络化和媒介化生活形态的形成及发展，也让计算机技术在各种数据的获取、分析等方面不可或缺。

(四)借助互联网技术展开的调查越来越多

随着互联网的发展，依托网络平台展开的调查越来越常见，网络调查以其即时性、匿名性等优势受到一些研究者的青睐。但是它也有自身的不足，调查对象已经脱离了研究者的视野，数据提交存在着随意的可能。另外，从具体方法和方法论而言，基于网络平台展开的调查工作与传统的线下调查除了依托的平台不同外，并没有本质的差异。

四、市场调查的资料来源

各类调查的资料来源基本一致，主要有两种：一种是直接资料，另一种是间接资料。

(一)直接资料

直接资料的来源主要是研究者通过实地调查得到的第一手资料。这种资料的好处是具有很强的针对性，不足在于需要花费大量的人力物力。

(二)间接资料

间接资料也被称为二手资料，是指从别人搜集和积累的资料中摘取的有关资料。利用间接资料的调查一般见于对法律法规、国家和地区政策等的研究以及历史性研究中。间接资料的调查的好处在于能节省人力物力，可以快速获得一些数据和信息；不足之处在于其针对性不够强，资料获得的过程和方法具有不可知性或者不可验证性，可能会带来一些虚假的信息。

五、市场调查研究的常用方法

(一)定性研究

定性研究主要是指建立在小样本基础上，通过观察等方法对事物本质属性的研究，通常与个案研究有关，定性研究力图通过非数据化的信息分析来揭示事物间的本质属性和关系，在市场调查研究中经常被用来分析政策市场、产业环境等。

(二)定量研究

定量研究是建立在大样本基础上，通过调查等方式获得资料并进行数据化分析，从而由局部推断总体的一种研究方法。定量研究方法在广告调查中得到了非常广泛的应用，比如收视率调查、消费市场调查、媒介特性调查等，基本上都离不开定量研究。

定性研究和定量研究尽管在调查方法发展的过程中有过地位不对等的阶段，但是这两种方法并没有优劣之分，它们分别适用于不同的研究主题，而且在市场调查和研究过程中，这两种方法总会交替使用，只使用一种方法很难解决所有的问题。

第二节 市场调查的类型

学界对于市场调查的分类标准不尽相同：有的按调查层次划分，有的按调查内容划分，有的按调查产业类型划分，有的按调查群体划分，还有的按事前事后划分。

一、宏观调查、中观调查与微观调查

按照市场调查的层次，可以将市场调查分为宏观调查、中观调查和微观调查。

(一)宏观调查

宏观调查一般是对市场政策、法规、宏观市场环境、文化、宗教、习俗等展开的调查。在国际化背景下,如果某种产品计划进入新的国家或地区,在产品和信息传播策划活动进入这一市场之前,需要进行广泛的了解和调研,以确定产品是否符合当地的法规和政策要求,以及产品信息是否会涉及文化和宗教信仰等敏感问题。

(二)中观调查

中观调查一般是把市场活动作为一项系统工作,通过对某个行业生产商和销售商、消费群体与产品消费者、活动信息传播的媒介调查和研究,为市场活动的策划、创意、信息传播及投放提供依据。下面我们将以市场活动中的广告活动为例,来观察中观调查的调查内容与范围。

1.广告主调查

对于广告主的界定,不同研究者有着不同的看法,有的学者这样定义它:“广告主,又称广告客户,是指为推销商品或服务自行或者委托他人设计、制作、发布广告的法人及其他经济组织或者个人。作为广告市场重要组成部分的广告主是广告行为的发起者、广告信息的发出者,也是广告活动的出资者。”[①]MBA智库百科则将广告主界定为:“为推销商品或者提供服务,自行或者委托他人设计、制作、发布广告的法人、其他经济组织或者个人。它是市场经济及广告活动的重要参与者,它可以是法人,也可以是自然人。广告主是广告活动的发布者,是在网上销售或宣传自己产品和服务的商家,是联盟营销广告的提供者。任何推广、销售其产品或服务的商家都可以是广告主。广告主发布广告活动,并按照网站主完成的广告活动中规定的营销效果的总数量及单位效果价格向网站主支付费用。广告主负责提供市场及商品资料给广告代理公司,监督广告公司的运作过程以及验收广告成品。”[②]实际上,我们可以简单地认为广告主是广告产品的所有单位,是产品广告的发布者和受益者。针对广告主的调查主要包括广告主的广告活动调查、广告产品调查、广告主的市场战略调查、广告主的属性调查、广告主的企业文化和品牌价值调查等。

---

① 舒咏平.广告调查[M].武汉:武汉大学出版社,2006:10.

② 参见MBA智库百科“广告主”词条。

2.广告公司调查

广告公司是专门从事广告业务的公司，是广告业的核心组织。作为广告市场活动的主体，广告公司是连接广告主、广告媒介和广告受众的桥梁。按照不同的职能，广告公司可以分为广告代理公司和广告制作公司；按照广告公司的归属，又可以分为独立法人的广告公司和依附于广告主或广告媒介的自办型广告公司。无论是哪种类型的广告公司，都离不开借助市场调查对广告业进行的研究。

3.广告行业调查

针对行业市场的研究对广告主和广告公司而言都非常重要。通过行业研究，广告主和广告公司可以了解市场的行业规模、行业发展趋势、行业政策的新动向，从而适时做出调整。同时，针对广告行业的调查对广告公司自身的生存与发展也至关重要，如新媒介的兴起要求广告公司不断调整自己的业务类型，更新市场分析技术和手段。

4.广告文化和品牌价值调查

广告活动虽然都是有偿性的，带有经济的特性，但是它又与一般的经济行为不同，除了以盈利为目的外，还带有文化的属性，是以文化为基础而进行的创意策划等一系列活动。同时，经过不同时间的积淀而形成的品牌价值也不尽相同，了解它们往往需要借助市场调查。

(三)微观调查

微观层面的调查，研究者颇多，我们还是以市场中的广告活动为例来观察微观调查所涉及的内容。

按照传播的过程来划分，对广告活动的调查一般可以分为有关广告传播者的调查、有关广告信息的调查、有关广告物的调查和有关广告受播者的调查几种。

按照广告活动的不同层面来划分，对广告活动的调查可以参照日本电通广告公司的做法，该公司在其出版的《广告调查》一书中将广告调查划分为：

(1)广告信息调查，包括主题调查和文案调查。主题调查主要指根据消费者的咨询，决定适当的广告主题并测定广告主题的有效性；文案调查是对广告文案及其传达的信息等内容的调查。(2)广告媒体调查。广告的活动策划、广告创意、广告投放等都离不开媒体的分析与选择。这种选择主要基于对媒介的各种数据分析。广告媒体调查是主要针对电视、广播、报纸、杂志等大众媒体及户外广告、邮寄广告、海报等媒体进行的调查，用来分析诉求对象接触广告的情形及媒体的特性。(3)广告效果测定。用于测定产品广告及企业广告的效果，分为事前、事中和事后调查。

二、自然状态调查和实验室状态调查

按照调查所处的情境与条件，市场调查可以分为自然状态调查和实验室状态调查。自然状态调查是指调查对象处于自然状态的调查，如问卷调查、访谈、网络调查、电话调查等；实验室状态调查是指调查对象置身于实验室中的调查。按照调查所使用的方法不同，实验室状态调查又可以分为人工调查和机器调查。人工调查主要指在实验状态下，借助人力所从事的对调查对象的应激反应的调查；机器调查主要指借助机器，如视向测定器、瞬间显露器、皮肤电流反射器、节目分析机、脑电波测试仪器等，测量人对某种刺激的反应，借此来分析信息对人的刺激以及人的应激反应，这是测量信息传播效果的一种常用方法。

三、事前调查、事中调查和事后调查

按照市场活动的过程划分，市场调查可以分为事前调查、事中调查和事后调查。事前调查一般发生于市场活动或者信息投放等活动之前，用来了解特定市场的特性、信息传播的适合性以及活动策划和信息投放的时机等。事中调查一般发生于系列活动之中，用来及时发现市场活动可能存在的问题。事后调查主要针对市场活动和信息投放效果的评估、营销活动的评价、市场反应等。

四、传统调查和现代调查

按照所采用的介质的不同，调查又可以分为传统调查和现代调查。传统调查主要是通过非网络手段进行的实地调查和二手文献调查；现代调查主要是指借助网络手段所进行的调查，如通过群发电子邮件、填写网络问卷等手段完成的调查，现代调查也包括在大数据支持下的数据筛选和深度分析。

五、描述性调查和预测性调查

描述性调查通常是为了了解某个国家或地区的相关政策、政治经济环境、行业现状等而进行的调查。描述性调查可以用 6 个 W 来概括，即 who、what、when、where、why、way。以超市或者百货商场为例，通常我们关注的是：

(1)什么人将被看作某个百货商店的顾客?(2)应该从应答者那里搜集哪些信息?(3)应该在什么时间搜集应答者的信息?(4)应该在什么地方和应答者接触以获取信息?(5)为什么要从应答者那里搜集信息?(6)将采用哪些方法从应答者那里搜集信息?

预测性调查则是在描述性调查的基础上,通过数据分析、建立统计模型的方式对未来的发展趋势进行预测。预测性调查通常在项目的初始阶段进行。

六、全面调查和非全面调查

按照内容范围的不同,可以将调查分为全面调查和非全面调查。全面调查主要指对生产市场、消费市场、行业政策等进行的调查,主要目的是为企业决策提供依据;非全面调查主要指针对广告行业和广告产品的某些方面展开的调查。

七、连续性调查和非连续性调查

根据调查的目的和任务的不同,可以将调查分为连续性调查和非连续性调查。连续性调查往往是为了获得某个地域或者某个领域连续的数据和资料而进行的调查,包括经常性调查和定期性调查,如收视率调查和一些机构出版的年度调查报告等;非连续性调查则主要指为了了解某地区或某领域过去或者当下的情况而进行的调查,这种调查一般不持续展开,往往是收集完资料后就结束了。

八、国际性调查、全国性调查和地域性调查

按照地域范围分类,可以将调查分为国际性调查、全国性调查和地域性调查。

除了上述分类外,调查还有其他的分类方式,例如按照时间维度划分成截面研究、历时研究和近似历时研究等。

第三节 市场调查的基本原则

市场调查工作非常烦琐,很多细节都会影响调查的实施和调查结论,但是这种烦琐并不是无序的,调查工作是一项系统性的、经过精心考虑和周密筹划的行动,有规范的运作程序。市场调查同其他科学研究一样,需要遵循必要的基本原则。这些原则包

括:客观性原则、真实性原则、科学性原则、系统性原则、伦理原则、时效性原则。

一、客观性原则

客观性原则主要是指调查人员在调查的过程中要尊重社会事实,能够真实客观地反映调查对象的原貌,不做倾向性的干预和修改。无论是研究事物还是现象、使用定性还是定量方法,研究者都应该秉持客观的态度,不能因为个人偏好、利益等而违背科学研究的客观性原则。所谓客观性,实际上就是在保持价值中立的前提下,排除个人对研究对象的好恶,客观地开展研究工作。

在自然科学领域,由于研究对象异于研究者,因而研究者更容易保持价值中立。在社会科学领域,由于研究对象往往与研究者同为个体的人或者群体的部分,研究者的好恶在研究过程中很难被排除掉:有的研究对象本身具有很大的魅力,容易获得研究者的好感;有的研究对象可能由于一些个人情况,如学识、修养、着装、职业等,容易引起研究者的反感。因此,在研究过程中,研究者的情感倾向和价值倾向往往容易受到影响,进而降低研究结果的客观性与真实性。有学者认为,在社会科学领域,很难像自然科学研究那样保持价值中立:人是情感性的动物,面对自己喜欢或者厌恶的对象,很难置身事外,因此在社会科学研究中不可能保持绝对的价值中立。这种表述看到了社会科学研究的复杂性,不过既然是科学研究而不是个人感悟,相对的价值中立还是社会科学研究应遵循的精神和原则。

这种要求看似容易,实际上在调查过程中以及后期的数据分析和处理中,客观性经常会被践踏。比如我们经常愿意选择街头拦访的方式,这种方式看似随机,但更多的是“随意”,调查者往往按照自己的偏好选择被访者。在数据处理的后期,一些研究者为了让调查数据支持自己的已有假设,往往会通过对数据进行加权处理等手段得出结论。虽然这种在数据上动的手脚很难被人发觉,但是它的危害是很大的。

二、真实性原则

无论是实地调查,还是通过网络等途径收集来的数据和资料,首先要核实其真实性。真实的数据与资料是后续详细和深入分析的基本条件,分析如果建立在虚假和错误的数据与资料基础上,将会影响整个调查工作以及后续的其他工作。在网络调查及其他新媒体调查不断发展并被广泛应用的当下,审核数据和资料的真实性,已经成为目前比较重要的任务。

贯彻真实性原则主要体现在两个环节上。第一个环节是在搜集资料阶段,调查员无论通过怎样的途径来搜集资料，都应该秉持认真负责的态度，按照调查工作的计划，认真完成自己的任务。如果采用实地调查的方式，就要求调查员多看、多听、多问，结合自己的专业素养，辨别调查内容的真伪。如果是通过网络及各种新媒体方式展开的调查，调查员虽然不能够像传统的调查那样，通过接触调查对象，从态度、表情等细微之处获知其提供的资料和数据的真实性，但是可以通过追问、聊天等互动方式尽量确定调查对象提供的资料和数据的真实性。第二个环节是在资料回收后的审核阶段。对于调查回收的资料的审核并不是批量式的集中处理，而是每天都应及时展开审核工作。资料审核员在对众多调查员搜集来的问卷、访谈记录等进行审核的过程中，应依据自身的知识和经验来判断数据与资料的真伪。除此之外，资料审核员还要通过电话等方式进行回访，以确保资料的真实性。

真实性原则是进行科学研究的基本法则。任何科学性的结论和建议均应建立在真实性的基础上；真实的资料和数据能够让我们具备还原事件与现象的能力，从而更接近社会事实。

三、科学性原则

科学性原则主要是指在调查的各个环节都需要采用科学的方法来获得信息。具体来讲，包括调查主题确立的科学性、样本选取的科学性、问卷及大纲编制的科学性、调查方法的科学性、调查过程质量控制的科学性，以及数据处理和分析方法的科学性等。在调查的每一个环节，调查者所做的决定和决策都应该是建立在科学方法的基础上的，不能凭空捏造。

四、系统性原则

系统性原则主要是针对市场调查的特性而言的。由于调查活动自身属于系统性、流程性的作业，各个部分之间环环相扣，每一个环节的质量都会影响下一个环节，所以整个调查工作必须注意前后相承，并确保每个环节的工作质量。只有每个环节的工作质量有保证了，整个调查工作才能够确保较高的质量和水平。

五、伦理原则

伦理原则主要包括三个层面。第一个层面是针对调查主题而言的。一般情况下，调查所选择的主题不会给社会或调查对象带来负面影响。第二个层面是调查对象的自愿原则。在实地调查中，为了能够获得研究所需要的样本数据，往往会要求调查员不要轻易放弃拒绝接受调查的调查对象，要与之反复沟通，实在得不到配合时才能放弃。这种强调在数据获得比较困难的时候是适用的，也是一种无奈之举。但是在大数据环境下，如此强调对调查对象的反复访问，带来的好处可能会少于坏处。出于无奈，调查对象可能会选择用提供虚假信息的方式来尽快结束这种被打扰状态，对这样的调查对象很难展开深度访谈和研究。因此，在大数据时代，这样的调查对象还是及时放弃为好。第三个层面是针对调查对象的信息保护而言的。调查者在使用数据的过程中要采用匿名调查的方式，以保护调查对象的权利和隐私，防止其受到伤害。

所谓保密，既包括对调查对象个人信息等的保密，也包括对部分调查研究结论的保密。对调查对象及其信息保密，在有的教材中称之为匿名性原则。匿名性原则要求调查员对调查对象的个人信息、态度及价值取向等保守秘密，不能将他们的个人信息公之于众，也不能将他们对一些特殊问题的回答及隐私偏好以半公开的方式发布。一些对调查对象不太有利的信息一旦发布，可能会给调查对象带来意想不到的麻烦。尤其是在信息技术发达的当下，只要有一点点关于调查对象的特点描述，都有可能被猎奇者或别有用心者搜索到。按照调查工作开始之前的承诺，对调查对象的信息实行保密，是调查能够持续展开的前提和基础，也是调查员和研究者应该遵循的伦理原则。除了对调查对象及其信息保密，在一些企业和社会组织的委托下展开的调查，也应该秉持对客户负责的态度，不泄露那些需要保密的和涉及商业秘密的市场化的调研结论，尤其是不能向其竞争对手泄密。

六、时效性原则

时效性原则主要是就广告调查的过程和目的而言的。时效性包括两个层面：一个层面是搜集资料的时效性，另一个层面是分析结果的实效性。无论是定性研究还是定量研究，无论是随机调查还是非随机调查，无论是一手资料调查还是二手资料调查，都是为了了解目前和将来可能存在的问题。市场情况千变万化，一个时间段内搜集到的资料只能用于分析和解决该时段的问题。时间是分析广告市场的一个重要变量，因此，任何市场调查都需要一定时间内的数据分析，脱离时间因素来讨论市场，是非常不合时宜的，往往会带来错误的结果。广告调查也不例外，一定要注意在某段时间内讨论广告调查的结果，离开这个时间段，调查数据和分析结果可能变得毫无意义。

第四节　市场调查的局限性

无论是对于市场信息传播过程的监测，还是对于市场活动效果的评估，市场调查的意义和价值都在前面有所论述，但其意义和价值并不能无限放大，对它自身局限性的关注和讨论非常必要。只有了解了它的不足，才能够用平和的心态来对待市场调查工作，才能够在有效范围内利用市场调查的结果解决问题。

市场调查的这种局限性，可以分为市场调查自身的局限性和市场调查结果在应用上的局限性。

一、市场调查自身的局限性

市场调查作为一项系统性、复杂性的工作，每一个细节都会决定它的成败。因此，市场调查过程中的质量控制显得至关重要。具体来讲，这种局限性可以表现在三个方面。

（一）市场调查的流程性

市场调查工作有着很强的流程性，很多工作并不能同时展开。只有合理地安排这些工作的先后顺序，才能确保调查顺利进行。流程的正确性，是保证调查结果正确的必要前提。除此之外，工作流程也包括对二手文献的调查和实地调查的时间安排，尤其是在实地调查工作展开之前，对二手文献的调查是合理设计整个市场调查流程的必要前提。

（二）市场调查的时效性

如前所言，市场调查是一项时效性很强的工作，对其开始时间以及整个过程持续的时间都要有所限制，否则，搜集到的资料的可用性和可信度就会大打折扣甚至毫无价值。时效性是对所有调查领域的限制和要求，通常情况下，我们在搜集信息时都会注明截止日期，原因就在于市场调查的数据意义的时间维度十分重要。

（三）数据的可得性

市场调查工作主要通过各种调查方式来获得数据和信息。有的信息是比较容易获得的，比如一些浅显的、不涉及调查对象隐私等敏感问题的信息，或者是已有的二手文献等信息。但是，通常我们的调查或多或少会涉及调查对象的隐私，比如收入、财产等问题，即便是收视习惯或者网络使用习惯等，在某些人看来也属于个人隐私，他们要么选择拒绝回答，要么选择提供虚假信息。所以，在市场调查过程中，有不少数据和信息需要通过艰难的调研才能得到，也可能根本得不到真实的信息。

虽然从理论上说，大数据给我们提供了无论在规模上还是数量上都非常庞大的数据，但是，从数据汪洋里选择有用和有效的数据，恐怕不是一个简单而轻松的工作。

二、市场调查结果在应用上的局限性

市场调查所获得的数据与信息是为了进行数据分析而做的准备材料，其目的是通过对信息的分析来发现问题、解决问题。在分析数据和信息的过程中，主要有以下三个方面的局限性。

(一)市场调查的数据和结论是估计值，仅代表市场的可能情况

由于市场数据和信息在采集上存在一定的误差，导致后期的分析也会有一定的偏差。因此，我们在对利用市场调查手段获得的信息和数据进行分析并得出结论时，应当意识到这种结论是一种估计性的结论，只能代表某个行业或者产品市场可能的趋势，并不能简单地将其作为社会事实对待，更不能避而不谈误差和由误差而导致得出错误结论的可能性。

(二)市场调查报告仅代表调查结论，并不代表经营决策权

每一次市场调查的结论仅仅代表本次的调查结果。由于市场的复杂性，任何市场调查都不可能回答所有问题，总会忽视这样或那样的细小问题，或偏离主题。因此，市场调查的结论仅代表本时段的调查结果，不能将其无限推广，更不能简单地依据一次调查的结论就全面调整或改变生产商和销售商的市场经营决策，否则可能会给企业带来很大的负面影响。

(三)传统的市场调查更适用于深度研究

大数据的迅猛发展让过去为数据来源而发愁的传统调查受到了冲击。相对于大

数据，传统的调查数据无论在规模上还是数据的关联性上都有一些局限性。但是，传统的调查数据对调查对象的深度研究以及对一些突发事件的调查和研究都是大数据所不能企及的。

第五节 市场调查简史

一、西方国家的调查发展简史

西方国家调查技术的应用与发展大致可以归为三个阶段：萌芽阶段、发展阶段和成熟阶段。

(一)萌芽阶段(1920 年之前)

最初的调查被零散地应用于对社会状况的调查，如法国的财政大臣柯尔柏在1664 年对法国社会状况做的调查。有记载的最早的调查是 1824 年 7 月由《宾夕法尼亚人报》进行的投票选举调研。有记载的最早用于营销方面的调查是 N. W. Ayer 广告公司为农业设备生产制作的一份广告计划。另一个比较系统的调查是由杜邦公司于 20 世纪初发起的，该调查对销售员所提供的有关顾客特征的资料进行了整理和分析。

到了 19 世纪末期，学院研究者开始从事市场调查，美国明尼苏达大学的心理学教授哈洛·盖尔(Harlow Gale)将邮寄调查引入广告调查，共邮出 200 份问卷，回收了 20 份。西北大学的沃尔特·狄尔·斯柯特(Walter Dill Scott)也把实验法和心理测量法引入了广告实践。

(二)发展阶段(20 世纪初至 20 世纪 50 年代)

20 世纪初以来，传统的社会调查开始与理论研究和政策研究密切结合。20 世纪二三十年代，舆论调查和广告调查大行于世，一些国家相继建立了专门的民意调查机构，其中最著名的是美国 1935 年创办的“盖洛普民意调查所”。尼尔森公司(A. C. Nielsen)也开始进入商业领域，提供市场调查等服务。在这一阶段，市场调查课程也进入大学课堂，编制了一些调查手册和教材。这一时期，第二次世界大战的爆发，也使得不少专家对部队士兵展开了消费调查、心理测试等，抽样技术和市场调查技术都取得了很大的进展。

（三）成熟阶段（20 世纪 50 年代之后）

20 世纪 50 年代到六七十年代是社会调查的量化方法发展最快的时期，调查方法更为精密，技术更为先进。在这一阶段，随着西方经济的高速发展，商品市场成了买方市场，很多企业不得不考虑如何将更多的产品卖出去，因而都很重视信息的搜集和整理工作。在这一阶段，各种抽样技术和问卷设计方法更加成熟、完善，依托电脑的统计分析软件及调查软件等也纷纷被开发和应用。在统计上，建立了很多预测模型，定量研究在西方获得了飞速发展。各种调研技术和分析方法在这一阶段走向成熟。

对定量分析的迷恋和思辨认识之后，西方学者也开始认识到定性研究不可或缺，定量研究与定性研究并行越来越成为市场研究的共识。大数据的出现与发展推动了市场研究技术和研究方法的创新，社会亟待具有普适性的大数据提取和分析工具的面世。

二、中国的调查发展简史

相对于西方国家市场调查的发展，我国早期的市场调查工作大多是零散进行的，发展历史比较短暂。在漫长的封建社会阶段，也有为了征税而进行的人口调查和统计工作，但是较系统的调查是从 20 世纪初开始的。早期比较有影响的市场调查有清华大学教授陈达带领学生对北平（今北京）海淀区居民和清华校工的生活状况的调查、1927 年上海纱厂对 200 名工人家庭全年记账的调查、1938 年和 1942 年金陵大学（今南京大学）农业经济系和社会系组织的职工家庭生活状况的调查等。20 世纪二三十年代是学术界社会调查发展较快的时期，在这一时期，不少留学归国的学者纷纷展开了社会调查工作，如费孝通、晏阳初、梁漱溟等人都有非常著名的调查成果问世，一些有影响的教材也纷纷出版。后来，随着社会动荡和战争爆发，很多调查工作和调查教育被迫终止。1980 年 4 月，国务院批转《关于恢复职工家庭生活调查工作所需人员问题的报告》，职工家庭生活调查是我国历史上第一个由政府明确支持的调查活动。随着我国由短缺型经济到过剩经济的逐渐转变，直到 20 世纪 90 年代，市场调查才开始受到重视。1990 年，广东华南国际市场研究有限公司成立；20 世纪 90 年代末期，我国已有专业的市场研究公司 800 多家；1993 年，盖洛普公司（Gallup）与中方合作成立了调查机构并进行大型调查；1994 年，尼尔森公司开始进入中国市场。1998 年 9 月，市场调查分会筹备委员会的正式成立，标志着我国的市场调查业步入了新阶段。

进入 21 世纪之后，伴随着中国经济的发展，我国的市场调查无论是技术还是规模，都呈现出快速发展的态势，调查公司也呈现出合资和集团化的发展趋势，众多小型调查公司被收购或者转行。到目前为止，继续从事市场调查的往往是大浪淘沙后存活下来的有规模、有实力的公司，市场调查行业也因此呈现出数据垄断的趋势。大的市场研究机构把持着垄断性的数据，对数据的发布和使用包括一些排名拥有绝对的话语权。

大数据的出现和发展，一方面打破了数据获取被绝对垄断的可能性，另一方面使我国的数据分析工具开发跟西方基本上走在了一条水平线上。大数据对市场调查的影响，更多体现为促进了东西方的全面接轨、共同发展，而不是继续简单地搬运技术和模仿。

第六节 市场调查的行动主体

市场调查的主体按照不同的分类标准可以分为以下三种类型。

一、非独立性市场调查机构和独立性市场调查机构

这种划分的依据主要看调查机构是否为独立法人，是否能够独立承担机构相对应的权利与义务。一些依托高校、研究机构、企业和政府等的调查机构，由于其只是某些单位的一部分，本身并不能成为市场中的独立法人，因此属于非独立性市场调查机构。而一些市场调查公司和研究公司有自己独立的注册地点和注册资金，对外能够承担独立法人应该承担的责任，这类公司就属于独立性市场调查机构。独立性市场调查机构包括完全服务公司和有限服务公司，按照服务的领域和侧重点的不同，它们又有更细致的划分。

（一）完全服务公司

(1)专业的市场调查公司；(2)市场研究公司；(3)信息服务公司；(4)管理咨询公司。

(二)有限服务公司

(1)现场服务公司;(2)市场细分专业公司;(3)数据输入服务公司;(4)抽样技术公司;(5)数据分析公司;(6)专门化的研究技术公司。

二、综合型调查机构和单一型调查机构

综合型调查机构无论是调研范围还是调研领域都非常广泛。从业务范围看,综合型调查机构可以承接绝大多数类型的调查业务,还能够对调查数据进行专业分析,为客户提供全方位服务。而单一型调查机构则表现为业务的单一或者调查领域的单一,这类公司只能承接调查工作的某一个模块,比如实地调查或者数据分析等,其调查领域可能仅限于手机市场或者平面媒体。

三、其他分类

有些调查机构是按照注册企业的类型对调查公司进行分类的,分类标准包括是否为外商独资公司或者合资公司、是国企还是民营企业等。

第七节　调查研究中的逻辑关系

虽然市场调查过程中调查员很大的精力需要花费在各种调查工作上,但是,最后的结果是调查员对所获得的数据和资料做出合乎逻辑又贴近事实的解释。在解释的过程中,我们经常采用的解释模式包括个案式与通则式解释、归纳与演绎的解释、抽象与具体的解释,以及经常会用到的因果关系与相关关系的解释。

一、个案式与通则式

个案式解释通常是对某个案例的某种或者某些现象或问题出现的所有可能性的探寻,尝试找到其原因所在。比如,在分析司机闯红灯的行为时,通常我们可能会认为司机:(1)喝酒了;(2)不熟悉交通法规;(3)有急事缠身;(4)开的套牌车;(5)不想活了……有了这么多的可能性,就比较容易理解司机为什么会有违反交通法规的行为。

通则式解释模式是指当我们描述某一类的情形或事物，而不是描述一个个案时的解释模式。比如，(1)每周参加读书会的学生比不参加的学生理论积累更多；(2)有车一族比无车者有更多的户外活动选择；(3)广告投放在电视媒体会让更多的老年人看到；等等。这种解释只对部分而非全部因素进行解释，解释的因素往往具有普遍性，包含更广类型的经验和观察。

二、归纳与演绎

我们对所研究的问题得出结论时，通常会有两种途径，即归纳和演绎。归纳是从个别出发到达一般。通常我们会通过一系列观察去找到一种模式，该模式在某种程度上能够代表所给定的事件的顺序。而演绎是从一般到个别，是从逻辑或者理论上预期的模式出发，去观察并检验预期的模式是否确实存在。

三、抽象与具体

在调查研究的过程中，我们对问题的探求有两种动机：理解和应用。我们对于广告领域的研究，要么是为了寻求问题的答案，通过对某些因素的探寻去"理解"它们存在的原因，比如新兴媒体信息传播范围越来越广泛的原因；要么就是通过研究来应用某些结论，比如我们对广告媒介有效性的关注。

四、因果关系与相关关系

我们对于现象和问题进行探求，通常是希望能找到其中的原因。但实际上，由于情况往往十分复杂，我们很难找到真正的原因。在大数据时代，这种因果关系的确定随着庞大数据的出现而变得更加困难。相关关系与因果关系不同，它关注的不是有哪些是造成当前结果的原因，而是有哪些因素与当下的现象关联；至于这些因素与现象之间是不是因果关系，并不是它所关注的。因果关系能够帮助我们探寻接近事实的真相，而相关关系能够让我们看清这个世界的复杂性和关联性。

第二章　市场调查的领域与内容

第一节　市场调查的具体领域

从广义上说，市场调查的范围涉及各种市场的所有领域。对于市场调查的领域划分，实际上可以从不同角度展开。按照从市场涉及的区域范围来分，可以分为国内市场和国际市场、区域市场和全国市场；按照商品购买目的，可以分为生产市场和消费市场；按照商品流通环节，可以分为批发市场和零售市场；按照市场交易平台，可以分为线上交易市场和线下交易市场等。

一、生产市场、消费市场和服务市场调查

在生产市场，购买商品的目的是为了再加工或再生产，涉及生产领域和流通领域。随着生产力的提高，生产市场的生产要素也处于供大于求的状态，为了争取更多的客户，这个市场同样需要对生产要素市场进行调查和分析。只不过在对这个市场的调查过程中，除了要关注涉及生产要素产品的铺货通道、产品经济周期之外，还要关注产业链。

消费市场所提供的产品，更多是用来满足个人及家庭生活所需的。对于这类市场的调查，需要关注的包括消费市场类型、消费市场结构、消费群体生活形态和消费形态等。由于政策、习俗、文化等因素也会对消费市场产生比较大的影响，因此，对这一市场的调研也少不了对区域政策、法规、习俗等的关注。另外，人口规模、结构和消费者的各种统计特征也是需要关注的重点。

服务市场既包括满足生产需要的劳务市场，也包括满足生活需要的劳务市场。这个市场提供的产品是各种服务，与其他市场所提供的有形的产品不同，具有特殊性。但是，对它的调研与其他市场一样，也具有很多共性。不过由于服务市场所提供的产品比较特殊，服务产品的提供与消费基本同步，因而没有储存、运输等环节。因此，面对服务市场，应更多关注提供服务者的品牌、口碑、竞争结构等问题。

二、交易平台的类型调查

电子商务的兴起改变了交易平台的单一性，无论是生产市场还是消费市场的产品交易，都可以有线上和线下两种交易方式。尤其是消费市场和服务市场，电子商务对实体交易的冲击已经在电子商务的年度交易规模中呈现出来，伴随电子商务而产生的“双11”“双12”等购物节都提示我们，电子商务已越来越成为人们购物的趋势和倾向。

对于线上交易平台，一方面它是传统的产品通路和铺货的延续与延伸，另一方面它也会让交易者面对更多的竞争者。传统交易模式下，如我们在商场购物，能够构成竞争的产品也不过就几十个品牌；但是在线上交易平台，能够形成竞争关系的则可能有成百上千个品牌。线上交易的产品结构更加丰富，价格也更为透明。对于销售者来说，它是一种必须面对的挑战和压力；对于购买者来说，则意味着更多的选择和机会。尤其是大数据和多屏化下的电商平台，为购买者和销售者都提供了更多可视化的、多重对比后的数据与结果。因此，对于产品交易平台的关注和调研，涉及的方面会非常多。

三、国际市场、国内市场和区域市场调查

“地球村”虽然并没有随着麦克卢汉的预言而完全成真，但是，我们也看到了新新媒体①对国家与国家之间、区域与区域之间边界的超越。市场的流通业已超越了空间的边界：亚马逊的海外购、淘宝的全球购、京东的海外配送等，都让购物这一行为超越了国界限制；同时，电商也慢慢稀释了各个市场的中心化，让众多的商品和服务都处于被选择的机会接近均等的状态，而不是像原来那样呈现为少部分购物中心的垄断和中心化。少部分经过较长时间积累而形成的中心化品牌的垄断，让购买者除了这些中心购物场所和中心品牌，可选择范围变小。

在这样的情况下，对于区域市场的了解，恐怕很难抛开一处而只关注另一处。对

① 莱文森. 新新媒介：第2版[M]. 上海：复旦大学出版社，2014.

于销售企业而言，只关注某个区域，可能是近期的营销战略，但是，若要让企业不断发展，对其他市场的关注就是必须和必然的。

四、媒介市场调查

媒介市场是媒介产品和服务的交易市场。在这里，既可以购买媒介提供的各种产品，也可以购买媒介提供的各种时段的服务。广告调查更多关注的是区域内媒介的媒介构成、竞争状态、媒介受众、媒介时段价格、媒介竞争力、影响力等。近年来，随着各种新媒体的兴起，媒介市场变得越发复杂，广告投放的选择、广告效果的测评也变得越来越复杂。同样发生变化的是传统媒介的垄断性逐渐丧失，以及伴随而来的广告份额的变化。虽然就目前来看，电视依然是众多产品广告的优势选择，但是，随着媒介受众由传统媒体向新媒体的流动，随着多屏化等各种智能终端的兴起，没有任何一个媒介可以垄断某个市场和某些人了。因此，对于媒介市场的调查，不仅要关注传统媒介的影响力和购买价格，还要关注媒介市场新生的媒介种类和媒介结构的变化。

第二节　市场调查的内容

市场调查的具体内容与调查所涉及的领域密切相关，是在调查所涉及的领域展开的具体工作。市场调查的内容不外乎市场环境调查、企业主调查、产品调查、媒介调查、消费者调查等。

一、市场环境调查

市场活动的策划、创意、媒介选择及广告投放等若干问题都离不开对市场环境的调查和了解。总体来讲，市场环境可以分为宏观环境和微观环境。宏观环境包括一个国家或者地区的政治、经济、法律、文化、科技、地理及气候等，微观环境包括市场需求、产品、媒介等。

(一)市场宏观环境调查

1. 政治环境调查

政治环境是一个国家或地区在一定时期内的大的政治背景。政治环境调查主要是了解国家的政治制度、对不同国家和地区的政策、国家或地区之间的政治关系、政治和社会动乱、国有化政策等。对一个国家或地区政治环境进行了解是进入市场前的必备工作，稳定的政治环境才能提供适合商业发展的条件和机会。

2. 法律环境调查

法律环境主要指由法律意识形态和与之相适应的法律规范、法律制度、法律组织机构、法律设施所形成的有机整体。企业的任何经营活动都不能触犯法律底线，各种调查活动也是如此。有关市场活动的法律环境的调查，能帮我们确认行动的底线。

3. 经济环境调查

市场调查作为一种为企业发展提供商业服务的经济活动，与经济环境既有依赖性，也有共生性。对于经济环境的调查，主要是对宏观的经济政策、经济发展趋势、经济结构等的调查。具体来说，市场调查主要关注两个层面：一是生产层面，二是消费层面。生产方面需要关注能源和资源状况、交通运输条件、经济增长速度和趋势、产业结构、国民生产总值、通货膨胀率、失业率及农轻重比例关系等；消费方面则需要关注国民收入、消费水平、消费结构、物价水平、物价指数等。

4. 社会文化环境调查

社会文化环境是市场调查中非常复杂、难以测量但又非常重要的因素。社会文化环境是生活在一定区域的人们在长期的生产和生活过程中形成的，会对人们的生活方式、消费理念、文化认同等产生持续影响，主要包括企业所处的社会结构、社会风俗和习惯、信仰和价值观念、行为规范、生活方式、文化传统、人口规模与地理分布等因素的形成和变动。这些因素都将从消费市场和广告创意选择两个大的方面影响广告市场。

5. 科技环境调查

科技环境调查主要是对一个国家或地区的科技水平、科技政策、成果转化能力、科技发展趋势等的调查。科技环境不仅对产品市场和产业市场有比较大的影响，也会对信息传播技术、产品制作材料、产品工艺等产生直接影响。

6. 地理和气候环境调查

地理位置和气候环境对广告产品会有一个自动筛选的功能。比如在严寒地带，烈性酒非常有市场；而在炎热地带，那些消暑降热的饮品更有市场。从地理位置来看，处于不同方位的消费市场也会呈现出差异。交通便利的地方，人们的选择更加多样化；而在一些偏远地区，人们能够选择和习惯选择的产品可能呈现单一化的趋势。另外，有些地区的人们对某些产品的钟爱实际上也与地理位置和气候环境长期造就的生活习惯及消费习惯有密切联系。

(二)市场微观环境调查

1. 社会购买力总量及其影响因素调查

(1)社会购买力的含义与构成。社会购买力是指在一定时期内，全社会在市场中用于购买商品和服务的货币支付能力，包括居民购买力、社会集团购买力和生产资料购买力。

(2)影响居民消费品购买力的因素。对居民购买力的调查，通常包括对居民的货币收入、非商品性支出、结余购买力、流动购买力等的调查。这些调查内容多以居民的支付能力为基础来衡量其消费情况，但是，随着整个社会财富的增加以及居民家庭财富的增加，仅通过考量个人收入来预测其消费情况，可能会偏离实际。因此，一些市场研究机构多以家庭为单位进行消费能力和消费趋向的调查，如对富二代群体的调查等。

2. 购买力投向及其影响因素调查

(1)购买力投向含义及调查内容。购买力投向是指在购买力总额既定的前提下，购买力的持有者将其用于何处。购买力投向调查主要是搜集社会商品零售额的相关资料，并对其做结构分析。

(2)影响购买力投向变动的主要因素。影响购买力投向的因素主要有三个：第一是购买力水平和消费条件的变化，包括消费品购买力水平和增长速度的变化、商品生产和供应情况、商品销售价格的变动；第二是从众心理，即社会时尚及消费心理变化，当下的流行和时尚在心理层面引导个人消费的心理需求和变化；第三是个性化追求，包括高端的私人定制式服务，以及追求小众品牌和风格的平民服务。

二、产品调查

对产品的调查，既包括对广告产品的调查，也包括对非广告产品的调查。产品调查主要对产品性能、产品价格、产品包装、产品生命周期和销售情况等进行了解与分析，从而为市场活动的创意、广告投放和受众分析等提供支持。

(一)消费品实体调查

消费品实体调查主要包括：

(1)消费品性能调查(有用性、耐用性、安全性、维修方便性、操作性等)；(2)消费品的规格、型号、尺寸、式样、颜色、口味、技术指标等方面的调查；(3)消费品制作材料(原料)调查。

(二)商品价格调查

商品价格调查主要包括：

(1)定价方式：价值导向定价与成本导向定价；(2)影响定价决策的因素：整体营销战略与竞争者的策略和价格；(3)价格调查的内容：国家在商品价格上有何控制政策和具体的规定，定价是否合理，消费者对价格的接受区间、接受心理及接受程度，商品需求和供给的价格弹性及影响因素。

(三)产品包装调查

产品包装会影响消费者接触产品时的第一印象，包装对引导消费者的购物倾向和情感选择起着非常重要的作用。

消费产品包装调查主要包括：包装与市场环境是否协调，消费者喜欢什么样的包装外形、颜色、质感、材料等，包装应传递什么气质和信息，竞争产品的包装样式和规格，等等。

工业品包装调查主要包括：包装是否易于储存、拆封，包装是否便于识别商品，包装是否经济，包装是否环保，包装是否便于回收和重新利用等。

(四)产品生命周期调查

各种产品如同人一样，处于不同的生命周期，有的刚刚面世，有的已经成熟。对处于不同生命周期的产品，所采取的市场策略也会不同。产品的生命周期更多地与消费者的需求相关。通过对产品生命周期的调查，我们可以更好地了解市场需求，更新产品或者及时推出替代产品。产品生命周期的调查主要包括两方面的工作：

(1)产品销售量及销售增长率调查；(2)产品普及率调查。

(五)销售渠道调查

1.从供应链到需求链的调查

销售渠道是产品或者服务由生产者向消费者转移的通道。销售渠道是否畅通合理,会影响产品的销售规模和销售业绩。对销售渠道的关注应该包括对销售链条的关注和对消费需求链条的关注两部分。销售链条的作用是明确产品持有者或者销售者通过怎样的通道将产品推向销售市场,令其与消费者见面;而消费者需求链条关注的是消费者获得产品的途径和方式,比如现在为很多年轻人所青睐的网络购物。

2.调查内容

(1)了解企业和产品自身对渠道的要求。同样是手机销售,有选择实体店体验模式销售的企业,有选择网络销售的企业,也有这两种销售渠道并重的企业。小米手机的销售更多依托了小米网站电子商务的销售模式,华为手机则采用了网络销售和实体店销售并举的模式。选择什么样的销售渠道,既与企业发展路径有关,又与产品自身有关。例如网络购物,人们看重的是其价格优势,但是像鲜花之类的易耗品,综合考虑损耗后,放在网络上销售则未必有价格优势。

(2)了解企业现有的销售渠道能否满足销售商品的需要。无论是电子商务还是实体店经营,企业需要确认的是,现有的销售渠道是否能满足当下和未来销售产品的需要。

(3)了解销售渠道各个环节的商品库存是否合理,能否满足随时供应市场的需要,有无积压和脱销现象。除非企业的目的是通过饥饿营销的方式令消费者恐慌,否则,真实的巨大库存往往会给企业带来压力。销售渠道调查需要了解每一个环节可以为商品销售提供哪些支持、能否为销售提供技术服务或开展推销活动,以及市场上经营本商品的主要中间商对经销本商品有何要求。

(4)了解竞争者采用的渠道。企业除了要了解自身产品现有销售渠道是否顺畅,确定其是否能满足消费者的需求,还要关注竞争对手的铺货通道,这样才能未雨绸缪。

(六)商品供应调查

商品供应能力调查是对供货企业的商品生产能力和商品流转能力进行的调查,调查的内容和范围包括:

(1)企业现有商品生产或商品流转的规模、速度、结构状况如何？能否满足消费者的要求？(2)企业现有的经营设施、设备条件如何？其技术水平和设备现代化程度在同行业中处于什么样的地位？是否适应商品生产和流转的发展？(3)企业是否需要进行投资扩建或者更新改建？(4)企业资金状况如何？自有资金、借贷资金和股份资金的总量、构成以及分配使用状况如何？企业经营的安全性、稳定性如何？(5)企业的现实盈利状况如何？综合效益怎么样？(6)企业现有职工的数量、构成、思想文化素质、业务水平如何？是否适应生产、经营业务不断发展的需要？

…………

商品供应范围调查主要包括两个方面的内容。

(1)销售市场的区域有何变化？(2)企业商品所占比例有何变化？

(七)促销调查

1.主要的促销手段

当前商家采取的促销手主要段有:样品、优惠券、现金返还、赠品、竞赛、抽奖、活动赞助。

2.促销方式的选择

市场调查通过考察消费者的喜好、商家的态度、操作的便利性、效果的可测量性、对品牌的利益维护、最终的获利程度等来选择合适的促销方式。

3.人员推销调查

(1)人员推销调查的基本形式有:上门推销、柜台推销、会议推销;(2)推销人员的调查;(3)营业推广的调查;(4)公共关系调查。

(八)竞争对手状况调查

(1)有没有直接或间接的竞争对手？如有,是哪些？(2)竞争对手的所在地和活动范围。(3)竞争对手的生产经营规模和资金状况。(4)竞争对手生产经营商品的品种、质量、价格、服务方式及在消费者中的声誉和形象。(5)竞争对手的技术水平和新产品开发与经营情况。(6)竞争对手的销售渠道。(7)竞争对手的宣传手段和广告策略。(8)现有竞争程度(市场占有率、市场覆盖面等)、范围和方式。(9)潜在的竞争对手状况。

三、消费者调查

消费者作为产品流通的终结者和最终付费者，他们的选择非常关键；市场创意也好，市场活动策划也好，抑或是营销渠道，无不受到消费者意愿和需求的影响。消费者的需求，有些是自身的，有些是被创造出来的，可以分为精神需求和物质需求：对手机的需求可以视为物质需求，对某种品牌手机的需求则可以视为掺杂了精神需求。

对消费者的调查，可以分为消费者基本情况调查和影响消费者消费选择的深度调查。

（一）对消费者基本情况的调查

对消费者基本状况的调查主要是对其人口统计特征的调查，大致包括如下内容：

1. 人口规模调查

对一个地域的总人口结构和规模的调查，主要是了解本地区人口总量和人口结构，从而推断其市场规模、消费潜力和消费方向。

2. 人口地理分布

人口在空间上的分布特征、分布密度等都会影响其消费方式，甚至会影响他们的消费结构。比如在距离城镇和集市非常远的地方，居民会尽量买一些耐储存的食品，而靠近市场的居民则倾向于购买新鲜的食品。

3. 家庭总数和家庭平均人口

家庭作为非常重要的消费单位，它的规模、结构都会影响家庭成员的消费倾向和消费总量。尽管由于经济状况，不同收入的家庭消费能力不同，但是从总体来看，家庭平均人口规模还是会对一些基本生活用品的消费产生影响。

4. 民族构成

不同民族的宗教信仰、生活习惯会影响消费选择。

5. 年龄构成

一个地域的人口年龄结构会影响消费市场的方向。年轻人居多的地方，时尚的、新奇的东西会更受欢迎；老年人居多的地方，夕阳产业及产品会更受欢迎。

6. 性别差异

女性喜欢购买的物品主要有化妆品、服装、皮包、减肥产品及美容服务等，而男性需求较多的可能是户外运动用品、汽车服务等。

7. 职业构成

通常情况下，不同职业的群体会有不同的消费倾向，如高校教师会购买较多的书籍。

8. 教育程度

教育程度在品牌认知、品牌选择等方面对消费者会有一定影响。

（二）影响消费选择的深度调查

1. 消费者购买动机调查

首先，消费者购买动机的研究，主要围绕三个问题展开：

第一，消费者被激发的个人内在能量问题，也就是消费者的个人内在能量、行为的源泉是怎样产生的。

第二，消费者反应出来的目标定向问题，也就是消费者会从许多具有不同性质的行为中选择什么。

第三，消费者行为系统定向问题，也就是消费者的行为是怎样维持的。

其次，购买动机主要有以下四种模式：

（1）本能模式：凭着自己的直觉购买，喜欢就会选择。

（2）心理模式：包括情绪动机、情感动机、理智动机、惠顾动机的分析等。

（3）社会模式：参照群体的影响、周围人群的影响，以及社会所处的阶段性特征等都会影响人们的购买动机。个体选择往往是在社会影响之下的一种比较与权衡。

（4）个体模式：个人的成长环境、家庭背景、玩伴等都会影响个体在消费时的倾向与选择。

2. 消费者购买行为调查

影响消费者购买行为的因素主要包括文化因素、社会因素和个人因素。

文化因素主要包括主文化与亚文化对消费者行为的影响。主文化主要是指在当下社会占主流的文化，这种文化会影响绝大部分人的消费倾向和消费选择。亚文化是被一部分人所独有的文化，通常情况下，它的影响面较小，但是影响程度不容忽视。

从社会因素来看，个人所属的群体和组织、个人社会关系的广度和深度、家庭环境等都会影响一个人的消费和购买选择。不同的企业均有各自独特的企业文化，对于身处其中的人，企业这种组织对个人的影响表现在方方面面。比如着装方面，有的企业要求必须着西装领带，而有的企业则对着装没有严格的规定和要求，企业文化必然会影响个人在消费时的选择。独有的社会关系也会影响个人的购买行为，一个有着众多社会关系的人，他的购买行为可能更有全球化的特色。此外，家庭不仅会影响和造就一个人的消费理念，还会影响他当下的消费行为和消费选择。

个人因素主要包括消费者的生活方式和生活形态、价值观、参照群体及意见领袖的影响、个人的心理因素等。这里的生活方式是指特定人群的特定生活形态，以下我们将从三个维度来关注消费者的生活方式——行为、兴趣和观念。

行为：通常我们会调查一个人的工作、爱好、购物、运动和社会活动等，作为了解其行为的重要因素。

兴趣：食物、时尚、家庭和娱乐大致可以概括一个人的兴趣。

观念：对于个人观念，我们会调查有关自我、社会问题、商业和个体对产品的看法，以此来分析个人的消费观念与生活观念。

对消费者的生活方式和价值观的调查，通常我们会关注两个层面：一个层面是生活方式和价值观与文化的关联，另一个层面是生活方式和价值观的变动。生活方式与价值观既是个人所独有的，也有一些是个体所属的社会阶层所共有的，例如我们可以对大家耳熟能详的“白领”这一群体做出如下描述：

> 出生在20世纪70年代中后期，在改革开放后成长起来，当他们接受高等教育时，以互联网为主的新技术革命正席卷全球，新资讯使他们知识更丰富、生活更加独立、思想意识更加强调个人主义……他们锋芒毕露，在生活中占的位置越来越显赫。

参照群体对个人的影响体现在各个方面，除了世界观、价值观外，也会影响消费者的消费观和实际的购买行为。比如你很可能会对自己喜欢的一个明星代言的某个品牌或者某个产品心动。

当个性和自我的概念与品牌的理念有所交融时，才会更深入地影响个人在选择产品时的倾向性。有学者将品牌的个性特征分为五类：

(1)真挚(务实、诚实、健康、愉悦)；

(2)激情(勇敢、活力、想象力、新潮)；

(3)能力(可靠、智慧、成功)；

(4)成熟(高贵、魅力);

(5)粗犷(户外、坚强)。

影响个人行为的心理因素主要包括动机、认知、学习、信念和态度。动机与人的需求有关。马斯洛提出,人的需求有五个层次,包括生理需求、安全与保障需求、归属感需求、受尊重的需求、自我实现的需求。认知是人们选择、组织和理解信息以构造其对世界的看法的过程。学习是由经验累积而引起个人知识或行为的改变的过程。信念是人们对某事物所持的描述性想法。态度是人们对某一事物或观念长期持有的正面或负面的评价、感受及行为倾向。我们可以以香奈儿五号香水为例,来分析消费者的购买动机。

女性消费者的消费心理特征

(1)注重商品的外表和情感因素。人类对消费品的要求越来越苛刻了。除了产品的功能、品质、容量等基础性的特征外,产品的色彩、包装、形状等对促进销售也起着越来越重要的作用。商品品牌的寓意、款式和色彩令人产生的联想,商品形状带来的美感或环境气氛形成的温馨感觉等,都可以使女性消费者产生购买动机甚至冲动购买行为。购物现场的环境及促销人员的讲解和劝说,在很大程度上会左右女性消费者的购买行为,有时甚至能够改变她们之前已经做好的消费决定,使其转为购买促销的产品。格拉斯的茉莉及玫瑰,透过乙醛产生丰富的变化,成为最具女性魅力的化身,精致地诠释了经典永恒的女性柔美,展现了独一无二的女性风味。基于 Total Look 的理念,香奈儿夫人认为香水是女性整体装扮中最后一道画龙点睛的重要步骤。因此,就算当时只有香水世家才会推出香水,服装设计师出身的香奈儿夫人也坚持决定推出香奈儿牌香水。她在瓶形设计上有着明显的天赋和卓越的见解:"我的美学观点跟别人不同,别人唯恐不足地往上加,而我一项项地减除。"正是这个理由使外形简单的香奈儿五号香水瓶成为同一时期的香水作品里看起来最奇怪的一支。因为在所有极尽繁复、华美之能事的香水瓶里面,唯有香奈儿五号香水像一只光溜溜的药瓶。可是这种简单形成了一股新的美学力量,成功地打进了名媛淑女们高雅的心房。她们终于不必溺于浮华的富贵中,而可以在简洁有力的设计中找到可贵的质感。香奈儿五号香水有着状如宝石切割般的瓶盖、透明水晶的方形瓶身造型,线条利落,黑色字体的 CHANEL 和 N°5 呈现于白底之上,令人印象深刻。

(2)注重商品的实用性和细节设计。女性对生活方式的反应要比男性快,女性的审美观影响着社会的消费潮流。女性消费者心思细腻、追求完美,她们购买的商品主要是日常用品和装饰品,如服装、鞋帽等。现代社会的职业女性对生活中新的、富有创造性的事物总是充满热情。年轻女性的心境和感性支配着流行,她们面对同样的产品比性能、面对同样的性能比价格、面对同样的价格比服务,甚至一些小的促销礼品和服务人员热情的态度都会影响女性消费者的购买决定。这就要求商家对产品的细节做到尽善尽美,避免显而易见的缺陷。有了一个很好的核心竞争点,还需要用品质去支撑它,才会长久地促进产品的销售。香奈儿夫人当然深谙此道——20世纪美国著名性感影星玛丽莲·梦露在袒露她独特性感魅力的秘密时曾说道:"夜间我只用香奈儿五号。"一句看似寻常的话语,却道出了香奈儿香水调制技艺的精湛和蕴含的独特情调。香奈儿夫人在寻到产品独有特点的同时,也在用实际行动支持这一特点,她成功地把香奈儿五号香水打入市场,并使其健康成长。在香奈儿公司,所有的香水都不是按部就班地依循生产程序进行调制的,而是充分调动香水调配师的嗅、视、触、听、味等神经,用身、心、灵去感受、体验产品,用全部心智去创造产品。可以这样直接地说,香奈儿五号香水是由调配师用自己的鼻子调制出来的,从而保证了香奈儿五号香水既与人们的嗅觉习惯相吻合,又具有独特的品位与情调。正如香奈儿夫人自己形容的:"这就是我要的。一种截然不同于以往的香水,一种女人的香水,一种气味香浓、令人难忘的香水。"

(3)注重商品的便利性和生活的创造性。目前我国中青年女性就业率较高,且城镇高于农村。她们既要工作又要做家务劳动,所以迫切希望减轻家务劳动量、缩短家务劳动时间,以便能更好地娱乐和休息。为此,她们对日常消费品和主、副食的方便性有更强烈的要求。新的方便消费品会诱使女性消费者首先尝试,富于创造性的事物更是令女性消费者充满热情,她们希望以此显示自己独特的个性。

早在1921年之前,香奈儿夫人就以"抽象"为目的,回避了纯粹花朵的芳香,她利用乙醛可以在苔藓与其他植物之中萃取植物精华的特性,发现了植物另外一种不为人知的气味,并让这些气味千变万化。她运用这一概念,将乙醛、多种鲜花和其他植物结合创造出来的有着前所未有的香味的香水,果然让她打了漂亮的一仗。香奈儿5号香水复杂的气味对其品牌推广和终端销售也是非常有帮助的,因为高档香水作为奢侈品，其消费者更多是想追求个性以及独有的、稀有的东西。当其他高档香水品牌都在一窝蜂地追求真实的鲜花香味的时候，香奈儿五号香水反其道而行之，在没有试图重现鲜花香味的同时又使香味变得魔幻诱人，从而轻而易举地击中了目标消费者求异的购物与享受心理。

引自《香奈儿的N°5香水的消费者心理分析》

（http://www.doc88.com/p-144575221291.html）

对消费者购买行为的调查通常包括：消费者何时购买、消费者重复购买同类商品的时间间隔、消费者在何处购买等。针对不同消费者的购买行为调查，要充分了解消费者的时间要求。有闲暇的老人，他们的购买行为可以随时随地发生，更多的老人将购买时间安排在早上超市刚开门的时候，这时候他们能买到新鲜的特价蔬菜。一些上班的年轻人和中年人，更愿意把购物的时间安排在晚上下班后或者周末。对于购物地点，调查不同的人群，需要在不同的地点展开调研。对于讲究购物环境的人来说，我们需要考察其购物场所的店堂音乐、店堂色调、装修风格、气味等；而对于一些实用主义者来说，价格和质量靠得住的商场可能是他们的首选。另外，随着电子商务的兴起，不少人，尤其是一些年轻人，更愿意在任意时间通过网络购物来实现购买行为。因此，对于消费者购买地点和购买方式的调查，也需要针对不同人群设计不同的问题。

在对消费者购买行为的调查中，我们需要确认的是，购买行为的发生可能受到多个人的影响。买的人和决策的人可能并不一致，这就需要我们在调查中确认购买过程中的发起者、影响者、决策者、购买者和使用者，其中任何一个环节的人都会对下次的购买行为产生影响。当前社会的一些特殊因素，包括女性在购买决策中的重要地位、单身作为一种普遍的生活方式、家庭中子女的重要地位等，都需要考虑进去。

四、活动及创意调查

不同时代、不同人群接受同类产品的创意及活动的程度也不尽相同。针对特定的消费群体，需要什么风格的活动策划及创意，也必须紧跟消费群体的需求并引领新需求。

五、信息传播及投放调查

对具体的信息传播的调查，除了应知晓消费者是否了解产品以及对该产品了解的程度之外，还需要了解媒介、了解广告效果。反映到具体的调查工作上，主要包括信息传播媒介调查、活动策划文案测验及调查、营销传播效果测量等。

(一)媒介调查

各种信息都离不开媒介的传播,对媒介的调查也是市场调查的必要内容。媒介调查主要包括媒介的影响力调查、媒介形象调查、媒介特性调查、媒介受众群体调查等。随着各种新兴媒体的出现,对消费类产品的媒介选择也需要越来越慎重,商家只有了解了媒介的受众和媒介市场,才能把广告投放在合适的通道上。

(二)活动策划文案测验及调查

活动策划文案测验及调查主要包括活动文案的标题是否形象、是否引人入胜、需要什么样的背景音乐和场景来衬托宣传的产品、产品代言人的选择、宣传用语的使用等。

(三)信息传播效果测量

无论在哪个媒体投放的广告信息,包括在自媒体上投放的广告,广告主都会关心广告投放的效果如何。广告的创意能不能被受众喜爱并接受、广告代言人的言行有没有可能给广告产品带来负面影响、广告投放之后市场销量是升高了还是降低了等,都需要通过调查工作予以辅助验证。

第三章 市场调查的流程

流程性是市场调查工作的特点之一。市场调查的每一个环节都互相关联、互相影响。对市场调查流程的合理安排，是调查工作顺利开展的前提和条件。流程的安排往往体现在调查方案的设计上和策划书中。因此，本章内容主要是介绍怎样设计市场调查的流程性工作，以及每一项工作在设计和实施时应该注意的问题。在此基础上，如何撰写一份合格的调查策划书也是这一章要讨论的议题。

第一节 市场调查的流程

如前所述，市场调查是一个流程性的工作，流程的安排是否合理、是否科学，将直接影响整个调查的质量。因此，熟悉和了解市场调查的流程是非常必要的。针对具体的项目，每个调查公司都有自己的个性化安排，但是这种差异并没有本质上的不同，基本安排还是大致相同的，包括做出计划、准备、调查实施、数据分析和得出结论。这种安排也可以概括为三个阶段：筹划、实施和总结。具体来说，市场调查的流程主要包括以下五个方面。

一、确定调查任务

确定调查任务包括选择调查课题、进行初步探索等具体工作。由于项目获得的方式不同，通过市场招标的方式获得的调查项目，还需要准备投标文件，中标之后调查公司才能够通过跟甲方（往往是企业或者媒体单位）的不断沟通来明确所要调查的主题、任务和目的。而如果要调查的是调查公司自己的项目，那么只要确定主题、获得单位的资金和人力支持后，就可以开展调查工作了。

在制定目标阶段，就相关问题达成共识是后续工作顺利开展的必要前提。制定目标主要指各方通过不断的讨论和沟通，就调查需要了解的问题，如调查的时间和区域、调查的经费预算和进度安排、人员的配备和构成等问题达成共识。

通过讨论确定了研究主题之后，就要制定研究目标了。这种研究目标可以是分阶段的，也可以是一次性的，主要与研究的问题有关。

二、设计调查方案

调查方案是整个市场调查工作顺利开展的前提和保障。因此，设计一份可行的、科学合理的方案是一件非常重要的工作。其主要任务包括：确认研究目标和调查内容、确定搜集资料的方法、制订项目进度计划、确定项目预算并完成调查人员配备等。

（一）确认研究目标和调查内容

对研究目标的确认不是简单的认定，往往需要经过多次的沟通与讨论。在沟通与讨论的过程中，既要明确现实的具体问题，也要涉及可能出现的问题。

通常情况下，研究目标是比较抽象的，而我们在调查方案中需要将抽象的目标以具体的系列问题的方式体现出来，这个过程就是建立假设和概念的操作化过程。通过建立假设，可以帮助我们从逻辑上建立变量间可能的关系，从而通过调查和证伪，探求事物客观与真实的关系，通过概念的操作化，把抽象的问题具体为一系列变量。

（二）确定搜集资料的方法

在将问题具体化以后，如何搜集这些信息和资料就被提上了日程。采用什么样的方法来搜集资料，会受到很多因素的影响，如经费的预算和支持、人员的配备、调查对象的分布区域、文化水平等。

在确定搜集资料的方法之前，应该对几种方法的可能性进行讨论。通过讨论，一方面可以让研究者更了解某种搜集资料的方法的优势和不足，从而能够从全局考虑，最终确定搜集资料的方法；另一方面，也可以让委托方更深入地理解和支持本次调查工作。

以对某品牌广告产品创意的调查为例，通常情况下，我们可以有以下几种搜集资料的方法：(1)街头拦访，(2)实验室调查法，(3)网络即时调查，(4)电话调查，(5)电子邮件调查，等等。每一种调查方法都有其优势，也有其不足，具体采用哪种调查方法，需要调查人员从多方考虑后做出选择。

(三)制订项目进度计划

进度计划明确了调查工作的时间排期。对于通过委托、招标等方式获得的调查项目而言,进度计划也是便于委托方(甲方)按阶段检查调查工作的依据。对于调查人员而言,进度计划是对其要完成的调查任务的阶段性安排。进度计划安排合理,一方面可以让调查人员每个阶段的工作都能保证质量;另一方面,可以保证整个调查工作顺利完成。

制订项目的进度计划,大致要做好以下几个方面的工作:

(1)问卷和访谈大纲的编制、修正;(2)明确样本选取的地点、时间;(3)调查员的招聘与培训;(4)调查工作的辅助性物品采购;(5)问卷和大纲的印刷;(6)试调查;(7)问卷和大纲的定稿及印刷;(8)资料的回收和整理;(9)数据的编码和录入;(10)数据分析和调查报告的撰写;(11)调查报告的印刷和提交;(12)项目的经验总结会议。

如果是学术性的研究,首先要做的工作是文献整理和学习,而且其持续时间会比较长,有的需要1—2年,有的可能持续更长时间。这种学术性的调查研究基本上都需要做好以下四个环节的工作:

(1)文献的搜集、整理和学习;(2)调查的设计、准备和实施;(3)数据的整理与分析;(4)调查报告和研究论文的写作。

(四)确定项目预算并完成调查人员配备

合理的经费预算是项目竞标成功和顺利实施的必要保障。经费预算是整个调查工作中每个阶段所需经费的汇总,大致包括:

(1)文献复印、打印等费用;(2)方案的策划经费;(3)问卷的设计费;(4)抽样方案的设计费;(5)差旅费;(6)调查人员的招聘与培训费;(7)访问员的劳务费;(8)调查的问卷印刷和劳务等费用;(9)调查对象的礼品和礼金等费用;(10)数据处理软件的购买和租用等费用;(11)数据的汇集和录入人员的劳务费;(12)通信费;(13)交通费;(14)专家论证费;(15)水、电及其他杂费;(16)税费;(17)调查报告印刷和装订等费用;(18)必要的讨论会议的费用;(19)研究人员的劳务费。

当然,对于不同的项目和不同类型的调查公司来说,这些费用会有所不同,但是,充足和合理的经费预算,是项目能够顺利开展必要的物质保证。

三、市场调查方案的可行性评估

整个调查工作中,市场调查方案的设计能力和水平是最重要的。因此,不少调查项目在实施前会对整个市场调查方案进行可行性评估。对调查方案的可行性评估一般有三种方法，即逻辑分析法、经验判断法和试点调查法。

（一）逻辑分析法

逻辑分析法，指通过逻辑分析和对照来判断并检查调查内容是否符合逻辑以及是否情理，这种分析法包括前后对照分析、常识判断、同已有研究的对照分析等。

（二）经验判断法

除了可以采用逻辑分析法来判断市场调查方案的可行性和科学性之外，还可以借助部分专家对方案的初步研究和判断来验证其可行性。这些专家有丰富的调查经验及深厚的理论素养，可以通过经验判断来辅助验证调查方案的可行性和科学性。

（三）试点调查法

指通过在小范围内试调查的方式来发现调查问卷和抽样方法等存在的问题，从而在调查前及时修正。这种试调查具有很强的实战性和创新性，尽管它所选择的范围很小，可能只有几十个样本，但它能够帮我们发现另外两种方法可能无法察觉的细微问题。如问卷的提问方式、问题的编排顺序、字体的大小和格式、问卷的结构安排、问卷的问题重复设置等，都能在试调查中得到检验和修正。

四、实地搜集资料

实地搜集资料是对要解决问题的资料搜集。这一阶段的工作内容是调查策划方案的主体部分，需要解决“在哪里问”“问谁”“以什么样的方式问”等问题。这一部分其实是要解决三大问题，即如何抽取样本、怎样搜集资料和如何整理资料。

（一）如何抽取样本

样本的选取与调查的目的和调查的条件都有关系。从理论上讲，能够满足随机抽样，才能保证样本的代表性和客观性。但是，在实际操作中，样本的抽取一方面受限于项目的性质，另一方面也受限于项目经费、人员配备、任务的完成期限等条件。怎样在有限的条件下，合理、科学地选取样本，是调查策划方案要解决的重要问题。

在撰写调查策划方案时，对于定性研究，如通过访谈等方式接触调查对象时，可以采用典型法和滚雪球的方式；如果是定量研究，则可以将可能采用的方法罗列出来，通过比较其各自的优势和不足，向报告阅读者和项目监管者说明最终选择某种抽样方法的理由。

选取样本时应该注意三个方面的问题：一是抽样样本的客观性；二是典型调查中样本的典型性；三是样本的代表性。

1. 抽样样本的客观性

在调查策划方案中讨论抽样样本的选择方法时，需要保证抽样样本的客观性。一般情况下，在大样本调查中，不能依据研究者的个人喜好来选择样本，在选择样本时应遵循价值中立原则。

2. 典型调查中的典型性

典型调查样本的典型性是调查者尤为关注的。典型性样本的选择，一方面靠行业内的认可，另一方面靠调查者基于研究经验做出的判断。当然，通过媒介调查出来的典型性样本有可能是真实的，也有可能是被建构出来的。所以，在媒介泛滥的今天，调查人员选择典型性样本时，对媒介的信息要保持冷静。

3. 样本的代表性

大量的市场调查都是建立在抽样基础上的，抽样调查背后的逻辑就是由局部到整体、由部分到全部。可以这样推断，其逻辑依据之一就是样本的代表性，即样本能够代表总体。只有满足了这个条件，所有的结论推断才能够成立。

(二)怎样搜集资料

资料的搜集方式与样本的抽取有一定的关系。如果是典型研究和个案研究，往往是借助访谈的方式，提前设计访谈大纲或问卷，通过有经验的研究者或访谈员入户访问或采用约谈的方式来完成资料的搜集。如果是定量研究，由于其样本过于庞大，一般需要培训大量调查员，通过入户、街头拦访、网络提交、群邮件等方式来搜集资料。在这种大样本的调查中，研究者作为项目的督导或者指挥者，往往很少直接参与入户调查。

在调查策划方案中，对于资料的搜集方式需要有明确的交代，不能只选简单的方式而不考虑实际后果，当然，也不能把资料搜集的方式和过程故意复杂化。

在资料搜集阶段，为了保证资料和数据搜集行动的可行性，获得真实可靠的资料，在方案设计和工作开展阶段应注意以下问题：

1. 获得被调查地区单位与个人的支持

虽然在通常情况下，很多市场研究机构或公司经常通过委托调查和购买服务的方式，把具体的调查工作委托给不同地方的调查公司，但我们也需要寻求被调查地区的单位和个人的支持。这种支持可以是良好的合作关系的维护，也可以是通过当地单位和个人的支持，获得通过调查可能很难获得的资料，以便调查工作能够更加顺利地开展。

2. 熟悉调查对象以及他们的生活环境

在设计调查策划方案时，调查人员首先应该熟悉被调查地区和调查对象的生活环境。只有熟悉其习惯和生活环境，才能够在尊重调查对象的前提下展开调查工作。通常情况下，在设计调查策划方案时，应该对调查对象的文化水平、宗教信仰、所在区域特点等有所了解，这样，设计的调查方案才具有可操作性。

(三)怎样汇集和整理资料

资料的汇集和整理工作一般是跟搜集资料同时进行的，这样做一方面便于及时了解搜集到的资料的情况和需要解决的问题；另一方面，便于当所搜集的数据不能满足需求时，能够及时调整数据的搜集方式和数量。一般情况下，会有由项目督导指派的专人负责管理设计好的专门用来汇集每天搜集资料实时情况的表格，并会要求负责人及时填写，有问题及时反映。

五、总结与应用阶段

这一阶段的主要任务包括两个方面：一方面是对搜集到的数据和资料进行分析，并在分析的基础上撰写调查研究报告；另一方面是总结，通过对整个项目调查工作的总结，找出成功的经验，了解本次调查工作的不足之处，从而为以后的项目积累经验。

(一)撰写调查研究报告

这一阶段的主要任务是将调查搜集到的数据资料录入计算机，建立数据库，在此基础上，采用合适的分析工具和方法，对假说证实或证伪，从而得出调查结果或研究结论。如果是描述性研究，则可以通过研究报告的撰写来反映所调查地区和调查对象的具体情况，为了解市场和区域提供必要的支持。

在调查报告的撰写过程中，除了我们普遍关心的调查结论外，调查过程、研究方法、政策建议等也是整个报告要涉及的内容。

（二）总结调查工作，为以后的市场预测工作打下基础

完成了调查报告的撰写工作之后，从整个解决问题的流程上来看，似乎调查工作已经彻底结束了，项目也顺利完成了。但是，实际上，在调查项目完成之后，通常还会有一个总结性质的讨论会。通过这个讨论会，可以总结刚刚完成的调查项目，包括这个项目的经验、失误、不足、可能存在的问题、调查过程中困难的解决方式和途径，等等，为以后其他项目的开展打下基础。

第二节　如何撰写调查策划方案

一、调查策划方案的功能

调查策划方案是实现调查计划和任务的方法的书面呈现，它的内容和形式都很重要。考虑到调查项目有一部分可能来自市场竞争，因此，调查策划方案能够直接影响项目竞标的成败。争取到项目后，整个后续的调查工作也需要系统的调查方案予以指导和支持。因此，从这个意义上来看，调查策划方案的功能主要体现在以下几个方面：调查策划方案一方面是调查行动的指导材料，另一方面也是争取立项和经费的必备文件。同时，对于通过招投标争取来的市场调查项目而言，它也是调研项目委托人和承担者之间所签订的合同中的一个组成部分。

二、调查策划方案的基本结构

（1）摘要：这是整个报告的小结，非常重要。（2）调研目的：说明提出该项目的背景、要研究的问题和备选的各种可能的决策，以及调研结果将带来的效益或理论意义。（3）调研内容和范围：说明调研的主要内容，规定调研要获取的信息，列出主要调研问题和有关理论假设等。（4）调研方针和方法：说明此调查方法与其他方法相比的优势、问卷的设计、数据的搜集等。（5）调研进度和费用预算。（6）附录：调研项目负责人及参加者名单、每个人的专业特长及分工、抽样方案的技术说明及细节说明、问卷设计中的有关技术说明、数据处理方法。

调查策划方案案例(学生作业)

××花露水广告调查策划书

调查者:2013级广告专业 张欣然、张一祎、史红蕊、刘若晨、刘畅

目　录

前　言

1989年,家化的研发人员敏感地观察到,痱热燥痒是夏季最主要的皮肤问题,而传统中医药理和药材应用是解决这类问题的最好手段。用来治疗痱子和其他夏季疾病的传统中药××,其主要成分是珍珠粉和麝香。以此为基础,家化科研人员将中药古方与花露水相结合,推出了全新的包含六味传统中药的××牌花露水。

一、市场分析

(一)××花露水的发展历程

清光绪三十四年(1908年),花露水在中国开始风行,到如今已有上百年的历史。清凉的花露水对于我们来说既是童年记忆,更是如今不可或缺的日常用品。而花露水的历史发展大概经历了以下四个阶段:

1.第一阶段(1905—1950年):花露水诞生及兴起

1905年,香港建厂的广生行开始生产中国人自己的第一款花露水——双妹牌花露水。

“花露”二字取自宋朝文学家欧阳修《阮郎归·南园春半踏青时》中的“花露重，草烟低，人家帘幕垂”。1908年(清光绪三十四年)，“明星花露水”诞生在号称十里洋场的上海。当时颇具盛名的上海中西大药房研发出了一种盛装在绿色玻璃瓶内的花露水，并将这瓶透明绿的香水取名为“明星花露水”。随即，该花露水席卷上海，一跃成为知名的国产香水。

1946年，明星化工着眼于气候炎热的中国南部地区，认为那里更能接受兼具消毒功能的花露水，便开始在广州、台湾陆续设立办事处。然而，战乱改变了时局。

1950年，“明星花露水”的商标被上海家化取得，上海中西大药房老板周文玑在战乱中仓促带着几名员工逃到台湾。

2. 第二阶段(1950—1990年)：洋品牌进军，中国花露水跌入低谷

战乱平息之后，中国人的生活越来越国际化，各种国际品牌走进了中国消费者的视野，国际大牌香水占据了中国女性的梳妆台。此时，国产的花露水显得不够时尚，渐渐淡出了人们的视线。

3. 第三阶段(1990—2012年)：××花露水诞生

在花露水险些失去市场的时候，诞生了××花露水，它一改曾经以气味取胜的路线，加入了中草药配方，起到了杀菌止痒的作用，其中融入的薄荷、冰片等配方更是在夏天为人们带来清凉，这样实用性超强的花露水重新获得了人们的喜爱。

4. 第四阶段(2012年至今)出现不同特点、香型和品牌的花露水

由于××花露水得到了国人的热爱，花露水市场又得到了扩充，现如今，花露水已不仅有绿色玻璃瓶这简单的一种，而是推出了具有不同香型和功效的产品，给了消费者更多的选择。同时，除了××牌花露水之外，还出现了隆力奇、宝宝金水等不同品牌的花露水。

(二)现有市场竞争格局

××花露水面世当年就大受欢迎，之后就牢牢占据了中国的花露水市场，最高市场占有率超过70%，无疑是花露水中的龙头品牌。但这并不意味着××花露水在市场上毫无危机，它面临三大挑战：其一是宝洁、联合利华、强生等国际品牌进军中国，其二是国内有宝宝金水、隆力奇、百雀羚等同类品牌与之竞争，其三是它在新生代消费者中认同度还不够。综合看来，××花露水还需要多多宣传，不可松懈。

(三)消费者分析

花露水作为一种家庭日用品几乎可以说是家喻户晓,尤其是在它兼具了驱蚊止痒和气味清香的特点之后,不同层次的消费者都会选择购买,消费者在选择时不具备年龄和性别上的差异。而造成消费结构差异的可能有以下两点原因:

1. 年龄差异

不同年龄段的消费者消费习惯不同,作为一个老品牌,××花露水有很多忠实顾客,很多中老年人已经习惯使用这个品牌了,很可能就不会再选择其他品牌的花露水。而相对来讲年龄较小的顾客可能会通过电视广告等渠道了解其他品牌的花露水,会根据自己的喜好做出选择。

2. 季节、地域性差异

××花露水的主要效用是驱蚊止痒,所以其销量受季节影响很明显,在夏季,花露水的需求更大,而冬天可能就很少有人买它。花露水的销量在地域上也有差异,有的地区天气较冷,对于花露水的需求量就较小。

(四)市场趋势分析

1990 年,第一瓶××花露水上市,以“祛痱止痒、提神醒脑”为明确产品诉求,通过“××有主,一家无忧”的广告,迅速占领了花露水市场份额。××早已成为上海家化夏令产品的主打品牌。××还推出了沐浴露等衍生产品,同样占有非常高的市场份额。××花露水的市场占有率较高,一度超过 70%,但近几年在众多品牌的夹击下,其市场占有率有所下降,基本维持在 50%左右。××花露水的市场占有率处于成熟期,进一步快速增长难度大,所以首先要做的是保持住占有率,维持销售量第一的地位。

××喷雾驱蚊花露水 2010 年 1—8 月的市场份额达到 4.6%,较 2009 年同期的 3.2%同比增长 1.4%,成为××品牌市场份额排名第三的单品,增长迅速;2010 年 1—9 月销售总额 5,313 万元,较 2009 年同期的 3,195 万元同比增长 66%。

××花露水系列 2010 年 1—8 月市场份额达到 56.7%,较 2009 年同期的 55.5%同比增长 1.2%,市场份额仍然排名第一,占据垄断地位;2010 年 1—9 月销售总额 6.25 亿元,较 2009 年同期的 5.56 亿元同比增长 12%。

就消费者而言,花露水有不同的消费人群。年轻人比较注重产品的名气,讲究潮流、时尚,所以如果买洗发水,他们会买社会知名度高、有当红影星做代言人的品牌。再者，他们的日化用品品牌观念也不强，所以会随便买一瓶花露水。他们对金钱的观念也不太强。中年人比较重视日用品的品牌，一般都对一些品牌产品有一定的忠诚度。同时，中年人也注重产品价格，讲究实用、有价值。老年人注重经济实惠，讲究物美价廉，便宜的价格对老年人有一定的吸引力。当然，老年人也不是一味追求价格，他们一方面注重价格，择廉选购，另一方面也注重产品品质和实用性。由于社会主义市场经济的发展规律要求商品自由流通并满足消费者的需求，决定了××花露水要有多个种类，以及不同的生产线供用户选择。

我们在超市买日用品的时候，一般都喜欢买用惯了的牌子，所以，××就要拉住现有顾客，让这部分人群建立起对××花露水的信任。同时注重发现潜在顾客，这部分人群往往徘徊于几种品牌之间，只要在广告宣传方面做好定位，潜在顾客就会逐渐成为现有顾客。对于流失的顾客，调查表明，他们是其他品牌花露水的现有顾客，可以在产品的包装、宣传方面下功夫，吸引起购买××花露水。

在花露水行业，××花露水最大的竞争对手是隆力奇花露水，对于这两个品牌的分析，一般不存在质量上的高低，只是各自的现有消费者所占比例不同。××花露水的历史比隆力奇花露水悠久，相信这是××花露水在销售上的一个优势。但是，由于花露水生产进入的技术壁垒低，众多国内外日化用品厂家加入了竞争行列，导致价格竞争激烈。2011 年最新的销售价显示，市民最常见的××牌驱蚊花露水 8.9 元/瓶，隆力奇驱蚊花露水 6.5 元/瓶，对比竞争对手，××比其他品牌贵上 2 元左右，在销售上面临竞争压力。

（五）未来产品发展趋势

近些年来出现了不同品牌的花露水以及一些国外品牌的驱蚊水，其他品牌的花露水价格相比××花露水更加便宜，而国外的驱蚊水专门针对驱蚊，效果更好。这样的市场现状使××花露水处于劣势，因此，对于未来的产品，××花露水若不想走低价畅销路线，就需要改良配方，提高驱蚊功效，提高产品的性价比。

二、产品分析

（一）××花露水分析

1. 喷雾止痒花露水 规格【180ml】

2009 年，××全新推出××喷雾止痒花露水，该花露水特有强化止痒配方，针对蚊虫叮咬，可快速止痒，并经过千人的临床实验验证，功效显著。

2. 驱蚊花露水(冰莲香型) 规格【195ml,95ml】

有效驱蚊 清凉舒爽。

该花露水头香是柑橘、茉莉的清新香气,体香是尼罗河睡莲轻盈淡雅的香味,基香是和谐交融的乳香和西洋柏,整体香气透发,清雅怡人。特别添加有效驱蚊剂,驱蚊时效长达7小时。

3. ××花露水 规格【42ml,95ml,195ml】

该花露水含有天然植物精华萃炼而成的"××原液",是引进世界一流香水制造工艺,结合近百年花露水生产技术制成的。使用后可祛痱止痒、清凉舒爽、提神醒脑、祛除异味,是居家、旅行、劳防之必备。

4. ××花露水(冰芬香型) 规格【95ml,195ml】

该产品头香是柑橘、鲜橙的清新果香,体香掺和了玫瑰、百合和茉莉的高贵典雅的香气,基香则是极具东方韵味的檀香与柏木的和谐交融。整体花香清雅怡人,经典又不失时尚。

5. ××驱蚊花露水 规格【95ml,195ml】

该产品添加了安全有效的驱蚊剂,驱蚊时效长达7小时。

6. ××喷雾花露水 规格【80ml,180ml】

该产品额外添加了"积雪草"精华,更有润泽肌肤的作用。采用全新的清新花香香型,时尚优雅。特有喷嘴设计,带来全新的使用感受,更便捷卫生。

7. ××喷雾驱蚊花露水 规格【80ml,180ml】

该产品是××全新上市的喷雾驱蚊花露水,专为满足现代生活的需求。

8. ××阳光宝宝驱蚊花露水 规格【100ml】

该产品采用独创的亲肤配方,肤感温和不黏腻。

该产品蕴含驱蚊酯和"××花露水原液",祛痱效果显著,更能缓解蚊叮虫咬引起的瘙痒和红肿,让肌肤保持柔嫩、健康,可有效驱蚊5小时。

(二)竞争对手花露水分析

1. 隆力奇蛇胆牛黄花露水 规格【95ml】

本品是以蛇胆、牛黄、麝香及多种天然原材料,采用先进制造工艺,辅以法国名贵香料配制而成的香水型花露水,能有效预防痱子,对因蚊叮虫咬引起的皮肤瘙痒有明显的抑制效果,使用后清凉爽肤。

2. 隆力奇驱蚊花露水 规格【194ml】

采用大自然鲜花精华及金银花、牛黄、蛇胆等名贵中草药与高效驱剂为主要原料精制而成，有防蚊、驱蚊、祛痱止痒、提神醒脑、去除异味功效，是居家、旅行的必备佳品。

3. 宝宝金水

宝宝金水是专为婴幼儿细嫩肌肤研制的一款产品，集"祛痱、止痒、防蚊虫"三种功效为一体，婴幼儿及成人均可使用，不油腻、无刺激，精心呵护宝宝的健康。

4. 施美蚊不叮

主要用于皮肤抗菌、防感染、驱蚊虫。

因为蚊不叮内含仿生驱避原料，一般以避蚊胺或者驱蚊酯为驱蚊原药，能使蚊子产生错觉，失去叮人的欲望。每次时效可达 5 小时。

此外，有些驱蚊液还含有中草药成分，具有清凉、祛痱、避暑等功能。

三、销售与广告分析

（一）上海家化的知名度、美誉度与企业形象

从 20 世纪末开始，国际著名的日化集团开始将中国市场作为新兴利润来源地之一。它们凭借成熟的产品体系、先进的营销推广手段以及雄厚的资金保障在中国市场风生水起。在强大的竞争压力下，有的民族品牌日趋式微，有的成了国外集团的收购对象，剩下的大多在苦苦支撑。

在沐浴露市场中，宝洁的舒肤佳、联合利华的力士成为耀眼的明星，而××沐浴露却凭借鲜明的本土化品牌文化内涵，树立了强大的民族品牌形象。1993 年，上海家化推出了××花露水，供夏天使用。以"祛痱止痒、提神醒脑"为明确产品诉求，这个品牌迅速占领了 60%的花露水市场份额。两年后，上海家化推出了××沐浴露，专攻中国夏季个人洗护用品市场。××沐浴露的推出，一方面是鉴于××品牌在市场上已具有的强大品牌效应，要将品牌的价值最大化；另一方面，面对跨国公司的挑战，上海家化把握住了中国消费者的特殊品位——在一些领域更加相信中医。

在对消费人群进行分析后，上海家化推出××沐浴露，将目标对准了××花露水的使用者及长期青睐传统中医产品的消费者。

上海家化作为国内化妆品行业首家上市企业，是国内日化行业中少有的能与跨国公司开展全方位竞争的本土企业，拥有国际水准的研发和品牌管理能力。

2007年，公司营业收入达到22.61亿元人民币，净资产达到8.53亿元人民币。

（二）上海家化联合股份有限公司的广告策略

（1）拍摄新奇的广告，以微电影的形式投放在网络平台；

（2）在卖场设立临时专柜，供消费者免费试用；

（3）在城市公交车上张贴海报进行宣传。

（三）上海家化的市场销售现状

（1）产品质量：注重产品差异化，运用产品组合策略生产相关产品；

（2）价格定位：××花露水系列：5元－20元不等；

（3）渠道策略：全国各地的大、中、小超市，网络；

（4）产品包装：玻璃瓶＋绿色包装纸＋金色文字；

（5）品牌定位：扩大销售渠道，以铺货的方式提高竞争力；重视产品质量，保护产品形象和声誉；保持产品价格，走高端消费品路线。

四、主要品牌定位策略分析

（一）××花露水

1990年，第一瓶××花露水上市。该产品以"祛痱止痒、提神醒脑"为明确产品诉求，通过"××有主，一家无忧"的广告，迅速占领了花露水市场。××品牌随即成为上海家化夏令产品的主打品牌，并推出沐浴露等衍生产品，同样有非常高的市场占有率。××品牌为大众消费者提供全家共享的夏季清洁、护理产品，帮助他们畅享夏日，体验清新。××珍视传统，求真务实，崇尚和谐，追求创新，与大众消费者共享欢乐。

（二）隆力奇花露水

纵观花露水市场，不难发现花露水的竞争还是很激烈的，为了应对不断变化的消费需求，近几年，隆力奇明显加快了花露水的新品研发、新概念挖掘和产品线的延伸。如一款差异化竞争的蛇胆牛黄花露水，一上市就博得了广大消费者的喜爱。但在人们越来越关注健康的今天，产品的安全性成为消费者最关注的问题，同时，各品牌在花露水的竞争上也是频频出招，花样繁多："花露水＋香皂""花露水＋沐浴露"等概念也在各大卖场纷纷掀起了竞争热潮。

（三）宝宝金水

"金"字在汉语中有"珍贵的、宝贵的"等含义，可以寓意母亲对孩子深深的关爱。从颜色看，"宝宝金水"的原料中含有野菊花的成分，野菊花经过浸泡，呈现出澄清、透明的金黄色。在“宝宝金水”被研制出来前，市场上没有儿童专用的“祛痱、止痒、防蚊虫”的产品，市场上的“花露水”“痱子水”等普遍含醇高，对儿童的皮肤有较强的刺激。取名“金水”一是和这些产品相区分，二是表明“宝宝金水”浓缩了中草药的精华，因为“金”和“精”谐音。

五、企业营销战略

（一）营销目标

(1)短期目标：通过宣传使消费者认识产品并且购买；

(2)长期目标：令消费者对产品产生品牌忠诚度。

（二）市场策略

(1)产品定位：珍视传统，求真务实；崇尚和谐，追求创新；

(2)诉求对象：各年龄段全体消费者；

(3)广告主题：××有主，一家无忧。

六、广告表现

（一）非媒介

(1)制作小瓶试用装随其他商品赠送；

(2)举行优惠活动；

(3)在小区或校园门口摆台介绍宣传。

（二）媒介

(1)电视：中央台、地方台投放广告；

(2)报纸：加印彩页宣传报；

(3)网络平台：微博、微信建立公众账号；

(4)户外：车身、灯箱、广告牌。

七、公关营销策略

（一）目的

在国有企业和国际品牌竞争激烈的大环境下，提高国有企业“××”品牌的知名度，让该品牌深入人心，提倡差异化，注重品牌效应，经过一系列对受众的调查研究，使营销更具有确定性、针对性、目的性和有效性。帮助“××”这一品牌做充足的公关策略，搞清不同活动对不同公众群体所造成的冲击，更好地制定和实施相应的行动计划来阐明组织的态度，影响公众对“××”的看法。

（二）活动策划

（1）在卖场设立临时专柜，让消费者免费试用；

（2）在指定商业区内进行人员促销；

（3）折扣促销；

（4）搭配销售；

（5）赠送销售。

八、效果预测、评估

（1）售前：采用向消费者促销的方式；

（2）售中：利用媒介和非媒介一起向消费者介绍××花露水；

（3）售后：对广告效果进行整体评估。

附Ⅰ：《××花露水的前世今生》文案

如果说一个人家里有很多奢侈品，你一定认为他有个了不起的爹。但事实上，很多我们现在习以为常的日用品，在它们刚诞生那会儿都是不折不扣的奢侈品，比如自行车，比如电视机，再比如花露水。

在1908年的上海，有人在唐朝古方的基础上研发出一种原创的香水，它的名字叫……当时它还没有名字。于是大家就到唐诗宋词中去找灵感，有人说叫“滚滚长江东逝水”，太长；叫“黯然销魂水”？矫情；叫“白毛浮绿水”？呃……就在这时，有人念出欧阳修的名句“花露重，草烟低，人家帘幕垂”，浪漫的意境和韵味秒杀了之前所有创意，所以就叫它花露水吧。

花露水在它诞生的年代绝对是身份和品位的象征，出入十里洋场穿旗袍的妹子们人手一支，如果谁出门不喷点花露水在手帕上，都不好意思跟人家打招呼。不管是去看戏还是搓麻将，从旗袍里飘出的淡淡花露水香味，都会令闻到的男人美得找不到北。用完的花露水瓶就算搬家也是要带着走的，老一辈沪语里说“有点花露水”就是夸人太有能耐了。当时最出名的花露水品牌当属“明星”和“双妹”，其经典的产品设计就算放到今天看仍然显得很高端。

“时光如高铁，岁月如动车。”中国人的生活越来越国际化，各种进口香水逐渐占据了美女们的梳妆台。就在花露水险些要“out”时，1990年，××花露水横空出世。和过去纯粹走气味路线的花露水不同，××将中药古方和花露水结合，兼具驱蚊止痒和祛痱提神的作用，××花露水中含有一定比例的酒精，而且是食用级的，但它绝非是为饮用而添加的。在我们伟大的中医文化中，人们将用中草药和酒精调配的饮品称为酒剂，酒精的挥发使得香味四处飘散，更重要的是它能令中草药的药物成分效果倍增，起到杀菌消炎、舒筋通络、止痒健肤的作用。酒精在挥发的过程中会从皮肤表面带走热量，再加上××原液中的薄荷和冰片等药材，会让人感觉无比的神清气爽。

如今花露水早已不是“白富美”们的专利，在滴了几滴××花露水的木桶里洗澡成为很多孩子心中最惬意的童年记忆。事实上，花露水除了驱蚊止痒之外还有其他功效。工作累了喷一喷，可以提神醒脑；加入水中可以给浸泡的衣物消毒；用花露水擦凉席会让整个夏天格外清爽；甚至用来清洁你心爱的苹果手机也是不错的。

得益于人民群众的厚爱，××花露水家族也越来越庞大，发展出了不同特点和香型的品种。曾经被网民疯狂追捧的冰莲香型驱蚊花露水，让那些只消费奢侈品的网民都不得不臣服于它的性价比。

我们相信，在很多人心目中，没有××花露水的夏天是不完整的。那文艺而又小清新的味道，正是美好夏天的一部分。这种味道不仅仅意味着立竿见影的奇效，更洋溢着淡然别致的中国式浪漫。当你从浮躁中慢下来，透过这些味道，闻到关乎文化和记忆的传承与敬畏，就能体会到剔透的绿瓶中深沉的情怀。你会发现每一个被花露水悉心庇护的夏天，都值得你用心去爱。

附2：消费者市场调查问卷

您好，随着夏季气温的升高，蚊虫叮咬的困扰日趋严重，为调查消费者对××花露水的了解和喜爱程度，特设计此问卷。这次调查不会给您带来任何麻烦，请您放心填写，谢谢您对我们工作的支持。

一、请您在下列选项中只能选择一个结果：

1. 您的性别是______________。

A. 男　　B. 女

2. 您的年龄范围是__________。

A. 20岁以下　B. 20—30岁　C. 30—40岁　D. 40—50岁　E. 50岁以上

3. 当提到花露水时，您会想到那些品牌(可多选)？

A. ××花露水

B. 隆力奇花露水

C. 百雀羚花露水

D. 宝宝金水

E. 其他：______________。

4. 您是否曾经使用过或正在使用××花露水？

A. 是　　B. 否

5. 您通常在什么情况下使用花露水(可多选)？

A. 被蚊虫叮咬后

B. 洗澡后

C. 睡觉前

D. 出门前

E. 其他：______________

6. 您使用花露水时会更加注意哪些方面，请根据重要性进行评分。

	5	4	3	2	1
性能					
香味					
品牌					
价格					
净含量					
成分					
包装					
口碑					
是否有刺激性					
是否方便携带					

7. 您觉得××花露水怎么样？

A. 很满意　　B. 不满意　　C. 无感

8. 以下××花露水产品中，您比较喜欢哪款(可多选)？

A. 喷雾止痒花露水

B. 驱蚊花露水(冰莲香型)

C. ××花露水

D. ××花露水(冰芬香型)

E. ××驱蚊花露水

F. ××喷雾花露水

G. ××喷雾驱蚊花露水

H. ××阳光宝宝驱蚊花露水

9. 您觉得××花露水品种丰富吗?

A. 品种多,样式新颖

B. 一般,觉得还好

C. 品种少,包装单一

D. 不清楚

10. 关于××花露水的价格,您觉得____________。

A. 比较昂贵,难以接受

B. 一般,价格合理

C. 物超所值

D. 不清楚

11. 您注重花露水产品的什么功效(可多选)?

A. 祛痱止痒

B. 提神醒脑

C. 防蚊虫叮咬

D. 除菌

E. 祛痘保湿

F. 其他

12. 您会更换使用的花露水品牌吗?

A. 几乎不

B. 经常

C. 偶尔

13. 您对新上市的花露水品牌的顾虑是?

A. 怕效果不好

B. 产品效果或产品质量差

C. 产品效率功能被夸大

D. 厂家名气不大,对厂家不了解

E. 价格偏高

14. 您觉得花露水广告对您的影响大吗?

A. 一般

B. 比较大

C. 没有什么影响

D. 很大

15. 您觉得什么类型的宣传最有效(可多选)?

A. 广告

B. 促销

C. 明星代言

D. 公益慈善事业

E. 朋友的介绍

F. 其他

16. 使用××花露水时,您会担心吗? 如果担心,您担心些什么?

第四章 市场调查的主题

无论何种类型的调查，都是为了解决问题，有的调查是为了解决理论问题，有的是为了解决实践问题。不论解决何种问题，都需要先把问题界定清楚，后面的调查工作才有意义和价值。可以说，确定选题是我们开展调查工作的第一步。至于怎样确定选题，涉及几个方面的因素，我们将从调查主题的来源、调查主题的可行性、调查主题的价值性几方面展开讨论。

第一节 调查主题的来源及界定

一、调查主题的来源

我们要展开一项调查项目，调查的主题主要有两个来源，一个是接受委托而获得的调查主题，这一类我们可以称为被动主题选择；另一个是由于对某个问题感兴趣，自筹资金或者通过投标竞标而展开的主题调查，这类调查我们称为主动主题选择。

（一）委托的主题调查

无论是哪种市场调查机构，委托类的调查的主题选择都来自委托方，一旦决定接受委托，自己没有选择的权利。但这并不是说完全要按照委托方说的做，因为有的时候，作为当事人，委托方对于在市场活动中出现的问题可能有所了解，但是又不是非常了解，他们给出的调查主题可能在范围上会比较宽泛，甚至是比较模糊，这时候就需要研究机构对委托方所委托的调查主题通过各种方式予以界定，并在与委托方反复沟通的基础上确定调查主题。

(二)自主的调查主题选择

自主的调查主题选择可以是通过招投标(包括申请各类基金项目)，或者意识到某方面的调查会有市场价值或自身对某个问题感兴趣而展开的调查，这一类调研主题都比较明确。这类调查在实施过程中，对问题认识的调整、对调查方案的修改等都会更加自主和便捷。这类自主的市场调查主题选择，虽然更加灵活和方便，但是由于在不少环节缺乏第三方的监管，可能会导致调查工作过于随意，从而影响整个调查的质量。

二、调查主题的确定

无论调查主题来源如何，调查主题的确定基本上都需要按照图 4-1 所示的流程展开工作。首先，要先发现问题所在。如销量的下滑、品牌价值的变化，等等，在这个基础上，要通过多种方式去探求问题出现的可能性，如其他新产品上市带来的冲击、消费者消费理念的变化，等等，在此基础上界定边界更加清晰的调查问题。要解决的问题界定清楚了，并不代表调查主题就确定了，因为概念和实际操作之间还会存在距离。这时就需要展开第四项工作，即界定调查的范围和调查的问题。问题的界定只是告诉了我们要了解的主题是什么，但是还要确定需要调查谁、在哪个范围内展开调查、界定好的主题有哪些是可以直接展开调查的、哪些需要由理论到实践的操作化。这部分的工作完成后，我们就可以确定我们的研究目标，比如就一个调查主题而言，我们要研究的层面有哪些、要关注的问题有哪几个。最后，我们就可以将研究目标通过操作转化为能够进行实证研究的研究假设了(图 4-1)。

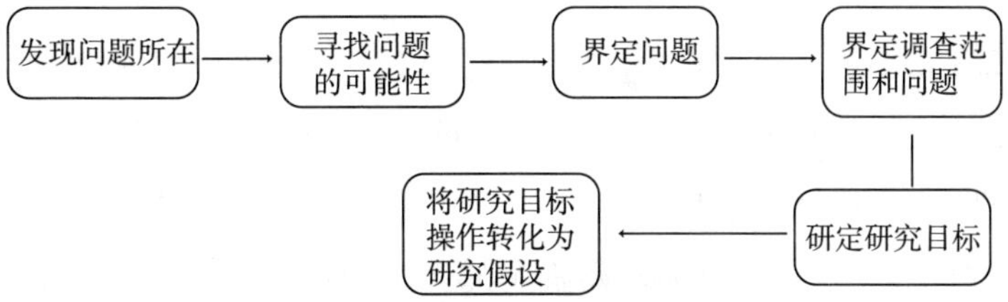

图 4-1　界定调查主题的流程

第二节 调查主题的可行性分析

问题无处不在。不是说找到了问题，我们就可以开始调查工作了，还需要对将要展开的调查主题进行可行性分析和评估。满足了一定条件后，才能展开调查工作。通常情况下，对调查主题的评估包括调查所涉及的经费和时间的安排是否满足调查需求，调查主题与调查地区在法律、文化等方面的匹配性，调查单位的人员配备、时间和经费的配置等是否足以支持调查主题项目的展开及顺利进行等。只有满足了这些条件，调查主题的可行性分析才算完成。

一、调查主题与法律道德等的匹配性分析

从事任何主题的调查都有一个前提条件：遵守法律且不违背社会公德。当我们选择了一项调查主题后，首先要做的工作，就是弄清楚所要调查的地区有怎样的法律规定和要求，当地的道德要求是什么样的，调查的主题、调查的人群是否违背了当地的法律和道德规范要求。

二、所调查地区的文化及环境分析

除了不违背法律道德等基本底线之外，我们还需要对调查主题与所要调查地区的习俗、宗教、禁忌等文化环境展开调查，看看所调查的主题与调查地区的文化是否匹配，不能跟这些文化要求有冲突。比如有的地区对某些物品有特殊的感情，调查主题就不能跟它们有冲突。了解当地潜在受调查者的文化程度、语言水平、社会治安情况，以及当地的经济状况、交通情况等，也是调查主题可行性分析顺利进行的必要条件。

三、时间和经费的配置

调查的主题除了要考虑调查地区的外在环境之外，还要考虑内部条件，其中一个比较重要的条件就是时间和经费是否充足。如果所选的调查主题是一个时效性很强的主题，稍纵即逝，一旦拖延过长时间，其调查价值就会大打折扣，这种条件下就需要考虑自己有没有把握展开这项调查、所拥有的经费能不能支持完成这项调查。

四、调查人员结构与调查主题的匹配性分析

除了要考虑时间和经费之外，还要考虑本单位的调研人员现有的知识结构是否与

调查的主题相匹配，如果调研人员对所调查的主题不能从专业性上予以把握，可能会造成调查对象对调查主题的曲解，甚至产生严重的错误认知。

第三节　调查主题的意义和价值

确定了调查主题的可行性之后，还需要对调查主题进行意义和价值的分析。这方面的分析包括调查主题的经济价值分析和社会价值分析、实践意义分析和理论意义分析等。

一、经济价值和社会价值分析

针对某个调查项目，从市场的角度来看，首先需要考虑的是它的经济价值，如为了解决某个问题而进行调查是否经济合理、产出是否大于投入、实地或者二手调查能否真正解决现实问题，等等，都是要考虑的经济价值。除了经济价值之外，还需要考虑调查项目的社会价值，一个最基本的要求是该调查项目不会对社会造成负面影响，包括不能对社会环境和各类社会群体造成负面影响，任何调查都不能为了满足某些人或团体的私欲而无视其他社会成员的正当利益和权益。除了对社会无害之外，还需要考虑这样的调查对社会发展是否有正面的、积极的意义，或者即使当下没有，通过调查能否为大众提供更好的服务或者商品。

二、实践意义和理论意义分析

分析选题时，除了考虑它的经济价值和社会价值，还需要考虑它的实践价值和理论意义与价值。调查能否解决实际的或者潜在的困难和问题、能否对某个领域的理论做出补充或者更新，也是确定调查主题前需要考虑的问题。

在学生做的调研中，调查选题往往和自己的生活、学习密切相关，这样的选择很不错，是为了解决实际问题而提出来的。然而，有的同学选的题目虽然很现实，但意义和价值并不大。比如有的同学选择“宿舍女生使用的牙膏品牌调查”“食堂饭菜价格调查”“大学生使用的手机品牌调查”作为调查主题。这样的选题非常实际，但是，大多数同学既没有纵向比较研究，也缺乏各个高校之间的横向比较研究，而是仅仅就事论事，图一时省事，调查完了就完了。这样的做法很难令选题具备理论意义和实践意义。

好的调查主题的选择和设计一定不能简单地就事论事，不能图一时之快，或者抱着为了应付作业和任务的心态展开调查，这样做实际上是在浪费时间。

第四节 调查主题的确定

对调查主题的确定，除了需要考虑上述条件之外，还需要展开两项工作：一是通过二手文献的查阅，确定研究主题的现状；二是通过讨论和研究，结合二手文献检索的成果，确定调查主题。

一、有关主题的资料检索与阅读分析

对于围绕主题的有关资料的检索，包括检索或分析已有的相关方面的调查及成果、已有的相关方面的数据和分析、已有的研究方法等。通过这样的资料搜集工作，我们能够逐渐理清要做的主题调查的起点、角度和方法，避免闭门造车，或者做一堆无意义的重复性工作。

二、结合阅读成果，通过讨论确定调查主题

这部分工作包括在现有文献分析的基础上，通过调查研究成员之间研讨、咨询专家等方式，来确定调查主题的角度与方法，以及可能涉及的对调查主题的数据分析的方法等。完成这项工作之后，调查的选题工作就算基本完成了。接下来，按照调查流程，就可以进入调查实施的环节了。

第五章　选取样本的常用方法

市场调查中的一个关键环节就是选取样本。理想状态下，应该对符合条件的所有样本都展开调查，即普查。但是在实际调查中，受时间、人员、经费等各种条件限制，很难采用普查的方式开展调查工作，所以一般情况下都采用抽样调查的方式。

对于定性研究和定量研究而言，由于研究方式的不同，样本的选取原则和方法也不尽相同。定性研究样本的选取通常更多借助研究者的经验和学识积累，或在此基础上凭借个人或者团队的判断选取样本。因为定性研究通常是基于小样本的研究，样本的规模比较小，所以在样本选取方面也没有像定量研究那样复杂。定量研究由于往往采用大样本的调查为基础，因此样本的选择即抽样方法则成为其展开研究的前提和重要组成部分。本章主要对定量研究的样本抽取方法展开讨论，也会用不多的篇幅讨论定性研究的样本选择。需要说明的是，篇幅的多少并不能代表其重要性大小，定性研究的样本选取虽然看似简单，但是在实际操作中并不容易。

随着大数据的发展，传统抽样技术的应用方向有所变化，已经由传统的抽取调查样本扩展到抽取大数据中的代表性和典型性数据样本。虽然抽取的对象不同，但是它们所使用的基本方法、所遵循的原则还是基本相同的。

第一节　随机抽样的特点与原则

一、抽样的基本含义及特点

（一）抽样的含义

样本的选取即为抽样。抽样有广义和狭义之分，广义的抽样包括随机抽样和非随机抽样，狭义的抽样特指随机抽样，即从研究对象的总体中，按照随机原则抽取部分单位作为样本进行调查，并用所得的结果来推断总体。在实际调查中，往往采用广义的抽样。

(二)抽样的特点

1.样本的客观性

无论是广义的抽样还是狭义的抽样，一般都是尽量客观地选取样本，而非按照个人喜好来选择。尽管有的时候，在调查过程中，由于调查条件的限制，随机抽样会有些困难，但是作为研究者，应该在条件允许的情况下尽量保证样本选取少受到人为因素的干扰，更要尽量避免主观地选择一些偏离总体要求的样本的做法。

2.可以比较准确地推断总体

抽样的客观性保证了从抽样选择的样本展开调查并获得信息，可以比较准确地推断出调查的总体情况。尽管样本本身存在一些难以避免的偏差，但是如果能够保证抽样的客观性，这种偏差还在可容忍的范围，或者说由样本信息推断总体情况时，还是比较接近总体的真实情况的。比如我们在考量 10 个班级的成绩时，如果按照学号或其他方法随机选取了 60 个样本，通过计算得出的这 60 位同学某个学科的平均成绩会比较接近这 10 个班级该学科的总体平均分数。

3.是一种比较节省的调查方法

需要解释的是，所谓的节省，是相对于总体普查而言的，由于通过抽样展开的调查所选的是样本，而样本只占总体的一部分，调查起来比较省力，同时也节省了大量时间，因此能够比较及时快捷地推断出总体的信息，从而尽快做出决策。

4.应用范围广泛

通过抽样获得样本而进行的调查，即抽样调查，目前已经被广泛应用于各个领域，并被用来解决各种各样的不同的问题。它既被应用于广告、经济等商业领域，也被广泛应用于政府、人力资源管理等部门领域。同时，社会学、人类学、民俗学等各个学科的学术研究也离不开各种基于抽样的实地调查。可以说，一提起调查，必然和抽样联系在一起。之所以会出现这种情况，一方面是因为统计学的发展为抽样技术的成熟与完善提供了必备的理论基础，另一方面是因为各种针对抽样的分析软件的大量出现，也为其应用扩展了更广阔的空间。

5.具有时效性特点

由于需要调查的样本量的减少，基于抽样的调查更具时效性，调查人员和研究者能够以更有效率的方式完成调查工作，从而为更快地进行数据分析提供可能。市场千变万化，一个政策或者法令，或一个偶然事件都会引起市场的变化。

二、抽样的基本原则

(一)科学原则

所谓抽样的科学原则，主要有两个层面的含义：一个是指抽样过程的科学性，另一个是指抽样技术的科学性。抽样方案的设计和实施是两个层面。首先，在设计层面，要保证抽样技术的选择是科学的；即便是遇到特殊情况，也要通过申请和讨论才能调整或改变原定的抽样方案，否则都要按照原来设计的抽样方案来实施抽样。其次，在抽样实施过程中，除非遇到方案没有预料到的一些特殊情况，要保证抽样的每一个环节都按照调查方案中的抽样方案予以实施。由于抽样方案的设计也体现了抽样工作的流程性，每个环节的设计是否严谨、是否科学，都是需要调查人员仔细考量的。

(二)客观原则

调查人员必须按照调查研究问题的需要抽取样本，不能为了研究人员和调查者的便利抽取样本，更不能出于任何原因造假，编造所谓的“调查对象”。

(三)有效原则

所谓抽样的有效性，既指所设计的抽样方案要具有可行性，也指抽样能够用于实地调查，具有可行性，能够满足实地调查的需求和解决实地抽样的问题。对于抽样，方案的设计可以做得很完美，但是，调查人员不能停留在理论和形式上，还要注意实地抽样可能遇到的问题和困难，要能够结合实际，设计出既能满足抽样样本的代表性和客观性，又符合实地调查条件的抽样方案。

(四)可测量原则

抽样的可测量性主要是指在进行抽样设计时，抽样单位要满足可测量的原则。通常情况下，用于抽样的单位包括个人、家庭、单位、街道、村庄、城镇等。有的抽样可以采用一个抽样单位，如对消费群体的调查可以以个人为抽样单位；但是有些比较复杂的调查，可能需要更多的抽样单位。在每个抽样阶段，都有不同的抽样单位。尤其是在一些大型的调查中，一个抽样单位根本不能满足调查需求，所以需要设计多个阶段的抽样。因此，在设计抽样方案时，需要注意每一个阶段所选择的抽样单位的可测量性。

(五)简单原则

在设计抽样方案时，需要遵循简单原则。如果有更简单的抽样能够满足调查的需要，就尽量不要用复杂的。这样可以节省人力物力，避免不必要的麻烦和投入，提高调查效率。

第二节　抽样的具体方法

抽样调查的具体方法，按照样本的选取是否随机，可以分为随机抽样和非随机抽样。

一、随机抽样

随机抽样是指按照随机原则进行的抽样。随机原则主要是指抽样框中每个样本被抽中的机会均等。这里的机会均等与机会相同并不画等号，因为抽样样本是否被放回，会影响每个样本被选中的机会。但是对于大容量的随机抽样而言，单个样本的放回与否不会给整个抽样带来显著影响，因此，当我们从大量的抽样框中抽样时，一般都认为可以随机抽样。

(一)单纯随机抽样

单纯随机抽样又称简单随机抽样，该方法要求总体中的全部个体被抽中的概率已知且相等。在实际操作中，能够保证随机抽样的方法有很多，最常用的方法有三种。

1. 直接抽取法

直接抽取法是从调查总体中直接随机抽取样本进行调查的方法，适合对集中于某个较小空间的总体进行调查，如调查一个班级、一个部门等，被调查的人数从十几至几十个人不等。被调查群体规模较小时，均可以采用直接抽取法。

2. 抽签法

样本量不大的情况下，除了采用直接抽取法之外，还可以采用抽签法。可以事先随机规定一些抽上即代表被选中的号码，然后进行抽签，或者将调查对象随机编号后抽签决定参与调查者。在实际操作中，还有的调查采用扔骰子的方法来选择样本。

3. 随机数表法

我们也可以采用一些教材附录部分的机制随机数表来抽取样本。具体做法有：一是随机规定好横行，然后按照随机的原则选择横行与纵行的交汇处所标注的号码，对应的编号即被抽取的对象。二是手工绘制一个随机数表，提前标注好某一列或行，符合条件的调查对象的编号与某一行或列交汇处所标注的数字代码即代表调查对象的编号。

简便的随机数表的画法和使用方法如图 5-2。在展开调查工作之前，我们可以先绘制好随机数表，并按照随机原则，提前在随机数表上标注上某个数字，比如数字 3。我们以调查的家庭为例，把家庭成员填写在随机数表内，然后找到家庭中年龄最长者，如果这个家庭中年龄最长者是奶奶，就可以在她所在的行和提前选定的随机数字 3 所在的那行画线，交叉处数字为 3，我们就调查家庭中年龄排名第三的那个人。以上就是简易随机数表的绘制和使用方法举例。

随机编号 \ 家庭成员	1	2	③	4	5	6	7	8	9
爷爷	9	2	1	4	3	6	5	8	7
奶奶	1	7	3	4	5	8	9	2	6
父亲	2	3	1	5	6	4	8	7	9
母亲	8	9	7	6	2	1	3	4	5
孩子	7	6	8	9	1	2	4	3	5

图 5-1 随机数表的画法和使用方法

(二)等距随机抽样

等距随机抽样又称机械随机抽样或系统随机抽样，指将总体的每个单位编号，先计算样本区隔，用总体单位数除以样本单位数，即 $K=\frac{N}{n}$，并在第一个抽样间隔内随机抽取一个单位作为组成样本的单位，依定距循序抽取样本。例如，我们要在总体数N＝1 000的样本框内抽取100个样本，采用等距抽样，则K＝1 000÷100＝10。

（三）类型随机抽样

类型随机抽样又称分层随机抽样，指先将总体按一定的标准划分成各种类型或层，然后根据各类单位数占总体单位的比重，确定从各层中抽取的样本单位的数量，最后组成调查总体样本的抽样方法。比如我们在对某高校进行调研时，如果采用的是类型随机抽样法，按照职位（称）进行划分，可以分为无技术职称、初级技术职称、中级技术职称、副高级技术职称、教授级技术职称5类，其中教授级技术职称又可以分为普通教授级别和资深教授级别。这样，我们可以从这6个层级中抽取需要的样本，由于我们认为按照统一标准划分的层，每个层内部具有很高的同质性，所以我们可以在每一个层内部随机抽取样本而不会影响样本的客观性和代表性。

进行类型随机抽样时，需要注意以下问题：

1.分类标准的选择要适当

对于不同的调查总体和调查对象，要选择不同的适合调查总体和调查对象的标准。比如，对于高校，我们可以选择职称作为分层标准；对于公司，我们可以选择部门作为分层标准；对于城市，我们可以选择居住的小区作为分层标准。

2.分层标准必须满足完备性和互斥性原则

所谓完备性，就是指这个标准能涵盖所有的调查对象，不能让任何调查对象找不到应该归属的层或类。所谓的互斥性原则，主要是指所选择的分类或分层标准不能让一部分人既可以归到某一个层，又可以归到另一个层。

（四）整群随机抽样

整群随机抽样是将总体按一定的标准划分成群或集体，再以群或集体为单位进行样本抽取的抽样方法。这种抽样法比较适合样本量大而调查时间短的市场调查。如对某些大型城市的调查，可以按照某种标准将调查的城市划分为若干个群，每一个群和另一个群之间被认为是同质的，然后在这些群中进行随机抽取，抽取出来的样本具有代表性和客观性。这种整群抽样的方法的优点是简便易行、经济省事，缺点是容易产生抽样误差，危险性大。

分层随机抽样和整群随机抽样的相同之处在于二者都是按照一定的标准对调查对象进行划分的，都要保证调查对象能够且仅能够被分到一个层或群，即都要满足分类的完备性和互斥性原则。这两种抽样方法的不同之处在于分层随机抽样中的每一个层内部具有同质性，层和层之间是异质性的；而整群随机抽样群内部是异质的，群和群之间被认为是同质的。

(五)多阶段随机抽样

严格地说，多阶段随机抽样并不是一种新的抽样方法，而是指在实地调查过程中，针对抽样对象的复杂性和多阶段性，在不同阶段采用不同的样本框和不同的随机抽样方法。多阶段随机抽样是指对调查样本的抽取分成两个或两个以上的阶段进行随机抽取，在每个阶段，由于调查对象的不同，相应地要选择不同的抽样框、抽样单位和合适的随机抽样方法。

比如对全国范围的消费者某种食用油消费意向的调查，我们需要先按照一定的抽样规则和抽样方法在全国范围内抽取出省份(含直辖市)，然后从被选中的省份中再抽取出不同的城市和地区，再依次抽取城市的行政区、街道、社区，直至抽取到具体的消费者。在这样的抽样过程中，在各个阶段所选择的抽样方法可能相同，也可能会根据具体情况和实际需要而有所区别。比如第一个阶段我们选择了简单随机抽样，第二个阶段我们则可能选择了其他随机抽样来选择我们的样本。多阶段随机抽样无论是在不同阶段的具体抽样方法，还是抽样框和抽样单位，都会随着阶段的变化而有所调整，因此，这种抽样方法只是对比较复杂的抽样过程的描述，并非如简单随机抽样一般是一种具体的抽样方法。

二、非随机抽样

与随机抽样相对，非随机抽样的主要特点是样本的选取并没有遵循随机的原则，这一方面与调查对象的整体情况有关，另一方面与研究者有关，同时还与研究主题相关。非随机抽样没有遵循抽样的随机原则，往往会带来比较大的风险，在根据局部推断总体时，应该非常小心。

(一)偶遇抽样

偶遇抽样是指在不能确定调查对象整体范围的时候，按照某个条件设定标准，例如区域、时间等，选定条件后，在某一个时段对遇到的符合调查条件的对象进行调查，或者仅仅选择那些离得最近的、最容易找到的人作为调查对象。这一调查方式的优点是方便、节省，但是偶然性很大。偶遇抽样常用于新闻类调查和对突发事件的调查，如央视的系列街头采访，就是采用了偶遇抽样的方式。

偶遇抽样的理论假设建立在它认为符合条件的每个调查对象的情况都相同的前提下，因此调查哪个或哪些对象并不影响调查的结果。实际上，具体的调查对象无论看起来多相似，都具有个体性差异。因此，通过这种抽样方法选择的样本得出的结论，在推断总体时具有很大的错误风险。

(二)主观抽样

主观抽样又称目标抽样、判断抽样或立意抽样，是指调查者根据研究的目标和自己的主观分析来确定并选择调查对象的抽样方法。这种方法由研究者依据主观判断选取可以代表总体的个体作为样本，样本的代表性取决于研究者对总体的了解程度和判断能力。

主观抽样作为一种有目的的抽样方法，其适用范围并不像其他抽样方法那样，而是用局部来推断总体，主要用来有目的性地选取一些调查对象以验证某些问题，如问卷的问题设计质量和提问方式的适用性、问卷问题设置存在的问题等。有的时候，也可以通过选取一些特殊人群，来验证这些群体出现特殊情况的原因等。

主观抽样多用于难以进行大规模抽样的情况，如无法确定总体边界，总体规模小，调查所涉及的范围较窄，调查时间、人力等条件有限，等等。

这种抽样方法适合非常有研究经验的市场研究人员和科研人员使用，需要注意的是，一旦建立在这些人自身经验基础上的判断出了问题，很容易影响调研结果的客观性，如果以判断失误得出的结论来推断总体，则容易犯更大的错误。

(三)配额抽样

配额抽样又称定额抽样，是指调查人员将调查总体样本按一定标志分类或分层，确定各类(层)单位的样本数额，在配额内任意抽选样本的抽样方式。按照不同的分类标准，配额抽样又可以分为单标志分组配额抽样、复合标志分组配额抽样和最佳比例配额抽样三种类型。

1. 单标志分组配额抽样

单标志分组配额抽样是采用一种标准进行分类或分层的样本配额抽样方法。对于以个人为单位的研究对象，通常的标准是年龄、职业、文化程度、婚姻状况等；如果是以家庭为单位的调查对象，通常的标准包括居住区域、家庭人口规模等；如果是以单位为调查对象，分组的标准则包括单位产权性质、规模、是否上市等。

2. 复合标志分组配额抽样

在一些比较简单的调查中，选择单标志的分组配额抽样是可行的，但是在需要获得详细信息的复杂调查中，样本的选取分配会多于一种标准。采用两种或两种以上分类或分层编制进行的样本配额抽样称为复合标志分组配额抽样。对于调查单位是个人的分组标准，可以是年龄、性别、职业等的组合。

3. 最佳比例配额抽样

无论是单标志分组配额抽样，还是复合标志分组配额抽样，依据的都是所选取的样本量占整个抽样样本的比例，有的时候，除了这种比例外，还需要考虑总体中各类标准差的大小。调查人员对标准差大的类别和标准差小的类别在抽样时会给予不同的比例，这种配额抽样即最佳比例配额抽样。

样本单位数在各类中的配额公式为：

$$n_i = n \times \frac{N_i\sigma_i}{\sum N_i\sigma_i}$$

其中：n_i＝各类应抽样本的单位数

n＝样本容量

N_i＝各类总体的单位数

σ_i＝总体各类标准差

配额抽样和分层随机抽样既有相似之处，也有很大区别。二者的相似之处在于它们都是先对总体中的所有单位按其属性、特征进行分类，然后按各个控制特性分配样本数额。这些属性、特征我们称之为“控制特性”。例如市场调查中消费者的性别、年龄、收入、职业、文化程度，等等。但配额抽样与分层抽样又有区别，分层抽样是按随机原则在层内抽选样本，而配额抽样则是由调查人员在配额内通过主观判断选定样本。

第三节 抽样调查的基本术语

一、总体(population)

总体是指全体研究对象。按照不同的标准,可以对总体有不同的分类。

按照是否有边界(或者是否有限),总体可以分为有限总体和无限总体。如果一个总体所包括的单位数是有限的,则是有限总体;如果一个总体所包括的单位数是无限的,则是无限总体。对于有限总体,我们既可以进行普查,也可以进行抽样调查;对于无限总体,则只能进行抽样调查。

按照研究的不同阶段和总体范围的大小,总体又可以分为研究总体、抽样总体和调查总体。研究总体就是我们必须从中得出结论的总体,抽样总体是我们在抽样工作之前确定的能够确定抽样大小和范围的总体,调查总体是能够进行调查的总体。在理想状态下,这三个群体是重合的,但是在现实调查中,这三个群体通常并不一致。在这三个群体中,研究总体作为调查研究工作中最早的总体概念范围最广,但是它是一个理论值,甚至有的时候是一种假想值,在实际调查中可能并不适用。调查总体是研究总体概念操作化的结果,是理论上能够进行调查的总体。但是有的时候,由于各种条件的限制,比如资金、人力、时间等,调查总体也会受到各种限制,不能在实际调查中将此总体真正作为抽样的总体,这时候,通常由抽样总体来替代调查总体。抽样总体则是指根据具体情况能够进行实际抽样的对象总体,是一个通过概念操作化后的具体总体。

按照研究问题的不同和研究对象的差异,总体又可以分为实际总体和假设总体。实际总体是已知的能够确定范围的总体,而假设总体则是停留在假设状态的总体。

二、抽样框/抽样架构(sampling frame)

通常的市场调查基本上都是抽样调查。在进行抽样之前,需要对抽样有一个全面的了解。所谓的抽样框,是指整体抽样单位的详细名单,不同的抽样总体对应着不同的抽样框。通常情况下,抽样框有三种可能的形态:

(1)具体的抽样架构:每一个抽样单位的名字皆列成表册,可以直接按表册名字抽取样本。(2)抽象的抽样架构:没有抽样单位名册,只要符合条件就有被抽样的可能。

(3)阶段式抽样架构:在采用分段抽样时,依抽样阶段不同,可产生不同的抽样架构。

三、样本(sample)

与总体相对,样本是指研究过程中从总体中按照某种规则和标准选出来的,用来进行实际观测或调查的一部分个体。

样本作为用来推断总体的代表,通常情况下我们假设总体中每个个体是同质的,或者其异质性是在我们能够容忍的范围内的,在这样的总体中选出来的样本才能够代表总体。例如调查北京三环内的公交站牌广告的投放情况时,一般我们认为这些公交站牌广告对研究的重要性是一样的。

四、样本容量(sample size)

样本容量也称样本量,是指抽样获得的样本大小,或者说是指从抽样框抽取出来的个体或部分样本的数量。例如我们对消费市场的调查,在北京市场选取了10 000个样本,这10 000个就是样本容量(样本量)。

样本容量大小的确定是一个比较复杂的问题。既要有定性研究的考虑,也要有定量研究的考虑。定性研究需要考虑的因素主要包括研究的重要性、调研的性质、资源限制等;定量研究需要考虑的因素包括变量个数、数据分析所采用的工具与方法、同类研究中所选定的样本量等。研究的主题越重要、信息量的需求越多,信息的准确度要求越高,需要的样本量就越大。另外,不同的研究性质也对样本大小提出了不同的要求。通常情况下,如果是探索性研究,需要的样本量一般较小;而结论性研究,包括描述性研究和预测性研究,则需要比较大的样本量;对于多变量的问卷调查,样本量也会要求更大一些。

一般而言,样本量是调查前就确定好了的。既可以通过研究者依据个人研究经验和对研究主题及研究条件的综合判断来确定样本容量,也可以在给定了某种参数的情况下通过统计公式来计算样本量。

按照抽样有放回和无放回,样本量的计算可以分为重复抽样和不重复抽样;按照已知总体方差和总体成数条件的不同,又可以分为已知方差的样本量计算和已知成数的样本量计算。

(一)估计总体均值时样本容量的确定

1. 已知总体方差,重复抽样条件下

$$\Delta=Z_{\frac{\alpha}{2}}\frac{\sigma}{\sqrt{n}}$$

上式两边整理可得:

$$n=\frac{(Z_{\frac{\alpha}{2}})^2\sigma^2}{\Delta^2}$$

2. 已知总体方差,不重复抽样条件下

$$\Delta=Z_{\frac{\alpha}{2}}\frac{\sigma}{\sqrt{n}}\sqrt{1-\frac{n}{N}}$$

上式两边整理可得:

$$n=N\frac{(Z_{\frac{\alpha}{2}})^2\sigma^2}{N\Delta^2+(Z_{\frac{\alpha}{2}})^2\sigma^2}$$

在以上公式中,各字母表示意义如下:

Z:概率度;

N:样本总数;

n:样本容量;

a:极限误差。

(二)估计成数时样本容量的确定

1. 重复抽样条件下

$$n=\frac{(Z_{\frac{\alpha}{2}})^2P(1-p)}{\Delta P^2}$$

2. 不重复抽样条件下

$$n=\frac{N(Z_{\frac{\alpha}{2}})^2P(1-P)}{N\Delta p^2+(Z_{\frac{\alpha}{2}})^2P(1-P)}$$

其中各字母的含义如下:

P:总体成数;

p:样本成数。

五、抽样误差(sampling error)

抽样调查的前提假设是部分能够代表总体,但是实际上,部分和总体之间总会有各种差距。在由样本推断总体时总会出现样本偏离总体的情况,样本和总体之间的差距就称为抽样误差。

抽样误差是客观存在的,只要存在抽样调查,抽样误差就不可避免,但是误差大小可以被控制。一般情况下,抽样误差的大小与样本选取的准则和代表性有很大关系。抽取样本的标准越接近总体、样本越能够代表总体,抽样误差就越小。因此,在进行抽样时,样本的结构和特征应尽量接近总体,这样才能避免抽样误差过大,从而避免由于存在过大的抽样误差而带来结论推断的过大偏差。

六、非抽样误差

与抽样误差相对,非抽样误差并不是由抽样技术本身所带来的,而是由于抽样调查中的人为因素导致的。这种误差按其来源可以分为研究者误差、调查者误差和调查对象误差。造成这种误差的原因大致包括研究者的不认真和经验的匮乏,调查者没有及时记录或者记录不认真,调查数据造假和调查对象的不认真回答、掩饰性回答、故意造假等。

这类误差虽然从理论上是可以避免的,但是由于调查中众多的人为因素和环境因素会影响这种非随机抽样,所以实际上每个调查项目中总是或多或少地存在着非抽样误差。虽然可以通过提高研究者的水平和技术、提高调查员的职业素养和调查技巧来降低这类误差给调查工作及后续研究所带来的危害,但是由于误差的大小很难判断和计算,所以,这类非随机抽样误差给研究带来的失真和错误判断等危险不容忽视。

七、容忍误差(tolerated error)

在抽样调查中,调查者所要求的精确度不是百分百的,而是以设定总体平均数上下各多少百分点作为误差的容忍范围。

八、置信度(confidence level)

置信度也称可靠度、置信水平,在由样本推断总体时,存在着一定的不确定性。在数理统计中,通常采用概率式的描述方法,这里的概率指用样本估计数推论总体大小时,正确估计的概率有多少。

九、参数值与统计值

参数值是关于总体中某一变量的描述，统计值是关于样本中某一变量的描述。如我们抽取了100个样本来了解总体的某种特征的均值，假定这100个样本的平均值是87，而总体的实际均值是88.6，则87被称为统计值，而88.6被称为参数值。

十、信度与效度

（一）信度

1. 信度的定义

我们的调查工作，有的只开展一次，有的则需要反复开展多次。对需要反复调查的项目，通常会做信度检测。信度主要是指测量结果的可靠性、一致性和稳定性，即测量结果是否反映了被测者稳定、一贯的真实特征。

2. 信度的估计方法

（1）重测信度：用同一种测验内容，在不同时间对同一群体施测两次，这两次测量分数的相关系数即为重测系数。重测系数越大，说明测量的信度越高，反之越低。

（2）复本信度：使用同一个测量工具（调查问卷、心理量表等）对样本进行测量时，需要构建两个等值的复本，两个复本要包含相同的数量、类型、内容、难度的题目。复本信度要用两个复本对同一群受试者进行测试，再估算两种复本测量分数的相关系数。相关系数越大，说明两个复本构成带来的变异越小，对样本的测量越一致和稳定。

（3）内部一致性信度：主要反映的是测验内部题目之间的关系，考察测验的各个题目是否测量了相同的内容或特质。

（4）评分者信度：指不同评分者对同样的对象进行评定时的一致性。

（二）效度

1. 效度的定义

所谓效度，是指所测量的内容与所要测量的内容的特点之间的符合程度，简单地说，是指一个心理测验的准确性。

2. 效度的估计方法

（1）内容效度：内容效度是指测验内容与预定要测验的内容之间的一致性程度。

也可以说是测验题目所涉及的内容对所要测验的全部内容的取样代表性程度。取样代表性是指测验题目能最大限度地代表欲测验的内容范围。因此，一个测验要具有较高的内容效度，必须具备两个条件：其一是测验内容范围明确，即必须明确界定所要测验的内容范围；其二是取样具有代表性，即测验题目对所有测验内容的覆盖面要大。对内容效度的检验方法主要有逻辑分析法、统计分析法。

(2)构想效度：构想效度是指测验成绩能够解释心理学理论上的某种结构或特质的程度，构想效度主要适用于心理测验效度的确定。

(3)效标效度：所谓效标，是检验测验效度的参照标准。效标实际上是测验所想测验或要预测的特性或功能，这些特性或功能通常以另一个独立测验的结果来表示。效标效度是指测验分数与作为效标的另一独立测验结果之间的一致性程度，一般用本测验与效标测验去测同一被试得到的两组分数的相关系数表示。

(三)信度与效度的关系

1. 信度是效度的必要而非充分条件

效度高必然信度高，而信度高并不一定保证效度高，信度高只是效度高的必要条件，并不是效度高的充分条件。

2. 效度受信度制约

信度系数与效度系数之间有这样一种关系：信度系数的平方根是效度系数的最高限度。信度系数的平方根又称信度指数，也就是说，效度系数的最高限度是信度指数。

3. 信度和效度的关系可以用射击靶环来形象地说明

图 5-2 中的弹着点十分分散，既不稳定也不准确，说明可视信度和效度均不高。

图 5-3 中的弹着点虽然集中，但偏离了靶心，准确性差，说明可视信度高但效度低。

图 5-4 中的弹着点全部集中在靶心，说明稳定性和准确性都好，可视信度和效度均高。

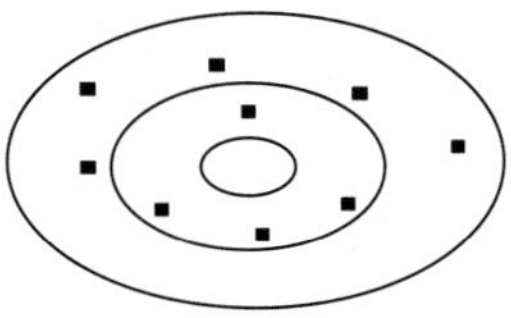

图 5-2　靶环一

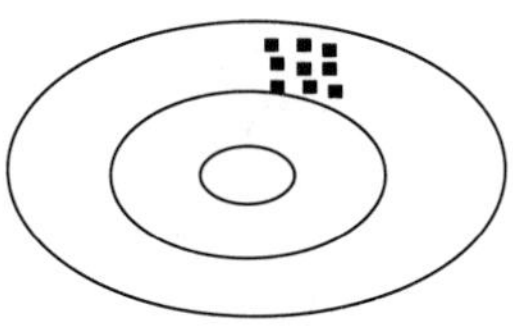

图 5-3　靶环二

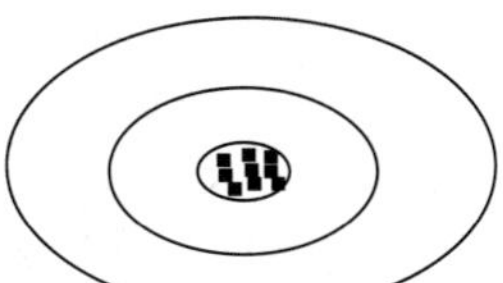

图 5-4　靶环三

附录:抽样方法案例评析

关于大学生数字阅读状况调查的抽样方案

一、前言

伴随着科技的进步、信息技术和计算机技术的发展、互联网的普以及4G网络的成熟,人们阅读的介质和手段也发生了很大的变化。2016年发布的《2015年数字阅读白皮书》显示:2015年,中国数字出版总体产业收入已超过4 400亿元,数字阅读用户规模达到2.96亿,并正以较快速度增长——数字阅读市场进入蓬勃发展期。在这种环境下,图书等传统出版物正从纸质载体向数字化载体大踏步转移,利用手机、平板、电脑等载体进行阅读已经成为很多人的习惯。随着数字出版产业的高速增长,数字阅读在全民阅读中的地位和作用正不断提升。

同时,当代大学生使用电脑、平板、专用电子阅读器和智能手机等数字阅读终端的广度与深度是传统时期的学生无法比拟的。根据创新扩散理论,大学生群体是数字阅读工具的早期使用者,事实上引领着数字阅读的潮流,在一定程度上预示着一般群体数字阅读的发展趋势。因此,大学生群体虽然相对一般读者群体尚属少数人群,但其阅读趋势与阅读习惯非常值得研究关注。

二、调查目的及意义

在数字时代的大背景下,多种形式的媒体阅读材料、电子阅读材料在网络环境中涌现,人们的阅读方式发生了质的变化。随着数字时代的到来,数字阅读以其独特的优势(如信息资源量丰富、方便快捷、不受时空限制、强大的交互性等)赢得了广大青年学生的青睐。但大学生在数字阅读过程中阅读内容侵权、读书态度浮躁等现象也随之产生。调查旨在通过对大学生进行数字阅读的内容、方式和频率,选择数字阅读的原因,对付费阅读的看法以及对数字阅读的态度等问题进行调查,了解数字阅读对大学生造成的影响,从而深入思考当代大学生该如何更好地利用数字阅读。鉴于此,本文就大学生数字阅读的具体情况展开了深入调研。

三、调查内容

根据上述调查目的,确定本次的调查内容主要包括以下四个方面:

(一)数字阅读的基本情况

使用各种阅读载体的频率;

每天进行数字阅读的时长;

进行数字阅读的场所及影响场所选择的因素；

数字阅读的内容及内容来源；

手机上安装数字阅读 App 的数量；

进行数字阅读的原因。

（二）数字阅读的付费情况

对于付费式数字阅读的意愿；

能接受的数字阅读收费形式；

对电子读物需付费阅读的看法；

关于数字资源的版权意识。

（三）数字阅读与传统阅读的比较

更多阅读的图书形式；

在阅读电子书的过程中遇到过的问题；

数字阅读的优点；

数字阅读对阅读习惯的影响。

（四）对数字阅读的态度

未来数字阅读与纸质阅读的地位；

对于大学生因过度依赖数字阅读而造成的负面影响的态度。

四、调查对象及抽样方法

（一）调查对象

此次调查对象选定为在校大学生，线上为各个高校的大学生，线下为北京××学院学生、××化工学院学生。

（二）抽样方法

为确保样本的代表性、合理性及精确程度，同时考虑到时间、人力、物力及受访者匹配程度等因素，我们的调查将采用非随机抽样方法。

线上调查将进行主观抽样、滚雪球抽样，即利用我们小组各成员已有的大学生人脉资源，凭借自身经验及认知，有选择地发放问卷，同时借助亲友关系，帮助扩散问卷。

线下调查则主要采取偶遇抽样的抽样方法，在不能预知调查对象的情况下，进入校园各个角落，有礼貌地请求迎面而来的大学生填写问卷。

（作者：谢春婵、林心林、袁慧欣、刘嘉敏）

评析：

本调查主要结合大学生自身专业——数字出版专业展开在调查工作，在抽样方法上，选择了线上和线下调查同时展开，这种抽样方式已经逐渐成为主流。在线下实地调研的样本选择过程中，考虑到人力、物力、可行性等因素，选择的是距离非常近的两所学校，这样的选择满足了便捷性，但部分牺牲了典型性和代表性。北京有众多高校，在学校层次上垂直差异明显，仅仅选择离自己近的学校，实际上已经降低了调查的工作价值。虽然线上调查对实地调查选择样本的代表性有所弥补，但是由于网络调查较难识别调查对象的身份，所以本次抽样方案并没有满足抽样的基本要求。

这样的抽样设计是不少同学在展开调查工作时会选择的，大多出于省时省力的目的，但是调查的客观性和真实性会受到比较大的影响。

第六章　二手文献调查

第一节　文献和文献调查法

一、文献及文献调查

文献，也称二手资料，是对过去发生的事情的已有记录。文献调查法，也称二手资料法，就是搜集各种文献资料、摘取有用信息的方法。文献调查适用于所有调查方式，调查主题的选择和筛选也都离不开文献调查。

从文献的使用成本和创造的价值来看，文献调查是一种最经济实惠的方法，是进行市场调查的首选方法。但是，由于二手文献的时效性等问题，当我们需要调查现在正在发生的某些情况时，二手文献法就不适用了，就需要进行实地调查。

二、搜集文献的基本要求

在以往文献资料主要为纸质介质的情况下，文献分享非常有限，我们需要去图书馆、书店等场所借阅和购买需要的文献资料。当下，随着各种技术的发展，文献的共享已经变得非常普遍，这也为我们搜集二手资料提供了各种便利。尽管信息短缺看似已经成为“过去时”，各种搜索引擎使我们产生了“要风得风，要雨得雨”的错觉，不过我们在搜集文献资料时依然需要遵守以下几个基本要求。

(一)目的性和计划性

在文献信息浩如烟海的当下，进行文献调查时要有明确的目的性和计划性，否则调查工作会被各种无用的信息耽误。所谓的目的性和计划性，就是说我们在开展调查工作之前，对需要检索什么内容和主题的信息要有一个范围界定，包括时间要求、内容要求、区域要求，甚至还包括所要检索文献的权威性作者信息、出处等。另外，还需要针对需要检索的文献的任务量，合理安排人员和工作时间。

(二)全面性和多样性

通常，我们在检索资料时更喜欢使用百度搜索，但是有些资料并不能找到，这就提醒我们不能仅依赖一个搜索引擎。针对不同的资料，我们需要利用不同的搜索途径，甚至包括使用传统的检索文献的方法。

(三)妥善处理"文献垃圾"问题

尽管我们在检索过程中设置了检索的主题和范围，但是依然难以避免搜索到一些"文献垃圾"。一些网站为了增加点击率，不择手段地骗取检索者登录网站，尽管在搜索引擎上显示的是相关的检索主题，进入网站后，才发现根本风马牛不相及；或者有的网站尽管有此主题内容，但是需要花费各种"币"后才能下载相关文件，下载后还有可能面临资料没有使用价值的问题。

(四)文献的真实性

在各种网站上，各种信息纷繁复杂，由于其来源名目繁多，我们在下载使用的时候需要仔细甄别，不能让一些没有事实和理论根据的文献进入我们的调查和研究。另外，一些文库中有学生写的作业，或者一些非专业分析，这类资料即使在主题上符合检索要求，使用时也需要格外小心。

针对不同的调查主题和调查要求，对文献检索的要求可以细化为：

(1)知识上的有用性；(2)内容上的丰富性；(3)形式上的多样性；(4)时序上的连续性；(5)时间上的及时性；(6)文献来源的真实性。

三、查找文献的具体方法

(一)检索工具查找法

当下最常见的检索工具是百度，除此之外，我们也可以通过一些专业网站的专业搜索引擎进行检索，如知网的“远见搜索”，或利用一些政府部门的官网内网搜索以及一些论坛的网内搜索等。例如，我们需要检索有关新闻出版方面的法规时，除了经常用到的百度之外，还可以通过国家广播电视总局的官网（http://www.sapprft.gov.cn/）进行检索，这里检索到的法规和办法等内容会更加全面、权威与及时。

（二）参考文献查找法

是指利用著作、论文等的脚注、尾注以及文中末尾列出的参考文献目录，或是文中提到的某些文献资料为线索进行追踪、查找相关文献资料的方法。该方法也包括通过点击参考文献所列出的网站链接检索资料这个途径。

（三）循环查找法

循环查找法又称交替法、综合法、分段法。即交替使用回溯法和常用法来进行文献检索的综合检索方法。该方法通常先利用检索工具从分类、主题、作者、题名等入手，查找出一批文献信息，然后通过精选，选出与检索课题相关性较强的文献，再按其后所附的参考文献回溯查找，不断扩大检索线索，分期、分段地交替进行，循化下去，直到满足检索要求为止。

（四）“按文索骥”和“按图索骥”

在查找文献资料时，既可以按照文章中出现的文献，比如引文、案例等的出处去查找更多相关资料，也可以按照文中图片、图表的来源去查找更多文献。

四、二手文献的来源

按照收费与否，二手文献的来源可以分为免费二手文献和收费二手文献；按照资料来源的口径，可以分为内部二手文献和外部二手文献；按照资料性质又可以分为商业来源二手文献和公益来源二手文献；按照行业又可以分为更加详细的类别（图6-1）。

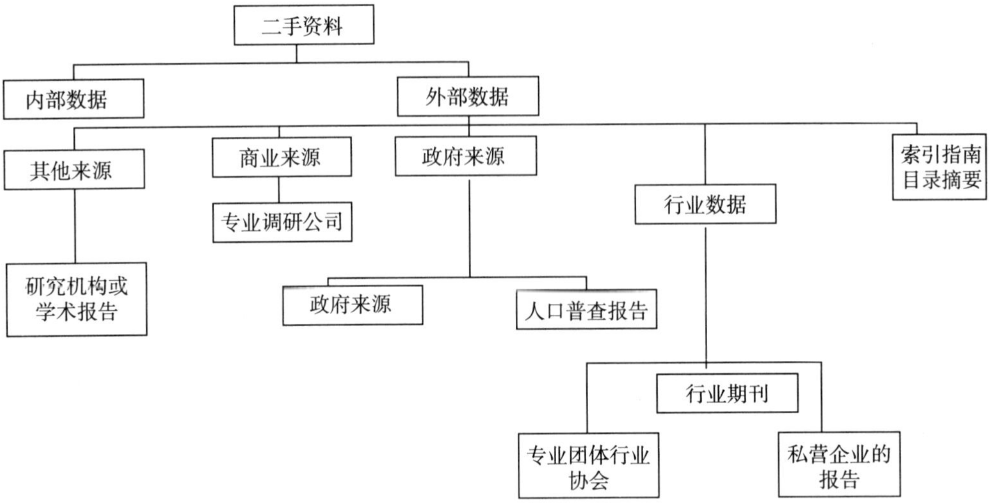

图 6-1　二手资料的来源

第二节　信息的摘取和记录

二手文献调查除了要了解上述查找资料的方法，还需要关注怎样摘取信息和记录信息。

一、摘取信息的一般程序

一般情况下，我们需要从以下几个方面展开摘取信息的工作。

(一)迅速浏览

一些研究主题会涉及大量文献，这就要求研究人员在摘取信息时必须速战速决，否则很难满足调查工作时效性的要求。无论是通过网络还是传统纸媒查找资料，都要迅速浏览，不需要精读。

(二)慎重筛选

通过快速浏览，筛选出与调查主题相关的所有信息，然后再仔细筛选。筛选过程中，需要查看资料出处、时间、作者，还要查看资料是否完整、有效，不能直接使用。

(三)认真阅读

仔细阅读慎重地筛选出的资料,通过阅读,查找本次调查需要的资料。在阅读过程中,通过细读、精读找出资料中的精华。

(四)及时记录

对通过细读找出的资料要及时记录,可以在资料上标注,也可以录入电脑,并标记好具体出处,方便以后使用和查找。

二、记录信息的主要方法

(一)标记

对于被选中需要记录的信息,需要把它们所在的具体的文献期数、页码等都记录下来,方便我们在引用时注明出处,否则,还需要再查找一遍,浪费人力物力。

(二)眉批

在图书正文上端的白边上批注读书心得、批语、订误、校闻和音注都称眉批。眉批最大的好处是内容对应,查找便利。通过阅读批注就能了解读者阅读内容时的理解和感受,减少不必要的重复阅读,对于确实需要重复阅读的内容,也能通过批注的提示展开深度阅读。

(三)抄录

对调查需要的二手资料,可以通过查找和阅读做好标记,为了简便省事,我们不必再通过重新查找阅读过的书目或者资料去获取所需信息,而是可以通过把需要的内容抄录下来的方式轻易地查找到所需资料。抄录可以是传统的纸笔抄录,也可以是把内容录入电脑或者其他电子设备,从而更便于储存、调取和阅读。

(四)提纲

阅读过程中,有的内容可以简单画线并抄录,有的资料则需要整理出内容提要,对于这样的内容，简单抄录就不能满足读者的需要了，只能通过做阅读提纲来解决。我们可以把整个资料的结构及各个结构的主要内容以提纲的方式记录下来，以供调查使用。

(五)札记

札记指内容以读书时摘记的要点、心得体会及见闻为主的单篇文章。通过札记，我们能够更快地回忆阅读内容，并对阅读内容如何使用及时做出判断。

第三节　网络信息的查找

互联网的发展，为我们查找资料带来了便利，网络信息已经成为二手资料调查的重要资料来源。通过以互联网为基本平台的信息查找，我们能够搜集到传统文献调查不可比拟的海量信息，尤其是一些免费共享的有价值信息，为我们的二手资料调查提供了很大的便利和便捷，节省了人力和物力。但是，网络信息本身存在一些不确定性，因此，在使用的时候需要仔细甄别，小心应用。

一、网络信息的定义和特点

网络信息是指通过计算机网络可以利用的各种信息资源的总和。相对于传统的信息而言，网络信息具有如下特点：

(1)数字化存储和传递。我们能够很方便地下载各种数字化的资料，不需要传统的纸笔记录，只要将所需要资料复制并粘贴，保存在电脑里就可以。同时，各类软件也为我们提供了各种文本格式的转化功能。(2)开放性和共享性。网络上的资料大多具有开放性和共享性，不管在哪里、是何人，都可以检索、查阅和下载。(3)广泛性和复杂性。海量的网络信息令查找资料犹如大浪淘沙，在甄别资料的过程中，需要我们注意的方面比较多，因此，资料的选择工作也会比较复杂。(4)新颖性和变动性。网络上的资料比较新颖，新鲜事物和新的信息能够很快在网上出现，资料的更新和变动也能够在网络上得到提示。(5)数量巨大，增长迅速。(6)内容丰富，形式多样。网络上的资料五花八门，既有娱乐方面的，也有学术研究方面的；既有文字的，也有图片的；既有静态的，也有动态的。(7)免费资源丰富。虽然在互联网上有一些内容需要收费，或者需要积攒经验值才能下载，但是它相对于传统的获取信息的方式，成本还是要低一些。(8)信息质量参差不齐，良莠混杂。这个问题在传统的文献调查中也存在，只不过在网络上更加明显。(9)匿名性和隐蔽性。有的网络信息是匿名发布的，很难确定信息真实与否。

二、网络二手数据的搜集

网络信息的搜集主要通过两方面展开：一个是访问网页进行浏览，另一个是通过查询检索。具体来说，我们主要可以从以下几个方面入手展开资料搜集工作。

(一)利用搜索引擎

目前常用的商业搜索引擎主要包括百度、谷歌、360、搜狗搜索等，我们可以按照主题展开搜索工作，并下载保存相关资料和信息。

(二)访问相关网站搜集资料

对于一些专业性的话题，资料的搜索离不开专业网站，如我们经常会用到的国家和地方的统计局网站，在这类网站上对往年数据进行查找和使用通常需要先登录。另外，进行学术研究经常用到的中国知网，也需要先登录才能查找并下载文章。商业类的调查网站也是我们在二手资料搜集时不能错过的。

(三)利用网上数据库查找

网络上有一些免费的数据库，如一些大学研究机构的数据库，还有一些市场调查机构提供的免费数据库，都是可供我们利用的资源。

(四)利用公告栏、新闻组等方法搜集资料

公告栏(BBS)在网上提供了一个公开“场地”，任何人都可以在上面留言、回答问题或发表意见，也可以查看其他人的留言。用户随时可以加入公告栏，也随时可以离开。

第四节 对文献调查法的评价

一、文献调查法的优点

作为二手调查，文献调查法具有所需时间短、人力和物力成本较低、资料易得等优点。无论是学术研究还是实际的市场问题研究，都离不开文献调查，所以，文献调查还具有不可跨越性和不可复制性。

二、文献调查法的缺点

尽管文献调查法有各种优点，但是，二手文献的时效性、针对性与调查项目之间的匹配性等方面也存在不足，具体表现为：

(一)属于历史资料，难以反映新情况、新问题

二手文献都属于对以往问题和现象的研究，它的结论只能总结过去，并不能代表现在并预测未来。我们知道，市场中的很多情况瞬间就会变化，所以历史资料只能代表过去，对我们的研究也只能起借鉴作用，还是需要通过实地调查了解新情况、新问题并找出对策。

(二)难以把握二手文献的准确程度

二手文献的研究对象、研究方法、研究范围等在一些文献中交代得并不清楚，甚至有的文献为了得到想要的结论，故意修改数据，导致数据和结论不准确。二手文献的准确程度无从判断，使用这些资料有可能令结论具有不确定性。

(三)查找初始数据存在比较大的困难，影响文献的使用和分析

二手文献给我们展现的是过程和结果，缺少对初始数据的展示，也很难找到它们的初始数据。这样，我们就不能对二手文献调查的结论进行亲历亲为的数据分析，即使文献调查的数据正是我们需要的，也往往会因为得不到初始数据而影响我们对二手资料的使用和分析。

三、二手文献的评估

正是由于二手资料存在这样或那样的问题，我们在使用二手资料的时候，才需要先对其进行评估，确定其是否可用以及使用的范围，这些评估包括：

（一）二手文献的有效性评估

受限于自身研究的目标，二手文献并不能完全符合调查主题，在使用它的数据、结论时，应注意进行有效性甄别和评估，只有跟研究主题接近并且有效的二手文献才可以使用。

（二）二手文献的可靠性评估

二手文献来自哪个单位和哪个刊物、作者是谁、出版或写作于哪个年代，都是使用二手文献之前需要评估的内容，只有可靠的二手文献才有利用的价值。

（三）二手文献的可行性评估

进行二手文献调查的目的是通过已有的资料和数据，以比较节省的方式开展研究工作。二手文献是否够丰富、够充实，能否通过利用二手文献调查解决问题，实际上关系着二手文献调查的可行性评估。如果已有的二手文献完全能够满足调查研究的需要，就没必要展开一手文献的实地调查，如各种文件、法规、政策等的调查研究，通过二手文献调查就可以解决了。而对于一些时效性比较强的主题，如消费者的消费行为研究，仅仅依赖二手文献是远远不够的。

第七章 实地调查的实施方法

尽管观察法和实验室调查法在实际的市场调查中应用得比较少，但是，这两种方法与抽样调查法作为社会科学定量研究的三种基本方法，虽然在应用领域上会有一定限制，但是，观察法能够为我们的市场研究提供动态的、富有灵感的视角，而实验室调查法则能够为我们更深刻地了解消费者提供精确的数据支持。

第一节 观察法

一、观察法的含义

(一)基本概念

观察法是一种对行为或现象进行系统的观察、记录，以获取所需信息的资料采集方法。观察法既可以用于观察一些简单的现象，也可以用来观察消费者的态度与行为。在观察场所上，既可以观察实时实地发生的现象，也可以在实验室内观察被观察者的行为表现与行为改变。观察主体可以是人，也可以是机器。

随着以互联网为基础平台的各种智能终端的出现与发展，人的行动范围不再局限于传统的实地场域，而是可以借助各种媒体作为人体的延伸工具得以扩大。在这种情况下，人的行动不应仅限于实际发生的肉眼可见的行为，也应该包括在各种移动终端支持下的线上行为。同样，人们对于现象的观察也不一定要“在场”，而是可以通过其他在场者在线直播的方式进行。

因此，我们在讨论观察法时，既包括实地实时的观察、实验室里的模拟观察，也包括线上开展的各种观察。新的媒介技术的发展，为观察法跨越时空地开展提供了可能性。

(二)观察的主体与客体

在观察法中，实施观察的主体主要是人和各种可用于观察记录的仪器，客体包括人和各种市场现象。

1. 人对人的观察

在进行消费市场的研究时，为了了解消费者对产品或者品牌的接受程度与忠诚度，经常会采用观察的方式来了解消费者的具体消费行为。针对线上的购买行为，我们也可以通过观察消费者的商品浏览和购买记录来了解其品牌偏好及购买偏好。

2. 设备对人的观察

在传统的观察法中，设备对人的观察主要发生在实验室中，通过各种仪器来完成对人的观察。在广告调查中，经常用到的测试仪器包括皮肤电流测试仪、眼动测试仪、脑电波测试仪等，这些仪器主要通过测试人体的生理变化来推断其心理变化。现有的移动智能终端及电子商务 App 等软件能够自动记录使用者的行动轨迹，完成对人的行为的观察及分析。甚至有的移动智能终端能够及时回传一些记录的数据，这就让机器对人的观察突破了原有的限制，变得无处不在。另外，越来越多的监控设备能够非常隐秘而即时地记录人的各种行为。各种仪器和软件的结合，为我们通过机器设备来观察消费者提供了更便利的工具，为我们的观察突破时空限制提供了可行性技术支持。

3. 人对现象的观察

在通常的市场调查中，我们除了要观察消费者的消费行为和消费态度之外，还需要对一些市场现象展开观察，如市场突发的抢购现象、促销过程中的一些意外情况、顾客对某些产品或者品牌的抗议及投诉行为等，我们应细致地观察和分析这些市场活动，从而找到解决问题的方法。

4. 仪器对现象的观察

通过各种仪器，我们能够实现对各种现象的任意时段和环节的观察。仪器观察实质上起到的是一种记录作用，具体的解读还有赖于研究者。

二、观察法的实施原则

(一)客观性原则

在实施观察工作时,我们要按照之前的设计对调查对象展开观察,不能按照个人喜好选择观察对象。在观察过程中,我们要如实观察并记录见到的现象和行为,不能因为个人因素而改变观察的过程,以致影响观察的结果。

(二)全面性原则

对市场行为和现象的观察不能片段化,需要了解行为过程和现象的全貌,尤其是对一些细节的观察更要缜密,只观察片段,容易得出片面的甚至是错误的结论。

(三)持久性原则

一次或者少数几次的观察,能够看到的大多是事物的表面现象,这些表面现象大多以碎片化的方式呈现,不经过细致而长久的观察,很难发现表象背后的联系,只有经过长期观察,才有可能发现一些规律性的东西。

三、观察法的基本特点

(一)费用低,便于实地观察

无论是实时实地的观察,还是以互联网为基础的设备的观察,相对于其他的调查方法,这两种方法的费用会比较低,实施起来也比较方便。

(二)容易流于表面,无法探测事物实质

观察法的理论假设人的行为是其态度的外在反映,通过观察人的行为表现,能够推断其内在的态度甚至是价值观和世界观的倾向。但是,人类心理活动的复杂性,以及态度和行为之间的不一致性,会导致我们所看到的并不真实、所推断的并不准确。

同样,我们对事物的观察也容易只看到表面现象甚至是被歪曲的假象。由于时空关系,我们所看到的现象往往以多种形式呈现,有的呈现的是事实的片段,有的呈现的是事实的局部,依据这些来推断事实全貌甚至是推断一些规律性的东西,必然会偏离客观实际。

四、观察法的类型

按照不同的标准，观察法可以分为参与观察与非参与观察、有结构观察与无结构观察、自然观察与设计的观察、公开观察与掩饰的观察、人员观察与仪器观察等。

（一）参与观察与非参与观察

按照观察者是否介入被观察对象的行动，可以将观察分为参与观察和非参与观察。参与观察是观察者参与到被观察对象的活动之中，通过观察其实时的行动和过程，为以后的分析积累资料的观察法。按照参与程度的不同，参与观察又分为完全参与观察和不完全参与观察。完全参与观察要求观察者全程参与到被观察对象的活动中，随时随地跟随被观察对象，全程记录被观察对象的行为和表现。不完全参与观察对观察者的参与程度不是非常严格，观察者只要按照研究的需要，部分参与到被观察对象的活动中，获得研究所需要的资料就够了。非参与观察中，观察者以中立的第三方的角色存在，不会参与到被观察对象的活动中，只是通过客观记录被观察对象的活动来获取资料。

（二）有结构观察与无结构观察

按照是否准备了大纲，可以将观察分为有结构观察和无结构观察。有结构观察有完整而详细的观察大纲，对观察地点、观察时间、观察内容等都有详细规定，观察者按照观察大纲认真实施观察即可。而无结构观察则没有详细的观察大纲，有的时候甚至要对突发事件进行观察，观察者只负责把看到的内容记录下来即可。无结构观察灵活性强，但是获得的资料不够系统，因而常用于观察不确定的市场现象。

（三）自然观察与设计的观察

按照观察是否是在自然状态下进行的，可将其分为自然观察和设计的观察。自然观察是在自然状态中对人、事、物所做的观察；而设计的观察则是通过控制某些条件和因素，如温度、空间环境等，来观察某些因素不变的情况下，其他因素变化给观察对象、事态发展过程及结果所带来的影响。

(四)公开观察与掩饰的观察

按照观察者的身份是否公开,可以将观察分为公开观察和掩饰观察。观察者的身份公开,其观察工作也为观察对象所知晓的,即公开观察。有时候,为了避免打扰观察对象,防止他们做出掩饰性的行动和反应,观察者会隐瞒自己的身份并开展隐蔽式观察。

(五)人员观察与仪器观察

传统的市场观察大多依赖有经验的观察者,每个人的关注点和生活阅历的差异,会造成观察结果的差异。人员观察的对象包括销售情况、顾客特征、顾客流量、产品陈列等。随着技术的发展,这种人员在现场直接观察的方法已经被监控设备远程观察取代,通过监控设备的拍摄,观察人员可以不受时间限制,对消费市场的状况进行观察。

仪器观察会以更客观的方式记录观察到的现象和结果。在广告调查中,经常用到的仪器观察类型包括视向测验、皮肤电流反射测验、瞬间显露测验、节目分析测验等,近几年还开发出了测试脑电波反应的仪器,可以通过测量在不同情境下人的脑电波的反应变化来观察广告效果。

1. 视向测验

视向测验仪能够以较快的速度拍摄,借此观察被观察者对所播放的广告的反应。

2. 瞬间显露测验

在较短时间内快速显示待测验广告,通过记录被观察者对广告各个构成部分的记忆,来判断广告的哪个部分能够引起人的重点关注。

3. 皮肤电流反射测验

通过测试被观察者在观看广告作品的过程中皮肤电流的变化,来推断广告的效果和影响。

4. 节目分析测验

通过在电视、收音机上安装机顶盒,自动记录开关机时间、频道转换时间和频率等,测出被观察者的收视(听)偏好和收视(听)习惯。

5. 脑电波测验

通过记录脑电波在接受广告信息时的变化,来反映调查对象在观看广告过程中的生理反应和情绪变化。

五、观察法的使用条件

无论是人员观察还是机器观察，相对于其他调查法来说，都比较简单方便。但是，在使用观察法时，有几点需要注意：

首先，搜集的信息必须是可以观察到的，或者是能够从可以观察的行为中推断出来的。尽管可以观察的人、物有很多，但是，我们的观察既要有意义，也要直观可见。在研究消费者行为时，观察者会试图通过消费者的行为表现来推断其心理，虽然这种推断有的时候会因为各种复杂的情况而让推断的因果关系扭曲，但毕竟，大多数情况下，人的心理和行为的关联呈现出一致性和稳定性，因此也可以用观察法来进行消费者心理与行为研究。

其次，要观察的行为必须是重复出现的、有频率的、按某种方式可以预测的。观察的对象要具有一定的稳定性，不能只出现一次，要能够被重复看到。只有这种稳定性的观察，才有可能做出有价值和有意义的推断，结论才可能被应用。

最后，要观察的行为一般是持续时间比较短的。由于观察环境、观察对象情况的多变性和复杂性等因素，同时考虑到实施观察的可行性和经济性，我们对观察对象行为和表现进行观察的持续时间不宜过长。不过，随着各种可视设备的发展，观察法对观察时间的要求也不那么严格了。

六、观察法的使用范围

(1)商品购买者特征研究。研究者通过持续的观察，对商品购买者的性别、年龄等特征有所了解，来判断既有的消费市场定位是否准确、适合；(2)商店的客流量调查；(3)商品陈列、橱窗布置、销售态度和行为方式等对销售的影响；(4)POP、户外广告的效果调查。

七、观察法的误差分析

观察法使用起来虽然便利，但是由于该方法涉及观察者、被观察者、观察的情境等条件和因素，其中任何一方的细微变化都会影响观察的结果，导致出现误差。按照观察误差的来源，可以将引起误差的因素分为三个方面：观察者方面、被观察者方面和观察环境方面。

(1)观察者方面：主观倾向、个人经验、心理和身体条件；(2)被观察者方面：自身发展的程度、情境反应、制造假象;(3)观察环境方面:环境的熟悉程度、环境的复杂性等。

虽然观察法中有些误差是不可避免的,但是,我们依然可以通过努力来提高观察的准确性,比如在人员的选择上,可以尽量选择专业的、擅长进行观察的人员,还可以通过控制观察活动的条件、时间的选择、地点的选择等,尽量减少观察误差。

第二节 实验室调查法

实验室调查法在自然科学中的应用更广泛也更普遍。之所以出现这种现象,一方面源自实验室法与量化研究的融合,另一方面是因为各种器具、设备的开发让实验室调查法更加便捷。

一、实验室调查法的概念

实验室调查法是指市场实验者有目的、有意识地改变一个或几个影响市场的因素来观察市场的变动情况,从而认识市场发展变化规律的方法。

传统的实验室调查法逐渐被各种利用先进的仪器和设备进行的调查所取代,如脑电波测试等。比较普遍和常见的应用于调查中的测验包括视向测验、皮肤电流反射测验、节目分析测验等,这些测验通过仪器观察被测试者的情绪和生理反应,并评估测试结果。在实验室中展开调查工作,最大的优点是实验者能够人为干预并控制实验的环境和条件,从而对各种情况进行比较。但是,这也是实验室调查法的缺点,它并不能真实地反映现实的市场环境,得出的结论未必适应真实的市场需求。比如,在实验室条件下播放带有恐怖色彩的广告作品,测试者受到环境的影响,可能会表现出恐惧的状态。但是,在真实的情况下,可能这则恐怖的广告在电视或者其他媒体播放的时候,测试者正和家人或朋友在一起,对这种恐怖就不会有感觉或者感觉不强烈。

实验室调查法的这种弊端,可以通过模拟实验室调查的方法来解决。比如,如果我们想要测试降价能够在多大程度上带来销售额的提升,就可以在商场设置一个活动现场,通过观察人流量和销售额的变化,来预测未来产品降价促销所带来的商品销售情况的变化。

随着电商的兴起，商家对某些活动效果的测试变得更加方便，如通过监测“双十一”的促销商品提前预约、提前加入购物车等活动的参与人数，能够实时监测促销活动所带动的市场的热度。

二、实验室调查法的应用范围

尽管实验室调查法有它的局限性，但是，它的优势也很明显。当我们开发某些新设备、新仪器并想要了解它们的效果的时候，实验室调查法还是一种比较稳定的调查方法。实验室调查法可以进行三个方面的研究：因果关系研究、相关关系研究和预测性测试研究。从这三个研究方面来看，我们可以说实验室调查法适用的范围非常广泛，各个行业、各个产品的市场测试、效果测试，都可以通过实验室调查法搜集产品测试所需的各种数据和资料。尽管实验室调查法是定量研究经常用到的方法，但并不是说在定性研究中就不能使用这种调查法，只不过使用范围有所限制而已。

三、实验室调查法的局限性

(一)实验成本问题

无论是传统的实验室调查法，还是依赖机器测量的现代调查法，实验成本都比较高，人力、物力、财力都是实验需要考虑的成本问题。

(二)保密问题

调查的内容如果涉及态度和价值观，调查对象的生活、工作的状态和对其的评价，以及他的收入和支出，可能就会涉及信息保密问题。每个人对什么信息需要保密的标准不同，一旦调查结果被公布，就可能会因为泄密给一些调查对象带来麻烦。

(三)伦理问题

实验室调查法大多数情况下以人为被测试者，无论测试内容是什么，总是会对被测试者产生一些意想不到的影响，且很难评估这种影响的程度。

(四)干扰问题

实验室调查法虽然在理论上对调查环境处于可控状态，可以营造需要的环境和条件，但是，调查对象之间的相互影响、调查者对调查对象的影响等因素依然客观存在，而且这种影响有的时候比较微妙，可能会直接影响调查结果。

四、实验室常用的测试方法

我们除了可以通过仪器在实验室对调查对象进行调查之外，还可以通过其他的方法和手段来了解消费者的态度及行为，比较常见的是投射法和量表法。

(一)投射法

投射法是一种间接搜集个人态度、动机及人格结构方面的资料的调查方法。“投射”指个人把自己的思想、态度、情绪等不自觉地反映于外界的一种心理作用。这种内心深层的反应，是人类行为的基本动力，对这种基本动力的探测，有赖于投射技术的应用。利用这个方法设计的测验称为投射测验。比较常见的投射测验包括语句联想法、故事完形法、漫画测绘法、照片归类法、叙述故事法、消费者绘图法等。

(二)量表法

量表是根据测量的目的编制的一系列测验项目(任务或问题)，每一任务或问题细目各有事前规定的标准分数。使用量表测量时，研究者可以根据受访者的回答对照计分。被试者的量表积分表示他在这个量表上的位置，其意义在研究者编制量表时就已经说明。

量表按照内容可以分为态度量表、能力量表、智力量表和人格量表；按照使用目的可以分为调查用量表和测验量表；按照积分方式可以分为总加量表和累积量表。

总加量表法则指以量表形式对受访者态度中的情感性内容进行测量的方法，该量表由利科特于1932年创造并开始使用，故又被称为利科特量表。总和量表是围绕一个中心问题，提出许多与其相关的问题，它由一组陈述组成，每一陈述有“非常同意”“同意”“不一定”“不同意”“非常不同意”五种回答，然后根据需要分别赋值1、2、3、4、5，每个受访者的态度总分就是他对各道题的回答所得分数的加总，以此计算受访者答案的分数。

累积量表又叫哥特曼量表，这种量表是单维的，即量表自身结构中存在着某种由强变弱或由弱变强的逻辑关系。该量表按回答者的态度强度来排列各种说法的次序，如果某位回答者同意或接受某种说法，那么他也会同意或接受该说法之前或之后的说法。量表总分反映了回答者所赞成的陈述数目。

第三节　访问法

传统的访问法主要是指直接面对面的访问。随着网络技术的兴起，通过网络或借助社交媒体平台而展开的网络访问法也开始得到广泛应用。新的访问技术的兴起，并不代表要完全淘汰旧的面对面的访问，对于不少项目而言，为了慎重起见，面对面的访问是非常必要的。访问法的规则和要求对网络访问依然具有参考意义。

一、访问法的含义

访问法是通过向受访者询问以了解市场情况、获取资料的一种方法。该方法通常将要调查的问题事先列在问卷或者访谈提纲中，再由调查人员按照调查问卷或者大纲的要求询问，并及时记录访问的结果。这种方法既可以用于定量研究，也可以用于定性研究。

访问法看似简单，但在真正的实施过程中存在不少需要克服的障碍，毕竟作为调查方法的访谈与普通的日常谈话是不同的，其区别在于：日常谈话的内容比较发散，主题针对性较小，谈话一般发生在彼此熟知的、较少设置谈话障碍的人之间。但是访谈就不同了，一般情况下，访谈均带有一定的目的性和计划性，访谈双方或者多方大多数情况下都不认识，更谈不上熟悉，因此在访谈过程中会有所顾虑和防备，尤其是涉及某类话题时，访谈就成了彼此拉锯抗争、不断妥协的过程。

二、访问法的基本类型

按照不同的标准，访问法可以分为四种不同的类型。

(一)标准化访问和非标准化访问

按照有没有统一的访谈大纲或者访谈问卷，可以将访问分为标准化访问和非标准化访问。标准化访问因为有严格统一的访谈大纲和访谈顺序，受到访谈双方或多方个体因素的干扰相对较少，只要按照提前制定好的内容和顺序展开访谈工作就可以了。标准化访问便于整理资料，但是灵活性不够，对于一些突发问题很难有及时应对的策略。而非标准化访问因为没有统一的访谈内容和访谈顺序的规定，访谈起来比较随意，主要依赖访谈员对访谈工作的认识和领悟，因此，会比较多地受到访谈者个体因素的影响，会造成在一个主题项目里，由于访谈员的个体情况差异而得到不同水平和质量的访谈记录。

(二)直接访问和间接访问

直接访问指访问员面对面地访问受访者，包括入户访问、商场拦截访问、电脑辅助人员的访谈(CAPI)。间接访问包括电话访问、邮件访谈、网络访谈等。电话访问可以是传统的电话访谈，也可以是计算机辅助电话访问(CATI)；邮件访谈包括传统的个人邮件访谈和固定样本组邮件访谈；网络访谈包括电子邮件访谈和通过各种社交软件进行的访谈。

(三)一般性访问和特殊性访问

根据访问对象或者访问主题的特性，可以将访问分为一般性访问和特殊性访问。一般性访问主要面向普通的受访者和一般性的调查主题，特殊性访问则针对具有重要价值的受访者或者某些重要议题。至于怎样区分这两种访问方式，则与研究者对研究项目的认知及项目所处的环境和条件有关。

(四)个别访问和集体访问(座谈会)

根据访谈者和受访者的比例，可以将访问分为个别访问与集体访问。个别访问是以受访者个体为单位展开的访谈工作，一般采取一对一的访谈形式；而集体访问一般采取一对多或多对多的访谈形式。在市场调查实践中，座谈会往往通过小组访谈的方式进行。

小组访谈会是指经过训练的主持人以一种无结构的、自然的形式与一个小组的受访者(通常控制在6—10人)交谈，主持人负责组织讨论，从而深入了解受访者对调查对象的看法。

座谈会(小组访谈)可以一次访谈更多的受访者，对一些问题能够快速地找到解决的方式和方法，因此相对于个人访谈而言效率更高。但是，做好一个座谈会或者小组访谈并不容易，需要访谈者深入细致地研究访谈主题，并在访谈开始之前做好准备工作。小组访谈的工作流程一般包括：

1. 前期准备

需要准备的工作包括了解访谈主题，对受访者的要求，进行访谈工作所需要的环境条件及场所安排，访问大纲的撰写、讨论及定稿等。

2.募集访谈对象

通过各种方式来寻找符合条件的受访者，如利用报纸或者网络发布广告，在人流较多的地方张贴招募信息等。

3.实施访谈

各种准备工作就绪以后，就可以开始具体的访谈工作了。在访谈的具体实施过程中，访谈者或者主持人需要细致地观察各位受访者的发言和讨论情况，不要把能在现场解决的问题拖到座谈会之后。

4.记录、整理访谈资料并撰写报告

在座谈会或者小组访谈工作进行的过程之中，受访者就应该及时开始记录资料，并在会后根据现场记录的内容进行整理工作，在此基础上形成访谈小组的访谈报告。

在市场调查中，并不是所有的调查内容都适合进行小组访谈。一般情况下，适合小组访谈的内容包括：

(1)获取研究者感兴趣的一般性信息；

(2)量化研究的先导工作，为进一步量化的调查研究提出假设性建议；

(3)刺激新的想法或者新的概念的产生；

(4)诊断新的项目、服务、产品等的潜在问题；

(5)对产品、项目、服务、机构或其他调查人员关心的研究对象形成印象或观念；

(6)了解受访者对研究内容的态度或表述，为进一步研究提供参考。

小组访谈由于人数众多，小组成员相互之间难免会互相影响，除此之外，还有一些影响小组访谈的因素，主要包括：

1.访谈环境

访谈的环境是安静还是嘈杂、是舒适还是难以忍受、是轻松还是紧张，都会影响小组访谈的进程和结果。

2.受访者

受访者的文化水平、专业和个人经历等因素都会影响他们对问题的理解及回答。除了这些普遍的影响因素之外，受访者的倾向及偏好、受访者的精神和身体状态，以及受访者之间的互动情况、互相影响的程度等，也会影响访谈的效果。

3. 主持人

在小组访谈中，无论是各抒己见的调查，还是讨论式的调查，主持人对整个访谈主题的理解和把握、对整个访谈工作的执行情况，以及他的个人魅力、专业素养等，都会影响受访者的情绪和认知，从而影响访谈的效果。

相对于其他访谈方式，小组访谈法具有一定的优势，但同时也有它的局限性。它的优势包括：激发灵感和新想法、过程的监控为以后的分析提供素材、成本低、实施快、实施相对简单；局限性主要表现在所选对象的代表性、结果解读的表面性、访谈结果的偏差性等方面。

三、入户访问、拦截访问和电话访问

（一）入户访问

入户访问是访问员对被抽中的样本挨家挨户地进行访问的调查方式。这种访问方式是传统的面对面调查经常用到的访问方式。但是由于入户难度的增加，现在被应用得比较少了。虽然直接入户调查减少了，但是，并不能说它不重要。

入户访问的工作流程如图 7-1。访问员首先按照调查项目的要求寻找符合条件的受访户，找到之后，逐一登门拜访，如果在拜访的同时受访户能够配合完成入户访谈，入户访问工作就可以直接展开；如果受访户不方便，可以通过预约的方式，约定下次访问的时间。如果登门后被直接拒绝，访问员需要重新选择符合条件的受访户，并

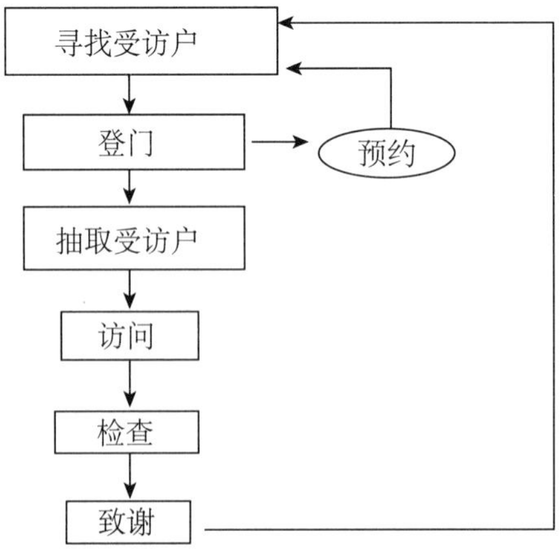

图 7-1 入户访问工作流程

重新登门展开工作或预约某个方便的时间展开访问工作。入户成功之后,访问员需要在家庭内部进行抽样,选择符合调查条件的家庭成员作为受访者并展开访问工作。访问工作结束后,访问员要检查整理访问过程中的记录,对没有记录清楚的问题应及时询问,不要把似是而非的访问内容带回来。整个访问工作完成后,访问员要向受访者致谢并离开。

入户访问的主要难点在于得到受访者的配合,但其他工作也很重要,访问员在入户前需要准备的工作包括:

(1)要熟悉受访者的相关材料;(2)要有足够多的问卷;(3)要有可靠的记录工具;(4)要有证明自己身份的证件;(5)要准备好给受访者的礼品或酬金;(6)要做好不轻易放弃受访者的思想准备。

除了要做好入户访问前的准备工作外,访问员在入户后还应注意:

(1)严格按照要求访问,不能对其中的个别问题做出有倾向性的解释;(2)不要暗示或提示答案,更要避免其他在场人员的提示;(3)尽量不要让受访者自己填写答案;(4)对受访者跑题的现象要采用技巧予以拉回,不可使用强制手段或话语;(5)对开放式问题的记录要尽量采用受访者的原话。

入户访问的优点主要有:

(1)易于建立信任与合作关系;(2)可以避免有意漏答或随意作答的现象;(3)可以通过非言语动作判断被访者回答的真实性;(4)方便使用其他辅助工具。

入户访问的缺点主要有:

(1)费用高;(2)访问过程的控制较难;(3)访问偏见;(4)入户困难。

(二)拦截访问

拦截访问是指在某一地点通过拦访符合条件的路人的方式进行调查的方法。按照地点是否固定,可以将其分为两种:第一种是地点固定的拦截访问。这种拦截访问应提前由访问员选择好地点,如选择人流较多的超市、商场,对不同时段路过这个地方符合调查条件的人进行拦截访问;第二种是不固定地点的拦截访问,如在一些人流量大的地方对符合条件的对象进行拦截访问。拦截访问法适用于样本框难以确定、需要快速完成探索性研究的小样本调查,通常会辅以问卷,由访问员通过对问卷中的问题展开提问,进行调查。

拦截访问过程中需要注意的事项包括:

1. 对被访对象的判断

虽然理论上来说，每一个经过访问所在地点的符合条件的人都能成为拦截访问的对象，但是在实际的工作过程中，访问员还是会通过简单的观察来判断什么样的对象更容易被拦截和接受访问。一般情况下，不要去拦截行色匆匆的人，也不要去拦截满脸心事的人。

2. 时间要短

拦截访问的时间一定要短，最好在10分钟之内结束，时间长了很容易前功尽弃。

3. 问题不能涉及隐私或难以回答

拦截访问适合不涉及隐私的问题和不用经过太多思考的大众化问题，如果问题过于复杂敏感，则不能选择拦截访问的方式。

拦截访问简单方便且花费的资金较少，但是作为一种调查方法，它也有自己的缺点：

(1)不适用随机抽样调查。拦截访问所选的样本不满足随机抽样的要求，因此其代表性和客观性都会受到影响。

(2)拒绝率高。即使在人流密集的地方，拦截访问的成功率也不会很高。

(3)不适合就复杂的或隐秘的问题开展调查。

(三)电话访问

电话访问是通过电话与选定的调查对象交谈以获取市场信息的一种调查方法。电话访问可以分为普通的电话访问和计算机辅助电话访问(CATI)。普通的电话访问主要依靠获取用户的消费记录或者购买用户信息的方式，从中抽取符合条件的客户展开访问工作。计算机辅助电话访问是中心控制电话访谈的“电脑化”形式，具体的操作方法是：每一位访问员都坐在一台计算机终端或个人电脑前，访问员在被访者的电话接通后开始提问，受访者的问题和答案会立刻出现在屏幕上。访问员说出问题并录入受访者的答案，计算机会自动显示下一道问题。

电话访问的抽样流程：

电话簿 ⟹ 确定被访家庭 ⟹ 确定家庭被访成员

首先，选择合适的电话簿，通过人工或者计算机辅助进行样本抽样，确定被访家庭，然后通过电话沟通，按照调查样本的要求确定这个家庭的受访者，并预约电话访问的时间。

相比于入户访问,电话访问更加方便,减少了入户的麻烦,但是被拒绝率依然很高。我们可以从以下几方面入手来提高电话访问成功率:

(1)事先预约。电话访问对受访者的打扰尽管不如入户那样明显,但是,贸然打电话展开访谈,恐怕也会给受访者造成很大不便,甚至会令受访者反感。因此,访问员第一次打电话时,最好以比较简洁的语言说明情况,并预约电话访谈的时间。(2)酬赏。各种调查会给受访者带来一些时间上的占用和精力上的耗损,必要的酬赏能让受访者获得一些安慰。一般情况下,提供的酬赏越有吸引力,愿意配合调查工作的受访者越多。(3)追踪。追踪多发生在电话访问之后,用来观察受访者当下的态度和行为是否发生了变化,从而更好地开展纵向研究。

电话访问的优点:

(1)抽样过程简单。无论是哪种电话访问,抽样都比较简单,有电话簿作为抽样框,要比其他抽样过程简单,方便操作。(2)节省时间和费用。(3)易于接触到不同收入阶层的人。由于电话号码被随机打乱,抽取过程中,被选中的电话号码(包括手机号)的受访者可能属于不同的社会阶层,平时调查很难接近的一些人可以通过电话调查接触到。

电话访问的缺点:

(1)抽样代表性不足。电话访问使用的样本框虽然在理论上来说是随机的,但是,能够从市场上获得的电话簿总是带有某种固有的特征,如曾经住过院的、曾经在某机构有过购买记录的,这样会影响样本的代表性。(2)真实性判断的困难。电话访问中受访者是否符合条件、他的回答是否在有意掩饰、他对问题的看法是不是他的真实想法,都比较难辨别。

四、深度访谈法

深度访谈法是一种无结构的、直接的个人访问,由掌握访谈技巧的访谈员对访谈对象进行面对面、一对一的深入访谈,用以辅助揭示受访者对某一问题的潜在动机、态度和情感等。

(一)深度访问法的基本类型

1.开放访问法

开放访问法通常由调查者提出问题,受访者不受限制地对这个问题给出自己的意见和看法，或者可以说受访者可以用几乎不受任何限制的方法回答问题，既可以采用完全自由式的聊天式讨论，也可以就调查中的某些字眼展开充分的联想和表达。这种访谈方式可以是一对一的，也可以是一对多或者多对多、多对一的，如问题可以是“你怎么看待出国旅游热潮”等。

2. 焦点小组访问法

焦点小组访问法是由一个训练有素的主持人以一种无结构的自然形式与调查对象交谈，通过倾听从目标市场中选出的受访者的自由发言，从中获取有关问题的信息的访问法。这种方法的价值在于调查者常常可以从自由进行的小组讨论中得到一些意想不到的收获。

(二)实施流程

1. 前期准备

深度访谈的前期准备工作包括：

(1)确定深度访谈的主题。

(2)确定访谈员或者小组主持人。访谈员或者小组主持人的选择比较重要，最好能选择专业水平较高、富有实地调查经验的人。

(3)选择受访者。

(4)确定深度访谈的场所和时间。无论哪种深度访谈，访谈的时间会比一般的调查用时长一些，因此，访谈地点的选择和访谈时间的选择就比较重要。访谈地点上，考虑的因素包括舒适性、便捷性等；访谈时间上，除了要考虑访谈时间对受访者的影响之外，还需要考虑什么时间访谈更有效率。

(5)确定深度访谈的次数。

(6)准备好座谈会所需要的演示和记录工具，如录音、录像设备等。

(7)如果实施的是境外调查，应该让翻译了解要讨论的大概内容。

2. 选择访问对象

在同等条件下，选择那些喜欢表达意见和看法的访问对象效果会更好。

3. 自我介绍

访谈开始前，访谈员应向受访者做简要的自我介绍。

4. 进入访谈

以上程序完成后，即可以正式进入访谈了。

5. 把握问题的方向和焦点

深度访谈虽然允许受访者就调查的主题自由地表达自己的看法，但是，在自由表达的过程中，受访者难免会出现跑题现象，作为主持人和访谈员，需要把握好访谈的方向和节奏。

（三）深度访谈的优势和局限

1. 优势

访谈员或主持人能够掌握真实可靠的信息；受访者能够更积极主动地思考问题、回答问题。

2. 局限

深度访谈需要的时间和经费都较多；访谈员的素质和专业性会影响访谈的效果；访谈更多依赖心理学上的经验和推断；持续时间可能较长，会影响访谈效果。

五、固定样本访问法

固定样本访问法是按照一定的抽样方法选定一些消费者作为固定样本，给每个成员一定的记录工具，通过他们在适当时候的定期记录获得调查资料的方法。

（一）具体做法

固定样本访问法比较传统的做法是留置日记法，这也是消费者固定样本连续调查中最常用的方法。该访问法调查的商品多为消费者日常使用的日用品，电视、广播、报纸、杂志等媒介接触习惯也是重要的调查内容。调查员把印有各种项目的日记簿送给调查对象，请他把每日购买的日用品和媒介接触情况逐日据实记录，包括购买日用品的种类、品牌、包装单位、价格、数量、购买场所、购买者、赠品的名称等情况。调查员每周或每月访问被调查家庭一次，收回记录过的日记簿（或由调查对象寄回）。收回的日记簿用打卡机打进卡片，经过统计后做成最终的报告。

随着技术的开发，各种电子记录仪器的广泛使用令固定样本的调查记录工具更加丰富多样、更加便捷。如对收视的调查，直接通过有记录功能的机顶盒即可实现数据搜集。在样本的选取上，也改变了以往通过征集调查对象组成固定样本的做法，尤其是在大数据背景下，对符合条件的调查对象的固定调查和追踪访问变得更加便捷，可以通过筛选网络 IP 地址，也可以通过调查对象的浏览和购买记录等来进行样本的选择。

(二)固定样本访问法的优缺点

1. 优点

(1)资料翔实准确。由于固定样本的调查对象是自愿参加这样的调查项目的，因此他们对于访问调查并不拒绝，他们或发自内心，或为了得到预期的回报而愿意提供调查员需要的资料。

(2)资料具有动态性。便于进行纵向研究和对比研究。

(3)研究经费可以分摊。固定样本的访问调查有时候可以把相关的项目放在一起展开研究，这样可以节省经费。

2. 缺点

(1)固定样本的代表性不能得到保证。在快节奏的生活和工作背景下，能够有时间和意愿接受固定样本调查的基本上是失业、退休或者收入不太高的人，这样，样本的代表性就会受到影响。

(2)固定样本的流失。调查对象住址的更改等原因会带来固定样本的流失。

(3)固定样本的变化会影响其客观性和代表性。

第四节 网络调查法

网络的发展既给调查工作带来了各种便利，也带来了挑战。在网络发展的初期，有人预言传统调查将被网络调查代替。但是，随着网络的发展和成熟，以它为介质的网络调查并没有代替传统的调查方式，传统的调查方式并没有消失，这二者互为补充，相得益彰。

一、互联网为市场调查带来的改变

第一，通过互联网，调查者可以低成本地接触全球范围内的广大用户。这种低成本、即时性地接触各国调查对象的情况是传统调查所不能想象的。

第二，通过互联网可以让顾客主动参与市场调查。以往的传统调查，主要通过调查者寻找调查对象的方式开展工作，调查对象始终处于被动地位。而网络调查可以让调查对象主动选择感兴趣的主题参与调查。

第三，通过互联网可以获得实时的信息。

第四，通过互联网可以搜集到竞争者更多的信息。以往，调查者对竞争对手市场策略的了解，更多是通过对其以往的行为和策略进行分析。在网络环境下，调查者可以提前了解竞争对手正在进行的和未来会采取的营销策略、定价范围等，为自己的营销策略和活动力度提供更详细、更准确的信息。如最近几年的“双十一”，各个商家都会提前预告价格信息，而这对于竞争对手来说，要比原来的信息搜集更快速及时。

第五，通过互联网可以了解专家的建议。

二、互联网市场调查面临的问题

(一)信息过载

根据中国电子商务中心发布的消息，互联网每天会产生 15TB 的信息，搜索的结果只有 20％有用，94％的人感觉每天信息过载。

(二)垃圾信息

有一些网站为了提高点击率，故意以虚假标题诱导调查者去点击链接，而点开链接之后显示的内容很多都是跟调查没有关系的垃圾信息。

(三)用户在互联网上透露信息的不真实性

网络使用者的个人信息很难核实，尽管调查者可以通过 IP 地址查看用户电脑所在区域，但是坐在电脑前的人可能是流动的。

(四)上网人数的局限

这导致在搜集数据时，调查的样本在总体中代表性不够，会产生以下问题：

(1)自荐偏差；(2)网民不是大众的代表；(3)互联网用户的匿名性；(4)多文化因素；(5)短暂的注意力集中时间；(6)应答者的真实性不足和重复作答；(7)互联网的应

答率越来越低。

三、常用的网上调查方法

(1)电子邮件问卷调查。(2)通过计算机辅助电话访问系统进行的调查。(3)通过互联网公共网关接口(CGI)进行的调查。(4)互联网问卷调查系统。经常使用的问卷调查网站包括问卷星(www. wjx. cn)、数据 100 问卷调查网(http://www. data100. net/)、调查圈(企业在线调查问卷管理平台,http://www. diaochaquan. cn/)、乐调查(https://www. lediaocha. com/)等。

四、网上调查需要注意的问题

(1)恰当的网络范围。调查范围过大会带来太多垃圾数据,太小的话则会影响样本和数据的代表性。(2)进行不扰民的调查。尽管在技术上,网络调查可以通过在门户网站设置强制填写才能正常浏览其他内容这一功能的做法,但是在实际操作中,这种做法弊大于利,用户为了应付调查而胡乱填写的数据毫无价值。(3)尊重个人隐私。网络调查跟实际调查一样,要尊重和保护调查对象的隐私,不能泄密。(4)对调查问卷要进行个性化设计。(5)调查问卷要短小、活泼。(6)要有能引起调查对象兴趣的主题。为了吸引调查对象主动参与,网络调查最好设计一些容易引起他们好奇和兴趣的主题。

第八章　问卷的设计

问卷不仅适用于实地抽样调查和定量分析，包括应用于观察法、实验法等，也常以访谈大纲和实验大纲的形式得到运用。问卷是我们搜集资料时常用且有效的方法，它能够更准确、更详细也更完整地辅助我们完成调查任务。

第一节　问卷设计及其特点

一、问卷的设计

通常所说的问卷设计，主要是指在实地调查或者网络调查中，由调查者或者研究者运用统一设计的问卷，由调查对象填答，向调查对象了解有关情况的搜集资料的工具与方法。问卷可以看作是一组有着内容安排和结构安排的系列问题的排列，这些问题要围绕研究主题展开，问题间的排列也需要遵照一定的逻辑和顺序。

二、问卷的特点

(一)主题突出，问题关联紧凑

整份问卷的问题，需要围绕一个研究主题展开，这个过程可以看作是问题的操作化。怎样让抽象的问题通过可以测量的具体问题展现出来，是问卷在设计时必须要考虑的。一般来说，一个问卷只能包含一个主题。虽然在市场研究中，为了节省经费，有些问卷有“搭便车”的现象，但是严谨的问卷调查一定是主题突出的。问卷设计对于问题之间的关联性也必须有所考虑，跳跃性不能太强，否则容易引起调查对象的怀疑甚至是反感和排斥。

(二)问卷形式多样，简明易读易懂

问卷的形式多种多样，针对不同的主题，问题的设置、顺序、质量等要素都会有所不同。但是有一点需要注意，就是在明确调查对象的前提下，问卷应尽量做到易读易懂，要尽量把专业的、学术的语言以较简洁的方式呈现出来，如果必须使用一些专业术语，也需要调查员或者问卷设计者在问题后给予简明而准确的解释。

(三)易于记录

问卷的设计既要考虑问题的易理解性，也要考虑可能获取的答案的易记录性。大部分的问卷设计采用的都是选择题的形式，一题一选或者一题多选，这种形式可以为实地调查获取的资料的记录工作提供便利。即使由于研究需要，在问卷中设计了需要调查对象思考并回答的个性化问题，也需要注意答案的易记录性。

随着调查工具的更新，调查记录工具由传统的纸笔更新换代到了先进的录音录像设备，但是，先进的设备可能会引起调查对象的紧张、排斥和拒绝。因此，在实地调查中，不少调查记录依然依赖纸笔记录的方式，这就要求问卷设计者必须考虑问题的答案是否便于记录。

(四)易于整理统计和易于辨别回答的真伪

问卷的设计要服务于后续的数据和资料的整理，这就要求问卷的问题设置和答案设置要考虑到资料回收后的统计和整理工作。另外，实地调查中，敏感问题、调查对象不配合等因素经常会带来虚假、错误的答案，这就要求问卷设计者在设计问卷时应设置必要的、有相互验证性的问题，以为后续辨别答案的真伪提供支持。

第二节 问卷的作用和类型

一、问卷的作用

问卷作为实地调查、访谈等活动中搜集资料的工具，主要是为了完整而准确地获

取资料提供便利，其作用可以表现为以下四个方面。

(一)提供标准化的数据搜集程序

常见的问卷大多以设置了标准选项的问题形式呈现，这就为标准化的数据搜集提供了可能。标准化的数据是定量分析的基础。标准化的答案不仅便于搜集资料，更有利于数据的编码和录入工作。

(二)是访问员了解回答者信息的工具

数据的统一批量处理基于标准化的回答信息，对于大型调查项目而言，缺乏标准和统一的问答设置，必然会造成问题及答案的个性化，不利于数据的批量处理。虽然，在搜集调查对象信息的方式上，个性化访谈也能搜集到必要信息甚至是一些有利于问题分析的、具有一定深度的回答，但是，考虑到批量数据的统一处理，有时候，我们需要为了实现批量化处理而牺牲个性化。

大数据的出现，为传统数据搜集的标准化、程序化、去个性化提供了瓦解的可能，个性化数据越来越受到关注和重视。

(三)提供委托方管理决策所需的信息

调查工作一个非常明显的特征就是针对性。无论项目来源是怎样的，在问卷设计和问题研究上，都要体现一定的针对性。尤其对于调查项目是经过各种方式获得的委托项目，调查者更是需要全面考虑设计的问卷是否能够满足委托方的管理和决策需求。方向上，调查者需要考虑问卷所设计的问题是否符合委托方所关注的问题的方向；细节方面，调查者要确保问卷中的所有问题都是围绕着问题研究而设定的。

(四)将研究目标转化为具体的问题

无论调查是要解决理论问题还是现实问题，无论目标是具体的还是抽象的，大多会以理论的形式表述出来。这种抽象的理论同可以测量的具体问题之间有很大的距离，这时就需要实施概念的操作化，也就是要将抽象的理论通过操作转化为可以测量的具体问题(图 8-1)，这方面最常见的例子是智商的测量。

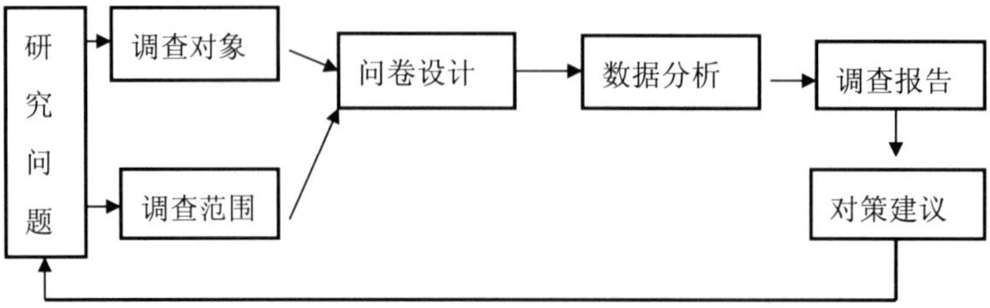

图 8-1 问卷在调查中的作用示意图

二、问卷的类型

按照不同的标准，可以将问卷划分为不同的类型。按照问题答案的形式，可以分为封闭式（结构式）问卷、半开放式（半结构式）问卷和开放式问卷；按照填答者的类型，可以分为自填问卷和访问问卷；按照问卷的用途，可以分为甄别问卷、调查问卷、回访问卷（复核问卷）。

（一）封闭式（结构式）问卷、半开放式（半结构式）问卷和开放式问卷

封闭式问卷也称结构式问卷，其问题以标准化的形式出现，即每个问题都提供了备选答案，供填答者选择；在结构上也较统一、完整，每个问题围绕研究主题展开，问题与问题间的编排也遵循一定的逻辑顺序，问题的设置有明显的主次之分。

封闭式问卷的问题形式如下：

1. 您最喜欢以下哪个矿泉水品牌？

a. 乐百氏　b. 娃哈哈　c. 农夫山泉　d. 景田　e. 恒大

f. 百岁山　g. 昆仑山　h. 其他

2. 下列洗发水的品牌有哪几个是您知道的？（多选）

a. 云南白药　b. 海飞丝　c. 沙宣　d. 舒蕾　e. 资生堂

f. 施华蔻　g. 欧莱雅　h. 力士　i. 拉芳　j. 其他

开放式问卷通常由研究者提前设计好问题，但是并没有供选择的标准答案，需要填答者根据自己的情况自行回答、填写。这种问卷既适合初步了解一些情况，也适合对一些问题展开深度研究。

例如：

1. 您喜欢这则广告的理由是________。

2. 请您谈谈对某品牌的印象和看法________。

半开放式(半结构式)问卷中既有封闭式问题又有开放式问题，既有标准化的答案设置又有开放式的问题设置。在结构上，半开放式问卷显得更加灵活，在资料搜集上也更方便。

(二)自填问卷和访问问卷

按照调查问卷由谁来填写，可以把问卷分为自填问卷和访问问卷。自填问卷是由调查对象填写的，可以通过入户或者邮寄等传统方式发放问卷；网络环境下可以上传问卷到专业的调查网站，也可以通过电子邮件、QQ群发、微信群转发等渠道让调查对象完成调查问卷。访问问卷则由调查者填写，一般由调查者向调查对象按照顺序提出问题，调查对象回答，调查者负责填写。

(三)甄别问卷、调查问卷和回访问卷(复核问卷)

有时候，为了辨别所搜集的资料的真伪、调查者的适用性和真实性等，也会设计一些其他用途的问卷，如用于确定调查所得信息是否真实的回访问卷，该类问卷主要用于复核员复核调查员的调查工作是否有效。甄别问卷则主要用于甄别合适的调查对象。有的时候，这几类问卷会单独设计；有的时候，会在一张问卷中设计具有不同功能的问题。

随着网络调查和各种新媒体的兴起，通过问卷展开的调查不再仅限于实地调查，以互联网为基础的各种媒体的应用，也是问卷搜集资料的常用方式。在互联网时代，甄别问卷和回访问卷也以更加简洁的方式呈现，这两种问卷往往与调查问卷揉在一起，更方便调查对象作答。但是对于调查者而言，甄别问卷和回访问卷在互联网上的弱化，带来了数据真假和调查对象适合与否的困惑。大数据时代，虽然数据来源已经不再是问题，但数据泛滥带来的虚假数据和无效回答，也是让研究者头疼的事情。

第三节 问卷的结构和内容

无论是通过网络途径发放的还是实地发放的问卷，其基本结构都包括标题、填写说明和致谢语、问题和答案、填写结束致谢语四个部分。对于一般问卷而言，前三个部分是问卷设计不可缺少的，结束致谢部分并不是在所有问卷里都会出现，它的作用只是为了确认问卷问题已填写完整，以及向调查对象再次致谢。因此我们在讨论问卷的结构和内容时，主要以前三个部分为主。

一、标题

问卷的标题部分，主要对要调查的主题和内容有所交代，其作用是让调查对象对调查需要触及的内容和信息有所了解。例如，我们常见的大多是“关于×××的调查”这样的问卷的标题。对于大型调查而言，有的问卷标题还会交代调查区域，如“对北京地区关于×××的调查”。如果是持续的季度性调查，标题里面还会体现具体时间。标题的信息要根据研究需要具体设置，但是总体来说，问卷的标题要简洁易懂，具有一定的概括性。

二、说明和致谢语

这部分主要的用途有两个：一个是交代本次调研的目的、意义，另一个是就如何填写问卷进行详细说明。关于调研的目的和意义，虽然根据不同的研究主题和研究范围会有比较广泛的含义，但是无论是商业调研还是研究性调研，大多数研究者更强调调研的社会意义，淡化调研对研究者的实际回报。这样做，主要是为了更容易获得调查对象的支持和合作，虽然这种做法在一定程度上有掩饰的倾向，但是为了调查工作的顺利开展，也只能如此。

无论是开放式问卷，还是封闭式问卷，都需要统一交代问卷填写规范。如对于常见的封闭式问卷，由于问题和答案已经准备好，需要调查对象选择适合自己情况的答案，并将选择反映在问卷上。为了避免在后续数据整理过程中出现不必要的麻烦，问卷通常需要统一规定用什么样的符号来标注调查对象所选择的答案。

常见的问卷指导语示例如下：

【案例 1】

尊敬的先生/女士：

您好！

我们是北京××大学的学生，正针对目前的网络购物情况展开调查，我们的调查主要是为了更好地提升网络购物的服务质量，希望能够得到您的帮助。调查对象的选择是随机的，回答过程和数据发布也是匿名的，不会给您带来任何麻烦，我们衷心感谢您的配合！请根据您的实际情况，在符合您情况的备选答案边打上对号(√)。

为感谢您的合作，我们为您准备了一份精美的小礼物，希望您笑纳。再次感谢您对我们调查工作的配合！

北京××大学广告系

××年××月

【案例 2】

致被调查者

非常感谢您愿意配合我们完成这份调查问卷，这个调查是在全国范围内针对消费者生活方式和消费方式而展开的，其目的主要是通过了解消费者的生活方式和消费方式，为企业服务质量的提升提供依据。

该问卷分为四部分，因为涉及的问题比较烦琐，一开始可能会比较麻烦。但随着问题的展开，您会很快适应问卷的填写，如果您觉得问卷中某一问题的所有答案都不是特别符合您的实际情况，您可以选择最接近您事实和态度的答案，在您选择的每个答案后打上对号(√)。对于开放式问题，请您按照实际情况，简短作答。

为表示对您合作的谢意，我们准备了精美的礼品(现金若干元)，请您笑纳。

消费者研究课题组

××年××月

尽管上述两个案例中的问卷指导语在表述上有所不同，但基本功能是一样的，都发挥了指导填答和致谢这两个作用。在实地调查中，问卷指导语的写作可以灵活掌握，满足基本需求即可。

三、问题和答案

这部分是整个问卷的主体部分，我们要研究的主题都通过操作化的过程反映在了具体的问题中。问卷中的问题，大致包括事实类问题、行为类问题和态度类问题三大类。事实类问题要求调查对象回答有关事实，包括个人性别、年龄、民族、文化程度、工作性质等。事实类问题除了采集个人基本信息之外，有时候还会涉及调查者的一些敏感信息，如个人社会地位、政治声誉、私生活等方面的情况。行为类问题主要用于对调查对象特定具体行动的了解，可以细分为了解两类行为：一种是习惯性行为，另一种是随机性行为。习惯性行为指调查对象通过较长时间比较和选择从而固定下来的行为，如消费者的购物行为，其选择往往受习惯影响。随机性行为则更多了解调查对象的一次性或者偶然性的行动，比如一些新产品的营销刺激了他尝试购买的偶发行为。态度类问题指调查对象在某个问题上确有看法或者态度，用于继续就其另一些看法或态度做进一步的了解。

如果您曾消费过某公司的产品，请您回答下列问题；如果没有消费过，请跳至第17题。

对于态度的调查，有时候也可以通过设置一些假定情况的方式来进行，如：

假如您打算买汽车，您会通过何种途径了解相关信息？

a. 广播　　b. 朋友　　c. 网站　　d. 报刊　　e. 其他

对于态度的测量，仅仅通过一些假定性问题展开调查是不够的，一些事情没有出现在自己身边的时候，人的态度有的时候是模糊甚至相反的。这时为了更加深入地测量调查对象对一些问题的潜在态度，调查者往往会借鉴心理学中的测量技术，设置一些投射性问题，让调查对象完成某种作业，比如：字词联想、完成句子、编故事等，通过他们的回答，分析答案中隐含的态度或动机。

例一　请将由下列词组联想到的事物写下来。

贝壳________

巧克力________

果汁________

例二　请完成下列句子。

当我疲倦时，________

我吃口香糖________

…………

问卷中问题答案的设置基本上需要满足两个原则，一个是完备性，另一个是互斥性。完备性要求我们为每个问题设置的备选答案要能够涵盖所有的可能性，排除或者尽量避免让调查对象无答案可选的情况；互斥性则要求每个备选答案之间不能有兼容或互相包含的情况。

第四节　问卷设计的原则与程序

一、问卷设计的原则

问卷的设计必须遵照实用性原则。问卷作为一种搜集资料的有效工具，关系着后续的数据分析及结果应用的效果，因此问卷的设计务必保证对所需信息能够进行有效的搜集。具体来讲，问卷设计可以参考保罗·海格提出的 10 条原则：

(1)思考调查的目标；(2)思考怎样完成访问；(3)样板文件(boiler plate)信息和说明；(4)思考设计的合理性：空白的多少、字体大小等；(5)考虑被访者；(6)思考问题的次序；(7)思考问题的类型；(8)思考问题可能的答案；(9)思考怎样处理资料；(10)思考对访问人的指导。

综合起来，设计问卷时，不仅要考虑调研内容、调研目标、调研对象的基本特征，还要考虑问卷的呈现形式。尤其是当下，以互联网为基础的调研网站和调研平台越来越丰富，设计者要考虑问卷的最终呈现怎样让调查对象感觉填写便利和舒服也很重要，如果能够增加问卷的趣味性，就更容易让调查对象愿意配合调查者的工作。

二、问卷设计的流程

尽管问卷的设计工作在细节上有一些灵活性，但是一份好的问卷依然离不开缜密的准备工作以及编制后的调整。这个设计工作的流程可以用图 8-2 来表示。

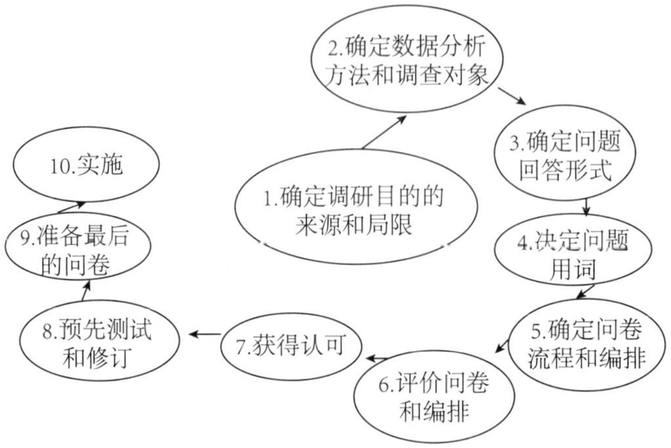

图 8-2 问卷设计流程图

(一)设计问卷前的探索性分析研究

这一阶段的任务是通过各种方式确定调研的主题、目的、内容,同时大致了解项目来源。如果是通过市场化手段获得的调研项目,还需要详细了解所调查的产品、品牌的特征,如此才有可能完成调查问卷的设计。具体来讲,这一阶段的工作可以归纳为以下几点:

(1)了解要调研的主题及设计主题的主要信息;(2)明确问卷针对的调查对象,依其能力设定问题;(3)了解问卷在搜集资料的过程中的各种不利因素;(4)对抽象的研究问题如何实现可操作化要有充分的讨论。

(二)确定数据搜集方法

利用问卷搜集数据和信息,可以通过人员访问、电话调查、邮寄调查、网络调查等方式进行。不同的调查方式需要设计不同的问卷形式和格式,包括问题的编排顺序等都需要适当调整。对于通过人员入户访问搜集的调查问卷,可以设置一些有深度的问题,而网络调查的方式可能更适合设置简短、简单的问题。

(三)确定问题回答形式

问卷中问题的回答形式,既与调查工作后期的数据处理方式和工具有关,也与调查对象的情况有关。需要统一化处理的数据,封闭式问卷更能满足其要求。对于文化程度不太高的调查对象,封闭式问卷更能减少其理解和填答时可能遇到的障碍。但是,对于一些需要深度访问才能获得的资料,采用开放式问卷更加适合,同时后期的数据处理可能更需要个性化的解决方案。有的时候,为了更好地了解调查对象的某种态度,心理学中的量表应答式问题(三级、五级、七级)也会在问卷中出现。如:

> 您今天的心情____________
>
> A. 好　　　　B. 一般　　　　C. 不好

(四)决定问题用语

针对不同的调查对象,在设计问卷问题时需要使用不同的语言。通俗性是问卷设计的一贯要求,尽管一些专业性很强的问卷必须使用专业语言,也应尽量让调查对象比较简单地知晓其意。另外,对于一些敏感问题,需要选择刺激性相对较弱的用语。具体来讲,问卷用语需要做到:

1. 用语必须清楚

问卷中的所用词语不能模棱两可,必须准确明白,不能有歧义。

2. 避免诱导性的用语

除非要有意识地测量调查对象的品牌忠诚度等问题,一般情况下,调查问卷中尽量不要出现诱导性的用语。这样要求的原因有二:一是调查工作本来不太容易得到调查对象的积极配合,有了这样有倾向性的用语,调查对象很容易顺势敷衍了事;二是有的调查对象自身对一些问题的态度并不是很明确,本来需要认真思考才能回答的问题,有了这样的诱导性用语,他可能会暂时同意某种说法,但实际上掩盖了其真实的想法。如:

> 调查显示,66%的人都愿意用××公司产品,您是否也愿意使用该公司的产品呢?

3. 考虑应答者的知识水平

无论是用于留置填答、网上填答、邮寄还是访问填答的问卷,问卷的设计必须考虑调查对象的文化水平。在使用语言、专业词汇等方面，尤其要考虑怎样的表述才能让调查对象更容易明白要回答的问题的含义。

4.考虑到应答者回答问题的意愿

在设计需要调查的问题时，最理想的当然是调查对象能对调查者感兴趣的问题和问卷所涉及的问题都有所回应。但是，调查对象是有思维的，不同于实验室中的实验对象，对涉及隐私或者不想回答的问题，调查对象可以通过各种方式拒绝，即使表面上给出了答案，但是那样的答案大多数情况下都是假的。这时，调查者就得考虑哪些问题是可能涉及别人隐私的、哪些问题是可能会遭到别人抵触的，面对不同的情况，调查者要灵活处理。如对隐私性问题，可以采用比较委婉的假设性问题来获取调查对象的态度；对于涉及其财产、收益等问题，可以设计比较间接的问题，如通过测量调查对象某些方面的消费情况来获得有用的信息。

(五)确定问卷的编排

围绕研究主题，调查者会通过讨论、冥想等方式设计出一系列问题，这么多的问题怎样排列，既涉及逻辑性问题，也涉及技巧性问题。逻辑性问题的实质是让问卷问题的编排符合人的一般思维逻辑要求，为此要遵循由易到难、由简单到烦琐的顺序。技巧性问题则涉及对于一些特殊性和敏感性问题的编排。技巧性问题是在整体符合逻辑性规律的基础上，灵活处理易被调查对象拒绝或者涉及其敏感信息的问题。

通常的做法是，在一份问卷中，对于各种题目，最好是依据其所属类别分别集中排列，以便回答者集中思考问题，避免其产生思维混乱的感觉。除此之外，对于一些具有特殊功能的问题，要把它们放在合适的位置。

1.过滤性问题

过滤性问题是在搜集某方面信息时最早提出的问题，其作用一是用于选择符合调研条件的被访者，二是针对调查对象的某些方面做出是否有此态度或者行为的筛查。如：

(1)请问您的职业是(　　)，如果不符合我们想要调查的职业群体，则直接放弃。

(2)请问最近一个月您是否购买过某个品牌的产品？如没有请直接跳到别的问题作答。

2. 热身问题

热身问题一般放在调查对象是否满足选取的调查对象的条件性过滤问题之后，通常较简单，基本上不需要思考就能回答出来，主要是一些简单的事实性问题，在搜集资料的同时，还能让调查对象由最初的紧张和不安逐渐过渡到平静，慢慢融进整个调查过程。如：

(1)您最近一周去过超市吗？

(2)您最近一个月去过电影院吗？

3. 过渡性问题

这类问题主要放在热身性问题和较复杂的问题中间，起过渡作用，一般放在主要问题前，用于变换提问方式，将调查对象引入正题。

4. 较复杂或较难回答的问题

这类问题一般位于问卷中间部分或接近结尾部分，此时调查对象已经同意接受调研，所剩问题不多。通常情况下，开放式的问题或涉及敏感内容的问题也要放在问卷靠后的部分。

5. 分类和个人统计

对于涉及个人信息的问题的位置，在我们所接触的问卷中，放在最前面和最后面的都有，并没有严格的要求。放在最前面的，考虑的是需要填答的个人信息都是匿名并且简单的，问题靠前不会让人有排斥心理；问题放在最后的，主要考虑的是个人的信息涉及隐私问题，放在后面更容易让调查对象接受，他们在回答了若干问题后，慢慢进入状态，整个人也放松了，这时候再问一些个人的信息，调查对象更愿意回答。这两种考虑都有道理。通常的做法是，如果问题只涉及个人简单的、不会带来任何不便的信息，放前或放后均可；如果需要搜集的是调查对象比较多且稍微有些敏感的信息，建议放在问卷后面，这样能够避免一上来就因索要调查对象的个人信息而导致整个调查工作中断。无论问题放在问卷的前或后，调查者都需要注意运用灵活的提问方式，并且一定要遵循匿名原则。

(六)评估问卷草稿

问卷设计出来之后，还不能直接应用，通常会通过讨论会的方式，由课题组或者相关专家来评估问卷与主题的匹配度、问题的设置方式及逻辑性等问题。通常情况下，对问卷草稿的评估主要从以下几方面展开：

1. 问题是否必要

问卷中的问题一定要跟调查主题密切相关，不能拖泥带水、东拉西扯，问卷的整体性要通过问题的缜密筛选体现出来。问卷要具有表面效度，即能显示出和一个重要主题有关。

2. 问卷是否太长

虽然针对不同的调查主题，问卷的设计有长有短，但是，在实际的调查当中，考虑到调查对象的耐心、兴趣和时间分配等问题，无论是实地调查还是网络调查，过多地占用调查对象的时间，都容易引起其反感甚至是拒绝，因此，对于问卷的长度必须加以控制。

只有两种情况例外，一种是通过支付足够多的酬金，调查者与调查对象就调查工作达成一致的有偿调查，如固定样本的连续性调查。因为调查工作本身能够给调查对象带来比较合适的收益，他们会接受较长的问卷。除此之外，通过前期接触，调查对象对调查主题产生了兴趣，或者表现出了愿意提供自己意见和看法的积极态度，这时，问卷可以适度详细些。如果是网络上的调查，则需要考虑怎样激发调查对象的好奇心和兴趣。在市场经济背景下，通过极小的付出得到丰富的调查信息的想法显然不太现实。一般情况下，问卷填答的时间以不超过 30 分钟为宜。

3. 问卷是否囊括了调研所需信息

从抽象的理论到具体的问题和指标体系的操作化过程，会存在漏掉部分信息的可能性，完全贴合抽象理论的操作化结果很难实现。因此，我们在讨论问卷草稿的设计时，就需要考虑问卷中的问题是否能够完全体现出要研究的问题的内涵和外延。

4. 邮寄及自填问卷的外观设计

网络时代，虽然信件的邮寄已经离我们渐行渐远，但是，我们的信箱里时不时地会有一些“意外收获”。这些“意外收获”往往是各个广告产品宣传者和营销者给我们发来的各种文件，这其中包括需要我们配合展开调查的自填问卷。怎样设计自填问卷才能不被接收者当成垃圾处理掉？设计精美、独特，纸张有质感等是被广泛提及的。事实上，即使问卷设计得和一些直投广告一样漂亮，恐怕也难逃被当成垃圾扔掉的“厄运”。在受众有充分的权利对各种商业行为说“不”的情况下，无论是邮寄问卷还是留置自填问卷的设计者，均应改变一下立场，不能仅从自身的需求入手设计问卷，而应该站在双赢的角度来考虑问卷甚至是问题的设计。可以考虑的设计立场包括：一是问卷应体现出对消费者的尊重，包括问题的设计、用语和措辞的选择等；二是要考虑填答问卷对消费者有什么用处和好处。至于问卷在设计的色彩、纸张、形式上要具备精美、有设计感等特征，恐怕更多是一种基本要求了。

5. 开放式问题是否留够空间

对于开放式问题，我们在设计问卷时需要注意的细节是，是否为调查对象留出了足够的填答空间，尤其是实地调查中需要纸笔填写的问卷，过少的纸面空间会影响调查对象的填答热情。

6. 问题说明是否用了显眼的字体

对于一些问题的说明，尤其是一些容易引起歧义的问题，需要以比较鲜明的方式予以解释，反映在纸质问卷和数字化问卷上，则需要对让人难以理解或可能有多重理解的问题予以统一解释。

7. 封闭式问题的答案是否满足要求

封闭式问题的答案设计要满足完备性和互斥性，在讨论问卷草稿时，需要思考并讨论每一个问题的答案是否都满足了问卷设计的基本要求和条件。

（七）进行试调查并在此基础上修订问卷

对问卷的草稿通过小组讨论、头脑风暴法等方式完成调整之后，调查者还需要对问卷初稿进行小样本试调查和专家评定。试调查通常会在小范围内找一些调查对象填答问卷，在填答的过程中，调查者会对填答者对问卷中问题设置、答案设计及其他方面的意见和建议进行汇总，并在此基础上调整和修改问卷。试调查是修订问卷初稿非常有效的方法。很多时候，不经过实际调查，很难发现问题所在，只有实际调查才能检验问卷的质量。专家评定则主要指通过邀请业内资深专家对问卷提出整体性的意见和建议。

（八）定稿并实施正式调查

按照上述流程制订并修改好问卷之后，问卷终稿就确定了，之后就可以结合实际的调查方法展开调查工作了。在调查过程中，调查者也会发现问卷设计中存在的一些问题，可以将这些问题进行总结，为日后类似的调查积累经验。

第五节 问卷的适用范围及优缺点

一、问卷的适用范围

通过问卷来搜集研究需要的信息，既便于资料的统一搜集和整理，也便于后期的数据分析，尤其是在应对一些统计软件的需要时，更容易建立数据库，也更容易应用各种合适的软件展开具体而详细的研究和探索。可以说，问卷的适用范围非常广泛，访问法、实地调查的留置问卷法、邮寄法、网上调查等都可以借助问卷来搜集资料。不同的调查方法对问卷内容和形式的要求也不尽相同。

(一)访问法

访问法是由访问员根据调查对象的口头回答来填写问卷或者访问大纲的调查形式。在访问法中，问卷一般由调查员填写，受到过统一培训的调查员能够按照培训要求，正确地填写问卷要搜集的信息，避免了因调查对象的个体差异而造成填写错误。

(二)实地的或网络的抽样调查法

无论是随机抽样的调查法，还是主观抽样的配额抽样调查法，问卷都是辅助它们展开调查工作的必备工具。这类调查一般都会在比较大的区域范围内展开，或者会持续比较久的时间，这样众多的数据处理要求有统一的搜集数据的方式，问卷的使用能够满足这种统一化的要求。不过，由于问卷的设计针对的是大部分调查对象，因此必然会牺牲掉个性化，有时甚至会有简单化的风险。在实际调查中，调查者需要结合具体情境，灵活使用标准化倾向的问卷。

(三)适用于精确的数量问题的调查

当调查涉及比较多的精确的数据或者区间数据的时候，问卷的使用可以很好地解决精确性问题。数据方面的信息比较烦琐，一旦出错，比较难发现，而一旦错误的数据支撑了调查涉及的问题，就会出现不该出现的错误。把数据统一反映在问卷中，可以令无论是调查对象还是调查者和研究者，都能够以更精准的方式回答或者解读问题。

(四)对结果主要进行定量分析的调查

SPSS(Statistical Package for the Social Science,社会科学统计软件包)、SAS(Statistical Analysis System,统计分析系统)等是目前常用的社会科学统计软件。它们能为数据分析提供强大的计算功能。但是由于其自身计算方法的使用离不开使用者根据变量类型等条件对其进行选择性操作,因此,反映在问卷上,它们所设计的问题的变量类型要满足前期对统计软件的选择,并需要做大量的定量分析的研究,问卷的问题也更多要求以可计算的数值型变量作为支撑。

二、调查问卷的优缺点

(一)优点

1.不受时空限制

无论是以互联网为平台开展的各种在线调查,还是亲自去调查地区开展的实地调查,对要调查的问题都以统一设计好的问卷为依托,不会因线上或线下调查方式的不同,或时间维度和空间维度的变化而发生问卷问题内容的变化,这就为问卷问题的统一性提供了可能。

2.节省费用、时间等

尽管制订问卷的过程略显烦琐,有的时候还会因为操作化水平影响资料搜集的准确性,但是一旦问卷制订完成,就为后面的标准化操作和统一化处理提供了可能,为后续工作提供了便利,也节省了标准化数据处理可能造成的巨大花费。

3.匿名性

尽管众多调查为了保护调查对象都会采用匿名调查的方式,但是在问卷处理的过程中,匿名却是过程本身和数据库标准化的产物。因为对于标准化和统一的数据库而言,一份问卷仅仅是一个提供数据的个案而已。在数据化的处理过程中,调查对象早就成了一个个符号,他们的个人信息汇聚成众多的数据海洋,其个性化特征已经被数据洪流淹没。但是在其他搜集资料的过程中,对于调查对象的个人信息还是存在着比较大的依赖性的,如典型性调查、重点访问等,离开了调查对象的个性特征,有的东西很难得到有效表述。因此,从这个角度来看,通过问卷调查搜集资料,更能体现调查的匿名性，从而保护调查对象。

依托于互联网技术的调查，匿名性会得到更好的体现。一个人面对一个屏，在不谋面的情况下，可以任意表达自己的主张和态度，不用担心他人的窥视，也不用担心在场者的泄密。但是，随着网络实名制的逐步落实，这种匿名化可能会是一种假象，即使并非如此，通过各种技术在线锁定一个人，也不是太难的事情。从这个角度讲，网络上的数据搜集给了调查对象一个匿名的假象，在这种假象下，他可以任意表达真实或者虚假的主张，因此，面对问卷，他依然会有说假话的可能性。

4. 可以避免干扰，减小误差

标准化和统一化处理的问卷，既可以避免因调查员存在个体差异给调查资料的搜集带来的影响，也可以尽量减少调查对象的个体差异给调查带来的各种理解偏差或者操作不当，能够尽量让调查对象围绕着调查主题展开自己的思考，避免了其他资料搜集方式可能产生的影响，如在场人员有意或者无意的提示、其他人的代替回答，甚至是外界环境的干扰等。当调查对象在网络平台上接受调查时，尽管没调查员在身边，但这对其没有太大的影响，他是否愿意按照自己的真实想法填答问卷，与他对本次调查的兴趣和收益有关。相对于其他线上搜集调查对象信息的方式，如 QQ、微信群聊天等，问卷的使用更能避免调查对象受到干扰。在聊天群里，或者在线一对一聊天时，都是以文字或者可以转化为文字的语音方式进行的，出于自我保护的考虑，调查对象不能不考虑留下“证据”的后果。

5. 易于整理和分析研究

问卷的标准化和统一性是大型调查后期数据处理的基础，无论选择什么样的分析工具和分析方法，标准化的数据和数据库都是必需的，即使大数据也依赖数据的标准化处理。建立了标准化数据库后，才更容易对数据进行各类分析，才能在众多的可能性中探索现象之间的联系。

(二)不足

1. 回收率较低

无论哪种方式的调查，有效问卷的回收率比较低是基本事实。即使网络技术快速发展，我们已经可以借助网络平台展开调查，能够回收的问卷也非常有限。这个问题与问卷本身没有太大关系，主要跟调查的特点有关。尤其是缺少权威性的市场化调查，在不能提供足够丰厚的回报的情况下，让调查对象积极配合调查工作，恐怕很难成功，更别说有的调查内容还会涉及别人的隐私，即便只是搜集一些公开信息，也会耽误调查对象的时间。在时间就是机会的当下，有多少人愿意为了一份问卷而浪费自己做其他事情的机会呢？怎样解决这个问题？还是要从前面提到的两个方面入手：一个是给予调查对象足够的报酬，另一个是引起调查对象足够的好奇、兴趣，让其主动参与。有的调查公司通过虚假承诺回报或提供貌似丰厚，实则获得的可能性寥寥的回报的方式，试图吸引别人配合调查，在借助网络平台开展调查时尤其如此。一次两次可能还会有人“上当”，但更多的人会理性地看待这种够不着的奖赏。

2. 效率较低

尽管调查者通过各种努力搜集到了看起来数量可观的问卷，但是这些问卷可能存在各种问题，如虚假回答、任意回答、漏题漏选、单选变多选等，导致不少问卷没法使用。为了让调查的数据看起来规模庞大，更容易让别人信服，这些无效的问卷有时候会被有条件地使用，这样就会使一些看上去合理的建议充满不确定性。

3. 调查对象文化因素的限制

这个问题主要是针对由调查对象填答的问卷而言的。无论是网络调查，还是实地调查或者邮寄调查，虽然问卷已经经过标准化的处理，但是由调查对象填写的问卷总是会受到他们个性化的影响，其中文化因素是很重要的一个方面，不同的教育程度、学科背景、人生阅历等，都会影响调查对象对问题的理解。

4. 所获资料的可靠性

这个问题并不是利用问卷搜集信息这种方法独有的不足，深度访谈、口述历史等搜集信息的方法也存在这个问题，只不过因为问卷的资料分析涉及很多琐碎的问题和答案，这种甄别会显得更有必要。

附录：调查问卷案例

1. 您的性别[单选题][必答题]

○男　○女

2. 您的年龄段[单选题][必答题]

○18岁以下　○18—30岁　○31—50岁　○50岁以上

3. 提到花露水时，您会想到那些品牌(可多选)［多选题］［必答题］

□××花露水

□隆力奇花露水

□百雀羚花露水

□龙虎花露水

□宝宝金水

□施美蚊不叮

□其他：________________

4. 您觉得××花露水品种丰富吗［单选题］［必答题］

○品种多，样式新颖

○一般，觉得还好

○品种少，包装单一

○不清楚

5. 您通常在什么情况下使用花露水(可多选)［多选题］［必答题］

□被蚊虫叮咬后

□洗澡后

□睡觉前

□出门前

□其他：________________

6. 您在使用花露水时会更注重哪些方面，请根据重要性进行评分［矩阵量表题］［必答题］

	5	4	3	2	1
性能	○	○	○	○	○
香味	○	○	○	○	○
品牌	○	○	○	○	○
价格	○	○	○	○	○
净含量	○	○	○	○	○
成分	○	○	○	○	○
包装	○	○	○	○	○
口碑	○	○	○	○	○

是否有刺激	○	○	○	○	○
是否方便携带	○	○	○	○	○

7. 您对新上市的花露水品牌的顾虑是［单选题］［必答题］

○怕效果不好

○产品效果或产品质量

○产品功能被夸大

○厂家名气不大，对厂家不了解

○价格偏高

8. 您注重花露水产品的什么功效（多选）［多选题］［必答题］

□祛痱止痒

□提神醒脑

□防蚊虫叮咬

□除菌消毒

□祛痘保湿

□其他

9. 您会更换使用的花露水品牌吗［单选题］［必答题］

○几乎不

○经常

○偶尔

10. 您是否曾经或正在使用××花露水［单选题］［必答题］

○是

○否

11. 您觉得××花露水怎么样［单选题］［必答题］

○很满意

○不满意

○无感

12. 以下××花露水产品中，您比较喜欢哪款（可多选）［多选题］［必答题］

□××花露水（传统绿色玻璃瓶）

□××花露水冰芬香型（浅绿玻璃瓶）

□喷雾止痒花露水（黄色塑料喷瓶）

□驱蚊花露水冰莲香型(浅绿塑料喷瓶)

□××劲凉提神花露水

□××阳光宝宝驱蚊花露水

13.关于××花露水的价格,您觉得[单选题][必答题]

○比较昂贵,难以接受

○一般,价格合理

○物超所值

○不清楚

14.您觉得花露水广告对您的影响大吗[单选题][必答题]

○一般

○比较大

○没有什么影响

○很大

15.什么类型的宣传您觉得最有效[多选题][必答题]

□广告

□促销

□明星代言

□公益慈善事业

□朋友的介绍

□其他

16.对于××花露水的包装,您更喜欢哪一种[单选题][必答题]

○经典玻璃装

○喷雾装

○随身携带装

17.您购买××花露水是否方便[单选题][必答题]

○方便,随处可买

○一般,需要到大型超市购买

○困难,很难买到

18.使用××花露水时，您知道以下几个生活方面的小提示吗［多选题］［必答题］

□往清水中滴入少许本品，有清洁和清凉的作用

□在浸泡毛巾衣物时，滴入少许本品，有清洁和清香的作用

□将本品按 40∶1 的比例稀释，喷洒在空气中，有清新空气的作用

□婴儿应稀释 5 倍后使用

□以上都不知道

19.使用××花露水时，您会担心吗？如果担心，您担心些什么［单选题］［必答题］

○完全不担心

○有点担心

○很担心

以上为问卷全部内容！

案例问卷简单点评：

问卷设计整体比较细致，问题的设计及备选答案项的设计也基本涵盖了各种可能性答案，但是存在几个问题：一个是没有设计甄选问题，如果有的人根本不用花露水怎么办；另一个是花露水的替代品越来越多，尤其是在出国旅游热方兴未艾的当下，不少人会购买来自国外的用于驱蚊止痒的产品，他们会将国外相关产品跟国内的花露水进行价格和效果上的对比。但是在问题设置上，该问卷只考虑了国内产品，没有考虑具有同样疗效的国外产品。再一个问题是，这样的问卷设计最后得出的结论更多地止于问题的表面，缺乏对问题的深入分析。可以设计深度访谈问卷予以辅助调查，否则调查结果容易流于表面。

第九章 定性研究与定量研究方法

在这个定量研究备受关注的时代，关于定性研究的讨论似乎冷清了许多。这种冷清，并不是表明定性研究不重要，只是延续西方尤其是美国实证研究的传统思路的必然结果。即使是以科学精神著称的西方学术界，也活跃着倾向于定性研究的学者，他们以出色的定性研究为指导，出版了大量专著。

对于定性研究的讨论，我们首先需要从其界定入手，即何为定性研究；在此基础上，我们将就定性研究的特征、具体的方法及各种方法的适用性等问题展开讨论。

第一节 定性研究方法

一、定性研究方法

(一)关于定性研究

我们说的定性研究方法，不仅就其推导过程和结论来讨论该方法的特点，还关注这一研究方法得出结论的依据和整体的逻辑推断。

定性研究是以小样本为基础的、探索性的，通过搜集事物本质的相关信息来回答事物是什么、为什么等问题的方法。它遵循自然主义的探究传统，在自然情境下进行研究，注重社会现象的整体性和相关性，强调对意义的“解释性理解”(interpretive understanding)，其研究是一个演化发展的过程。定性研究适用于不宜使用简单的定量分析法的问题。定性研究有不同的范式指导，不同的研究范式对应着不同的认识论，需要用不同的研究方法。

(二)对定性研究方法的讨论

从对定性研究方法的描述来看,定性研究建立在小样本基础上,因此样本规模的代表性可能会成为推广定性研究结论的障碍。即使是建立在大样本基础上的定量研究,依然会因为样本的偏离而推断出错误的结论,更不用说样本基础规模更小的定性研究了。但是,如果我们在寻找和确立样本的工作上下了功夫,找到的小规模样本具有典型性和代表性,也就突破了小样本的局限性。同时我们也会对定性研究的推断逻辑性提出质疑,局部真的可以代表整体吗?实际上这种质疑并非只针对小样本基础的定性研究,对于定量研究依然适用。我们之所以很少质疑定量研究,是因为其样本规模更大,这其中的潜在逻辑就是只要样本足够多,从部分到整体的推断就没有问题或者问题很少。实际上,这种逻辑是有问题的,统计学已经证明样本的代表性虽然跟样本规模有一定关系,但并不是完全如此,关键要看样本的代表性。

除了样本的代表性之外,定性研究与定量研究相比,更依赖研究者的学识、研究经验和研究敏感,这也是定性研究备受诟病的地方。对于同样的调查资料,不同的研究者会给出不同的研究结论,不像定量研究,只要是同样的数据,用同样的定量研究方法,就能得出基本相同的结论。定量研究的结论更具有可验证性,因而被更多人推广和使用;而定性研究的个体化色彩浓厚,一些结论并不具有可验证性,更多的是研究者研究经验和研究灵感的呈现。正因如此,定性研究的局限性在不少领域被放大了,从而使得这一方法在不少研究中被忽视。

实际上,如果我们需要对问题做深入研究,而不是仅停留在百分比、平均数、相关系数等比较浅显的结论上,定性研究是不可缺少的研究方法,即使是在定量研究的过程中,在通过数据分析得出结论时,定性研究方法的使用同样不可缺少。

随着各种研究方法的适用和研究成果的推广,定性研究方法的重要性已慢慢被人们所认识,它的研究基础可能距离实证性有一些距离,但是,其独特性和独到性正被人们重新审视。

二、实地调查中的定性研究范式

(一)自然主义

对于自然主义,艾尔·巴比在其著作《社会研究方法》中给出如下定义:一种实地研究的方法，其假设存在客观的社会现实，而且这些现实能够被正确地观察和报告。

理解自然主义需要从两个方面着手，一方面是自然主义对于客观社会现实的认识，自然主义者认为客观现实是外在于人的，作为研究者，应该通过观察来报告这一现实；另一方面，观察者应该从被观察对象的角度对其行为、观念等予以展现而非理解和解释。

（二）常人方法学

常人方法学也称俗民方法学，该方法学对自然主义关于社会现实客观存在的论断提出了质疑，认为客观事实并不是外在的，而是被建构出来的。常人方法学的代表人物加芬克尔通过著名的“破坏实验”，利用打破常规来揭示一些日常生活中人们想当然的潜在准则。这一研究范式为揭示人际互动中的潜在规则和模式提供了独到的研究视角。

（三）草根或扎根理论

研究者在研究开始之前一般没有假设，需要从实际观察直接入手，从原始资料中归纳出经验概括。最初的资料会影响对关键变量的观察，但随着搜集的资料增多，研究者会得出更多的变量假设和变量间关系的假设，通过逐渐积累进而上升到系统的理论。这是一种从下往上建立实质理论的方法，即在系统性地搜集资料的基础上寻找反映事物现象与本质的核心概念，然后通过这些概念之间的联系建构相关的社会理论。

（四）个案研究和扩展个案法

个案研究是指对某一个体、某一群体或某一组织，例如家庭、村庄或者一个帮派在较长时间里进行连续调查，从而研究其行为发展变化的全过程，进而寻求对个别案例的独特理解的研究方法，也称案例研究法。个案研究虽然内容丰富细致，但是存在着个别性与普遍性、微观与宏观等方面的问题。曼彻斯特学派首先提出并应用了扩展个案法，扩展个案法追求自田野“扩展”出去，它将反思科学运用于民族志研究，旨在从独特中抽取一般，从微观走向宏观。

（五）制度民族志

制度民族志是一种利用个人经历来揭示个人活动与其中的权力关系和其他制度

特性的方法。这种研究方法把个人微观层次的日常经历与宏观的制度层次联系起来，实地搜集的资料并不是研究者简单的研究主题或者研究兴趣，而是揭示个人背后社会关系的敲门砖。

(六)参与行动研究

通常的研究中，都是研究者对被研究者以及研究的过程程序有一定的主动权，被研究者处于被动的状态，而参与行动研究则强化了被研究者的主动权，反对那种研究者优于被研究者的设定。研究的目的是为了给被研究者更好地出谋划策，以便更好地维护被研究者的利益，在这样的研究中，被研究者积极地寻找自身的问题所在以及期望的结果，研究者借助设计方案来帮助被研究者解决问题。

三、定性研究的过程

定性研究虽然在不同研究者那里有不同的研究过程，但是基本上还是遵循以下顺序：

步骤 1：定义研究问题；

步骤 2：文献综述；

步骤 3：形成假设；

步骤 4：研究设计；

步骤 5：工具设计和抽样；

步骤 6：资料搜集；

步骤 7：资料分析；

步骤 8：结论；

步骤 9：修正假设。

四、研究者对研究的影响

研究者的性别、年龄、文化背景，以及种族、社会地位与受教育程度、个性特点，还有研究者的角色意识、研究者看问题的视角、研究者的个人经历等都会对定性研究产生影响。除此之外，研究者与被研究者之间的关系也会影响定性研究，如研究者是局内人还是局外人，研究者与被研究者的关系是否公开、亲疏关系如何，研究者对研究问题的参与程度等要素也会影响研究的进程和研究的结论。

第二节 定量研究方法

一、定量研究的定义

定量研究是指用数学和统计学的工具对事物进行数量分析的研究方法。这一方法的目的是对事物量的属性进行分析，通过某些数值特征来尝试发现事物之间或者因素之间量的变化规律。

二、定量研究常用的方法

定量研究是建立在大样本基础上的，其研究的指导范式是实证主义。定量研究设计的主要方法有调查法、统计分析法和实验法；调查法包括实地调查法和二手文献调查法。

三、定量研究的意义和价值

任何事物都有质和量两个层面，定性研究只能呈现给我们事物比较模糊的大致模样，而定量研究则以明确的数据告诉我们事物的具体数值特征。这些数据在使用真实资料和正确分析工具与方法的基础上，能够为我们呈现更加精准的认识，以便我们对过去、现在和未来都有一个更加翔实的而不是模棱两可的印象。各种分析工具的开发和使用，也让定量研究发展得更加迅速，使用起来更加便捷。尤其是基于定量研究的各种预测模型的建立，也在定量研究对未来的预测方面发挥了更加积极的作用。

四、定量研究与定性研究的异同

定量研究与定性研究是社会科学领域两种不同的研究范式，在使用过程中互为补充，但是它们也在研究目标、对象及方法上存在着明显的区别。首先，在研究目标上，定量研究重视预测控制，而定性研究重视对意义的理解；其次，在研究对象上，定量研究强调事实的客观实在性，而定性研究强调对象的主观意向性；最后，在研究方法上，定量研究注重经验证实，而定性研究注重解释建构。

第十章　调查资料的预处理

通过各种调查方式搜集来的资料和数据，如果不能很好地处理，只是一堆没有意义的符号。对搜集来的资料的处理，大致可以分为两个过程，一个是预处理过程，另一个是在预处理的基础上进行的深入而全面的资料分析过程。资料的预处理过程首先需要对搜集来的资料按照一定的原则进行筛选，在保证其真实有效的基础上，再按照调查项目的要求，选取那些更有意义和价值的资料与数据，并通过录入计算机形成数据库，为后续的深度分析做准备。

第一节　对资料审核与处理的基本原则

回收上来的各种资料和数据，需要按照一定的原则进行整理和归类。尽管在实施不同的调查项目时，对于回收资料的整理有不同的要求，但是就各个阶段的资料整理而言，需要满足一些基本的原则和要求。

一、审核的基本原则

(一)真实性原则

无论是实地调查，还是通过网络等途径搜集来的数据和资料，首先要核实其真实性。真实的数据和资料是后续详细和深入分析的基本条件，如果后续的分析是建立在虚假和错误的数据资料的基础上的，整个调查工作的声誉以及后续的其他工作都会受到影响。在网络调查及其他新媒体调查不断发展并被广泛应用的当下，怎样审核数据和资料的真实性，已经成了调查工作中比较重要的任务。

在调查过程中贯彻真实性原则需要体现在两个环节上。第一个环节是在搜集资料阶段，调查员无论通过怎样的途径来搜集资料，都应该秉持认真负责的态度，按照调查工作的布置，认真完成自己的任务。如果采取实地调查的方式，调查员就要多看、多听、多问，结合自己的专业素养，辨别调查内容的真伪。如果是通过网络及各种新媒体方式展开的调查，调查员虽然不能够像传统的调查那样，通过接触调查对象，从其态度、表情及细微动作中判断其提供的资料和数据的真实性，但是，可以通过追问、聊天等互动来尽量确定调查对象提供的资料和数据的真实性。第二个环节是在资料回收后的审核阶段。对于调查回收来的资料的审核不能进行集中的批量式处理，而是应该及时展开审核工作。资料审核员要对众多调查员收集来的问卷、访谈记录等进行审核，审核过程中，审核员会依据个人的知识和经验来判断数据及资料的真伪，除此之外，还会通过电话等回访方式来确保资料的真实性。

真实性原则是进行科学研究的基本法则。任何科学性的结论和建议均应建立在真实性的基础上，只有真实的资料和数据，才能够让我们具备还原事件和现象的能力，从而更接近社会事实。

(二)客观性原则

在审核资料和数据的过程中，要有客观的态度和精神。首先，审核员对待资料和数据的审核，要摒弃个人的情感和偏见，比如审核员和某位调查员的关系是否紧张、审核员是否处于特殊情绪状态并且把这种状态带到了工作中等，都会影响审核的结果。

除了审核员的情绪因素之外，审核员对调查所涉及地区的了解程度也会影响资料审核的客观性。比如审核员来自同调查的地方处于不同发展水平的地区，先入为主的经验和对调查地区的不了解就会影响对资料和数据真实性的判断，从而影响审核工作的客观性。

除此之外，审核员的责任心、承受工作压力的能力、忍受不同环境所带来的各种不适应的能力等，也会影响审核工作的客观性。

(三)标准性原则

科学研究中的标准性原则包括三个层次：第一个层次存在于选取样本时；第二个层次存在于搜集资料和访谈的过程中；第三个层次存在于分析数据和资料的过程中。

调查一旦确定了要研究的问题，接下来的工作就是要确定研究问题所涉及的区域和对象。对于区域和对象的选择，需要按照统一的标准。比如研究区域的选择标准要结合研究主题，统一设定调查研究的区域，如按照人口规模、民族分布等；研究对象的选择也是尽量按照统一设定的标准，如年龄、学历、职业等。按照相对统一的原则选择好研究区域和研究对象之后，就可以开始设计问卷、确定访谈大纲等调研工作了。在调研过程中，一方面需要提前对访谈员进行统一培训，令其对问卷中涉及的一些问题有统一、标准的解释；另一方面，访谈员在访谈过程中，要尽量按照工作安排分层次、分步骤、有次序地展开调查工作，不能按照个人好恶跳跃式地展开调查访谈（故意有此安排的除外）。第三个层次的标准性原则主要要求研究者在审核、分析数据和资料时也要按照统一的标准进行，对数据和资料不能为所欲为，应该按照要求，以统一的标准对待。

（四）准确性原则

对搜集来的资料与数据的审核和预处理，需要遵循准确性原则。就审核而言，审核员需要逐个问题地去审核，看看每个问题是否按照要求进行了填答，如果填答不完全或者回答明显不合逻辑，就要及时标注并要求调查员回访解决。在资料预处理阶段，尤其是在把数据录入到电脑里形成数据库的阶段，需要调查员完整无误地把问卷或者访谈的资料录入进去，不能有任何纰漏。

（五）完整性原则

调查员把当天通过实地调查获得的问卷提交上来之后，审核员首先要检查的就是问卷是否完整。这个完整包括两层含义：一个是问卷本身是否完整，有没有调查员在回收或者提交的时候遗漏掉；另一个是回收上来的全部问卷的答案是否完整，有没有出现问题答案空白或者不完整的情况。无论是哪种不完整，如果有条件，均应当尽量让调查员完成补调查工作。

（六）保密原则

虽然保密原则在调查工作中屡次被提及，但是在信息技术如此发达的当下，在这里重申保密原则仍然非常必要。一点点蛛丝马迹，都有可能泄露调查对象的个人信息，审核和数据的预处理环节是对调查对象的信息进行保密的关键环节，市场调查不仅要保守调查对象的秘密，也要保守一些关键数据和资料中的商业、社会秘密。

二、资料整理的基本原则

(一)条理化

资料和数据要想做到条理化,就需要事先考虑怎样整理,以及对有问题的资料及数据怎样记录和处理才能保证资料整理的条理化。整理工作开展之前,我们需要考虑,在整理资料的过程中需要做哪些工作、这些工作的先后顺序、每一个问卷可能存在的问题以及怎样记录这些问题。有了充分的准备,资料的整理才能做到条理化。有的时候,为了在整理资料时更容易发现问题并找到整理过程中的纰漏,通常,可以设计一些表格来帮助我们达到资料整理的条理化目标。

(二)完整性

在整理时应务必保证资料和数据的完整性。就目前来看,资料的整理过程主要可以分为两类:一类是不同电子数据之间的格式转换和数据汇总;另一类是由纸质格式转化为电子数据库。完整性对于传统的数据和资料来说比较简单,只要把回收上来的有效资料和数据完整录入就可以了。但是对于当下的大数据而言,实现完整性则比较困难,只能通过确定大数据的边界来确保其应用于研究的数据的完整性。

(三)及时性

我们一直强调在搜集资料的同时要展开资料的整理工作,只有这样才能保证搜集来的数据和资料中的问题得到及时解决,拖得时间久了,再想解决资料和数据中的问题恐怕就不太容易,尤其是涉及范围较广、调查对象较复杂的综合性调查,及时整理回收来的资料是保证后续分析工作顺利开展的前提和基础。

第二节 接收与核对问卷

解决了怎样审核和整理资料的问题,接下来就是具体的工作了。在传统调查中,接收与核对问卷是传统调查中资料预处理工作的核心。具体而言,工作人员从调查员手里接到调查问卷后,接收与核对问卷工作就开始了。工作人员需要做的工作主要包括问卷的登记与编号、无效问卷的确认和剔除，以及确定是否需要开展补充调查等。

一、问卷的编号与登记

为了便于登记和事后查找，一般需要对问卷按照一定的顺序进行编号和登记。编号的原则和方法要按照调查项目的需要设定。如果是小型的同区域的调查，就可以直接以顺序数字的方式进行编号并登记；如果是跨区域的中大型的调查，在设置编号时需要考虑地区的编码和问卷顺序的编码两方面问题。如果是更加复杂的编码，则应综合更多因素设置编号。编码的规则设定之后，就可以开展具体的编号和登记工作了。

在具体的编号和登记工作中，工作人员需要做的工作主要包括两方面：一方面是设计一定的表格，用于登记交付上来的问卷；另一方面是对从不同地区回收的或不同调查员搜集的问卷及时归类，及时标注和记录存在问题的问卷。

用于登记的表格并没有固定的样式和格式化的登记内容，而是主要按照调查的需要，对需要标注的可能存在的问题进行汇总。尽管每次调查内容不同，目标也不一样，但是用于登记问题问卷的图表还是具有一定的普遍性。对于一般的调查，以下内容的表格（表 9-1）基本够用。

表 9-1　问卷回收登记表

问卷编号	单选变多选	多选变单选	漏答	所有答案均为一个选项	前后回答不一致	不符合实际情况	回答的对象与要求不符	其他（备注）

设计好了类似的表格之后，就可以开展问卷的回收登记工作了，对于审查合格的问卷，直接保存即可；对有问题的问卷，应找出问题所在并把问题登记在登记表上。及时登记之后，如果有能够当时解决的问题，就可以让调查员通过回访等方式弥补初次调查中存在的问题；如果问题比较多，又很难通过回访等方式解决，就只能将其作为问题问卷处理了。

二、问题问卷及其处理

通过实地调查回收上来的问卷总是会存在各种问题，从一般意义上说，存在问题的问卷我们都可以称之为问题问卷。针对不同的问题，对于问题问卷的处理也会有不同的方法。

(一)退回重新填写

如果能够及时发现问卷中存在的问题,并能够得到调查对象的理解和支持,就可以把有问题的问卷退给调查员,让调查员去联系调查对象,重新展开调查。如果是邮寄问卷或者电子邮件式问卷,也可以在征得调查对象同意以后,再次发送问卷让其填写。

(二)按正常问卷处理

如果退回重新调查的条件不成熟,而问卷中缺失的问题又不关键,同时由于样本量和样本代表性等因素,不得不使用这样的问卷,那么调查员在处理时就只能将有缺失的问卷当作正常问卷处理。

1. 问卷填答不符合要求的比例较小时

一份问卷在实际的填答过程中,如果不是由调查员负责填答,而是由调查对象自己填写,总会出现各种各样的问题。如果一份问卷中出现的不符合填答要求的情况较少时,可以把这份问卷视为正常问卷使用。

2. 不符合要求的变量不是关键变量时

虽然问卷中的每一个问题都是调查分析不可缺少的,但是其重要性还是有所区别。跟调查主题密切相关的变量,我们通常称之为关键变量。如调查收入情况时,跟收入有关的变量就属于关键变量;与之关系不是非常密切的就称为普通变量,如职业、文化程度等。这并不是说这些变量不重要,实际上,这些普通变量在后续分析中也非常重要,职业、文化程度等都可能是影响收入的关键变量,但是为了不影响样本的代表性,我们只能有所取舍。

(三)丢弃

如果我们的调查属于大样本甚至超大样本调查,缺少一些样本不会影响样本的代表性,也不会影响数据库分析的客观性,就可以对问题问卷做丢弃处理。通常,丢弃问卷需要有几个前提条件。

1. 不符合要求的问卷比例很小,一般低于10%

当不符合要求的问卷数量较少,它们的缺失不会影响样本的代表性时,无论是在大型调查还是小型调查中，都可以忽视这些问卷，做丢弃处理。在大型调查中，虽然不符合要求的问卷从数量上看可能不少，比如有 100 份甚至1 000份，但是如果调查的样本在10 000人次及以上时，有问题的问卷数量就显得不多了。一般情况下，只要有问题的问卷占整个调查样本容量的比例不超过 10%，就可以将问题问卷做丢弃处理。

2. 不符合要求的调查对象的缺失不会影响样本的代表性

如果填答有问题问卷的调查对象不是总体样本中具有独特性和典型性的一类人，或者换句话说，这些调查对象的缺失，不会影响样本的代表性和典型性，问题问卷就可以做丢弃处理。

3. 问卷中不符合要求的答案占很大比例

如果不符合要求的问卷所占比例比较大，比如填答的答案随意性太强，大多数答案选的都是 A。或者没有按照填答说明填问卷，问卷的个人色彩太浓，偏离了本次调查的主题或者偏离了所能回答的问题的边界，比如调查个人收入等方面的问题时，调查对象的回答大部分是不知道、不清楚，或者是带着情绪指责他人或者社会的，对于这些问卷则可以做丢弃处理。

4. 对关键变量的回答缺失

如果回答缺失的变量非常关键，即使回答了其他问题，这类问卷也往往要做丢弃处理。

三、剔除无效问卷

有的问题问卷的问题比较小，或者问题并不关键，依然可以被采用，这部分问题问卷等同于正常问卷；而有的问题问卷问题比较多且关键变量缺失或者错误，这类问卷不适合被应用于统计分析，被称为无效问卷。

我们在界定无效问卷时要灵活掌握其原则，如果调查的样本容量够大，剔除掉这些问题问卷不会影响样本的代表性，就可以把所有问题问卷视为无效问卷；如果样本量比较小，剔除了问题问卷会明显影响其代表性，我们就需要慎重。但是，也不能为了达到样本量而牺牲真实性，对于一些问题问卷，无论怎样，都是不能采用的，一旦采用，不仅不能保证其代表性，反而会影响调查的真实性和客观性。这类问题比较大的问卷通常有以下几种。

(一)缺少关键变量答案的不完全问卷

调查员搜集来的问卷当中有一部分问题没有作答:有的是一些一般情况描述类的问题,如个人年龄、职业等,也有一些是对一些敏感问题,如收入、支出、财产数额等涉及个人隐私的事实性问题,或者如对一些现象的看法和评价等态度性问题。这类问卷被称作不完全问卷。如果缺失答案的变量对本次调查研究的主题来说非常重要,是关键变量,这类问卷往往被视为无效问卷。对于什么是关键变量,在不同的调查中会有不同的界定,有的可能是一些事实性问题,如收入水平等;也有一些是态度性问题,如对某问题的看法、评价等。

(二)调查对象没有理解问卷内容而错答的,或没有按照指导语的要求填答的

这类问卷又可以分成两种情况:对不应该回答的问题进行了回答的;对问卷中计量单位或其他问题因理解错误而填答错误的。

1. 对不应该回答的问题进行了回答的

在设计问卷时,往往会设计一些条件性的问题,符合条件的才作答,如"您是否用过某种品牌的产品?如果用过,请回答第 11—14 题"这类的问题。有的调查对象并不符合要求,但还是回答了这些问题,这类情况下,其填答的问卷只能作废。

2. 对问卷中计量单位或其他问题因理解错误而填答错误的

这类错误有的可能是由于根本没看填答的指导语,比如指导语上写着"请在您认同的选项上画对号",有的人会无视这样的要求和说明,他会按照自己的偏好,有的画圆圈,有的画"×",还有的会用"."。除了不按照填答指导语要求的符号填答的之外,还有的是看错计量单位,比如"请问您每年的收入是______万元",有的人把万元单位看成了元。这种答案在回收问卷后如果不及时发现并核实,就很难判断其填答是否真实。比如我们曾经有一项在高校的调研,就发现了有的职称低的年轻调查对象填写的年收入要远远高于那些高职称和高年纪的老师,经我们及时核实后,才发现是年轻教师没有看清计量单位所致。但是如果没有及时核实的话,我们就很难判断他的回答是真实的还是有问题的,因为现在年轻人收入高也不是不可能的,比如富二代、炒股高手、资产投资高手等,都可能有不菲的收入。对于有这类问题的问卷,如果能及时核实修正,是可以继续使用的,如果在核实中没有发现这类问题,等到后期发现时已经很难复

核了。若这类问题恰好是调查研究的关键变量,那么这些问卷只能做丢弃处理。

(三)回答中对问题的答案没有什么变化的

比如在提供了标准答案的结构式问卷中,问卷所有的答案选项都为 A 或者 B,除非是由于问卷设计考虑不周,在答案设置时出现了这类意外,否则这样的选项就充分暴露出调查对象的不配合或者掩饰,这样的答案没有任何意义,既不真实,也不客观,因此只能丢弃这类问卷。

(四)答案前后矛盾或明显错误

在设计问卷的相关章节中,我们提到,为了便于检验回答者回答问题的一致性,我们往往会为一些关键变量设置前后位置不同、提问方式不同,但是可以前后互为验证的问题。如果调查对象对这类问题的回答明显前后矛盾,我们只能认定其填写的问卷是问题问卷。如果这种情况在一份问卷中出现的频率非常高,且都是关键变量,我们也只能将问卷作为无效问卷处理。

(五)数页丢失或无法辨认的缺损问卷

无论是哪种缺损,都会影响我们对问卷的回收和后续分析。一般情况下,缺损的问卷都会被作为无效问卷处理。但是在小范围调查中,为了保证有效样本的规模和代表性,也有将一些缺损不太严重的问卷视为正常问卷来使用的情况。

(六)截止日期后收到的问卷

无论是市场类调查还是社会类调查,对时间的限制都会比较严格。对于市场类调查而言,时间是很关键的分析变量,市场瞬息万变,不同的时间,调查的结果可能完全不同。因此,时间范围的限定是非常必要的,如果超出调查时间,即使收回的问卷再完美,也不能用了。对于社会类调查,虽然有的时候时间对调查对象和调查主题的影响并不太明显,但是为了更加客观和统一地测量,我们还是需要在限定的时间内展开调查工作并回收问卷。同样,对于超过限定时间回收上来的问卷,我们也会将之作为无效问卷来处理。

(七)由不符合要求的人填写的问卷

我们通常会按照调查的统计特征来设定符合条件的调查对象。如果家庭中或者群体中满足条件的人不止一个,有的调查还会通过设计随机抽样表的方式,通过随机抽样,找到那个家庭或者群体中符合条件的调查对象。有的时候,由于调查对象外出、生病或者年老体弱,不适合作为调查对象,这个家庭或者群体中的其他成员便会替代此人完成这项调查。尽管从调查对象的条件来说代替者也是符合要求的,但是他并没有满足我们统一设定的随机抽样的原则,如果把这类问卷也应用于统计分析,会影响调查的标准化原则,将在一定程度上降低调查结果的客观性和准确性。

四、确定是否需要补充调查

收到问题问卷在调查中较为普遍,如果把问题问卷都丢弃的话,可能会影响调查的代表性和客观性。对于一些问题不是很严重的问题问卷,我们可以有选择地使用。但是如果问题问卷涉及的问题非常关键,这种情况下把问题问卷都丢弃,又会影响调查质量,这时,我们就需要考虑展开补充调查了。补充调查既可以针对曾经调查过的对象,通过回访等手段弥补前面调查问卷的瑕疵,也可以选择跟问题问卷的调查对象相似的样本,重新展开调查,以消除前期调查的不足对整个调查工作的影响。是否需要开展补充调查,往往出于以下两方面的考虑:

(1)根据问题问卷在整个问卷回收中所占的比例,如比例很小,则无须补充。这种情况主要针对中小型调查,如果是大型调查,有的时候即使问题问卷所占比例较大,但是只要不影响调查的客观性和代表性,就可以不用补充调查。(2)根据调查所采用的抽样方法。如果是分层配额抽样,若某一层人数与实际差别太大,则需要开展补充调查。即使是在大型的调查中,如果某一类人群的问卷出现的问题过多,也会有针对性地开展补充调查,其目的在于不影响调查的代表性和客观性。

第三节 问卷及问题的编码

问卷经过审核、复核之后,就可以把信息录入计算机了。在录入之前,需要做好对问卷及问题的编码工作。编码是为了便于顺利修正偶然出现的录入错误。编码的工作有两方面内容：一个是对问卷的编码，另一个是对问卷中问题的编码。关于问卷的编码，虽然在调查展开之前会有一次编码，但是，为了录入和查找方便，还可以进行二次编码。也有的调查项目为了简便，直接就用调查前已有的问卷编码。问卷中问题的编码指对问卷中每个问题进行变量处理，将每个变量和其答案选项（如果是开放式问题，后面会另行讨论）都进行编码，完成问卷由纸质化、文字化到电子化、数字化的转换。尽管随着网络和各种移动智能终端的兴起，电子化问卷已被广泛应用，有的电子问卷能够借助平台系统直接进行分析（如问卷星等），但是这类直接利用免费平台的电子问卷的分析结果一般比较简单，很难进行深度分析。传统的调查依然借助纸质问卷，因此，编码工作还是不可缺少。由于问卷编码并不是所有调查和资料处理过程中所必需的，因此下述的编码工作只针对问卷中的变量编码。

一、变量编码

所谓变量编码，就是把原始资料转化为符号或者数字的资源化简化过程，也就是对每个问题中的每个回答都规定一个相应的数字来表示。编码是否合理、正确，对于统计计算和结果解释会产生很大影响。

编码的具体工作包括规定变量、变量的备选答案编码等。

（一）规定变量

1. 单项选择题规定变量

问卷中的每个问题要用一个或几个变量来对应，变量的名称可以在问卷设计中事先规定好，也可以事后规定，为了便于查找，一般最好将变量的下标与问卷的题号相对应。如问卷中第一个问题可以是：

> 1. 您的性别是（　　）　　A. 男　　B. 女

我们可以将这个问题编码为 X1，其中 X 是任意选择的字母，如果在设计时就把问卷分成了 A、B、C、D 等几个部分，也可以按照各个部分的字母来替代随意使用的“X”。数字部分对应的是这部分问卷中问题的序列和顺序，因为这道调查题在问卷中是第一题，所以用“1”来表示，这样做主要是为了便于查找。

按照这样的方法，就可以将这个问题和答案编码如下：

X1. 您的性别　　1. 男　　2. 女

表示为：

$$X1=\begin{cases}1 & \text{如果是男性}\\ 2 & \text{如果是女性}\end{cases}$$

上述情况的编码只是针对问卷已有的问题进行的编码，但是在问卷编码之后的录入过程中会出现一些情况，比如这个人没有填写性别，或者调查员遗漏了这个问题，这时如何录入就成了问题。针对这种情况，我们通常会设置一个“未填写”或者“未回答”选项来应对录入的需求，一般用数字“0”来替代。

还是以上述问题为例，我们在进行录入编码时，就会增加“未回答”这个备选选项。如：

X1. 您的性别　　1. 男　　2. 女

表示为：

$$X1=\begin{cases}1 & \text{如果是男性}\\ 2 & \text{如果是女性}\\ 0 & \text{如果未回答}\end{cases}$$

除了没有回答这种情况之外，还有一种情况，就是如果备选项中有“其他”栏，并且要求填写“其他”指的是什么的时候，我们就需要进行更加全面的处理。如：

请问您是通过什么途径了解到这个广告的？（多选）

A. 广播　B. 电视　C. 互联网　D. 楼宇　E. 电影院　F. 其他（请填写：　　）

这时，我们就需要对 F 选项进行处理，可以参考如下处理方法：

首先，将 F 用同顺序的数字 6 来代表，即 F=6，而 F 又分为两种情况：第一种情况是没填写，用 0 表示；第二种情况是填写了，用 1 表示。这样就可以将 F 选项编码为

“60”和“61”。至于填写的是什么内容，其处理方法可以等同于开放式问题的处理。在后续处理本题已填写 F 选项的问卷时，只要找到“其他”项标注了“请填写”的那些问卷进行统一处理即可。

2. 多项选择题的规定变量

单项选择题的问题和答案比较好设置，无论有多少选项，最终只有一个答案。而多项选择题的情况就比较复杂，不仅备选答案众多，而且每位调查对象的答案选择也会多种多样。如何将多项选择题转为有效而标准的问题录入数据库？一般情况下，我们会通过拆分的方式，将多项选择题转变为单项选择题，并以二分变量的方式来对每一个备选答案进行处理。如：

X14. 您家拥有以下哪些商品？

1. 住房
2. 汽车
3. 音响
4. 空调
5. 电脑

……

编码为：

$$X141=\begin{cases}1.\text{有住房}\\0.\text{无住房}\end{cases}$$

$$X142=\begin{cases}1.\text{有汽车}\\0.\text{无汽车}\end{cases}$$

……

编码完成后，我们就可以把每一个选项视为一个变量对应的备选答案，录入系统，形成变量的完整编码。全部录入完后，多项选择题的编码和录入就算完成了。

3. 开放式问题的编码

开放式问题的处理方式比较灵活，如果样本数量较少或者开放式问题比较简单，可以人工处理，或者采用词频处理软件等工具处理。以常用的分析软件为例，我们通过 ROST NAT 软件抓取了北京电影节的网络新闻之后，通过 NetDraw 软件来分析这些新闻的高频词，并构建网络，会得到图 10-1：

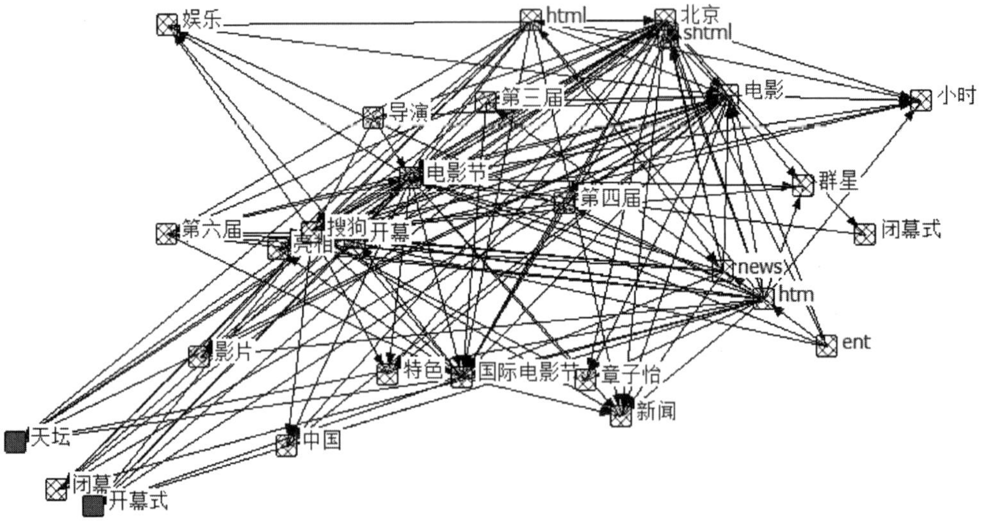

图 10-1　NetDraw 生成效果软件图示

如果想生成更清晰的图表，还可以选择统计图 10-2：

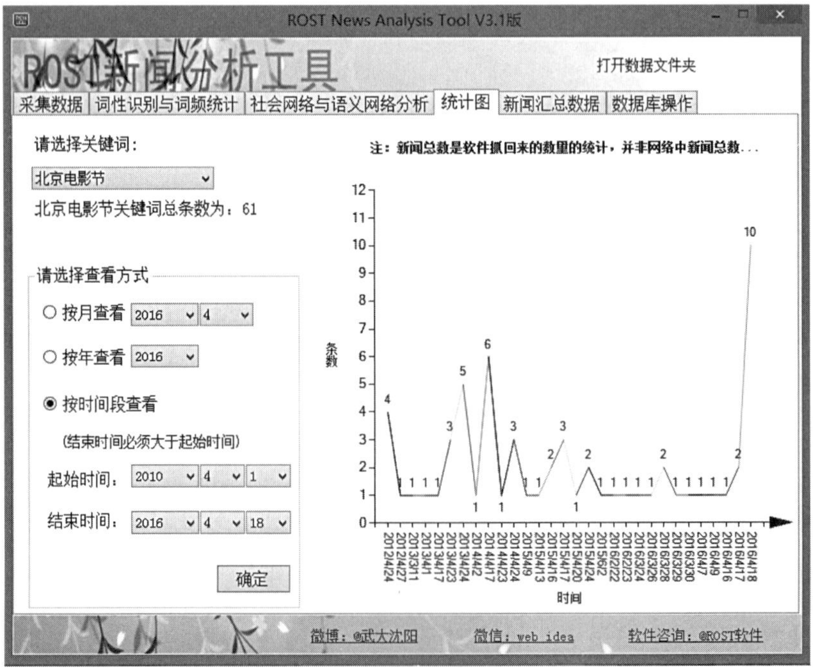

图 10-2　ROST 统计图示例

对于开放式问题的处理，可以考虑三种情况：

(1)如果不对开放式问题进行定量分析，则将其总结后填入结果即可。

(2)如果只是想知道有哪些人填写了开放式问题，则可以进行简单编码。

如：

$$Y=\begin{cases}1.\text{回答了}\\0.\text{没回答}\end{cases}$$

(3)如果需要进行定量分析，则把所有答案分类后编号即可。

(二)变量的备选答案编码

问卷中的每一个变量编好码之后，就需要对每一个变量的备选答案或者开放式问题的答案进行编码了。对于封闭式问题答案的编码比较容易，按照备选答案的顺序，以数字来代替就行了，比如原备选答案的编码是 A、B、C、D，我们可以分别用数字 1、2、3、4 来代替。如果是开放式问题，需要先按照实际情况决定是否需要先对问题进行软件处理，然后再编码。

二、对问卷的编码

有的调查项目比较庞大，为了使用方便，还要求对问卷进行编码，编码的内容包括调查的区域编码、街道和小区编码、委托调查的单位编码、调查员编码，等等。编码的方法比较简单，比如对应的地区编码，直接用数字来代表不同的区域，如“1”代表北京，“2”代表广州。对于问卷的编码，时间久了，数字所代表的内容难免会被人遗忘，因此最好提前编制编码手册，以备不时之需。

第十一章　数据的录入及数据库的建立

第一节　数据的录入

一、关于分析软件

如开篇所述，我们以 SPSS 软件为主要工具对调查得来的数据进行处理。SPSS 软件最初被称为“社会科学统计软件包”(Solutions Statistical Package for the Social Sciences)，1968 年由美国斯坦福大学的三位研究生 Norman H. Nie、C. Hadlai(Tex) Hull 和 Dale H. Bent 成功开发，三人共同成立了 SPSS 公司，并于 1975 年在芝加哥组建了 SPSS 总部。

SPSS 最早用于对通过调查获得的数据展开统计分析。随着功能的拓展，2000 年，SPSS 更名为“统计产品与服务解决方案软件”(Statistical Product and Service Solutions)。2009 年，IBM(国际商业机器有限公司)全资收购 SPSS 公司，现 SPSS 软件归属在大数据与分析集团 Analytics 旗下，其名称缩写也由 SPSS 变成了 IBM SPSS (下简称 SPSS)。IBM SPSS 基本上每年发布一个新版本，目前可见的最新版是 IBM SPSS 24.0。新版本的功能包括 IBM SPSS Statistics(利用高级统计分析功能理解数据、识别趋势和生成准确的预报)、IBM SPSS Modeler(利用支持高级分析功能的直观可视化界面，发现结构化及非结构化数据中的模式和趋势)、Social Media Analytics (从社交媒体的客户观点中挖掘价值)。除了功能上的变化之外，IBM SPSS 相较被收购之前的版本,减少了可以作为案例分析的附带数据库,这一变化对于一手数据的分析影响不大,但是对于数据统计练习和演示会有一些不便。

SPSS 具有运行稳定、操作简单等优点,尽管随着大数据的发展,这款软件也受到了挑战,但是在处理通过传统调查得来的小数据时,SPSS 跟其他分析软件一样(如 SAS 和 BMDP 等),在一些社会科学甚至自然科学的分析中具有各自不可替代的优势。

SPSS 自开发成功至今,经历了若干版本,每个版本都会对应用中存在的问题进行部分修正,如字符宽度、图表输出格式和外观等,但是其基本的统计分析功能在后续的版本中变化并不大,考虑到版权及应用方便等问题,本书以 SPSS19.0 为例,简单介绍数据库的建立并做基本分析。由于 SPSS 每个版本的界面和基本功能差别不太大,而且每个版本都有使用教程,本书将应用软件进行的数据分析作为调查流程的一个部分进行介绍,对软件的应用介绍则有所取舍。

二、变量的设置

数据库的建立过程也就是把调查得到的数据录入软件系统中,从而形成数据库的过程。在建立数据库之前,我们先来观察一下 SPSS 的应用界面(图 11-1)。

图 11-1　SPSS 建立新数据库的界面

最上面一行是数据库建立之后的操作界面，包括文件的存储与读取、变量的增删、变量及个案的编辑与调整、输出图表与文字等的格式和颜色设置、文件的合并与拆分、个案的加权以及数据的观察与分析等功能。一般情况下，我们需要先从“编辑”对话框中设置输出图表和文字的格式及颜色，点击“编辑”对话框后，找到最后的“选项”，点击之后，会显示出文字、图表等的格式和颜色等的调整选项，用户按照个人喜好和输出要求，设定好文字大小、字体类型、图表线条及颜色等，就可以进行下一步的工作了。

在建立数据库的时候，首先需要关注和使用左下角的两个按钮：数据视图和变量视图。其中变量视图是我们建立数据库需要进入的对话框，而数据视图是数据库建成之后文件的操作界面(图 11-2)。

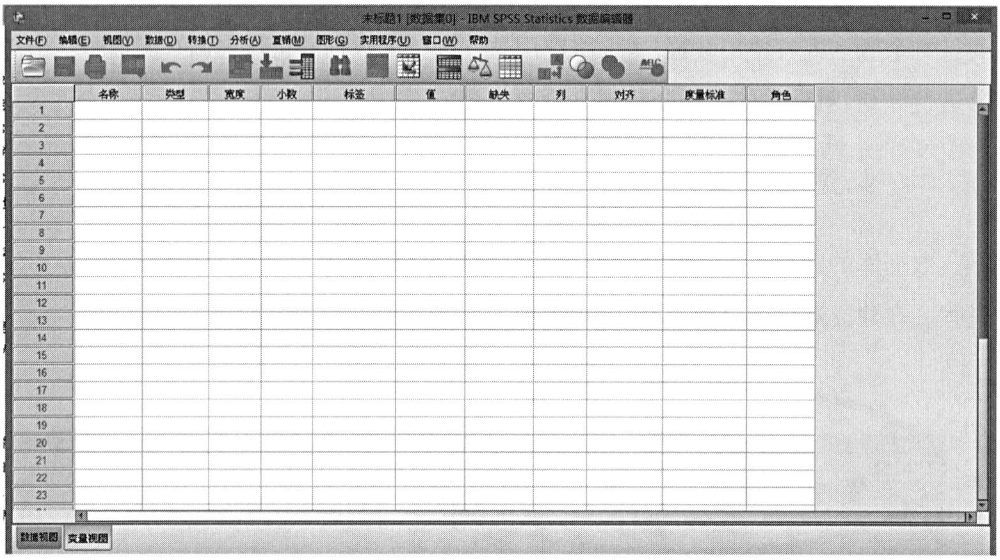

图 11-2 SPSS 变量视图

点击变量视图之后，就出现了图 11-2 的界面。这个界面对调查问卷中的每一个变量进行了规定，变量的数量与问卷的问题相对应。下面，我们以“性别”这一变量为例来简单介绍变量的规定。在图 11-2 的主界面中，首先看到的是“名称”一栏，在此处输入变量的名字，既可以是字母，也可以是文字。一般对于比较简单的变量，我们可以直接将题目内容作为变量名称，如“性别”“年龄”“民族”“职业”等。不过，有的时候，为了便于与问卷的变量顺序对应，我们往往用字母加数字的方式，如“a1”这样的变量序号作为变量名称来使用。录入完变量名称后，第二列为“类型”，这是用来规定变量的类型的，点击打开后，会出现如图 11-3 的对话框。

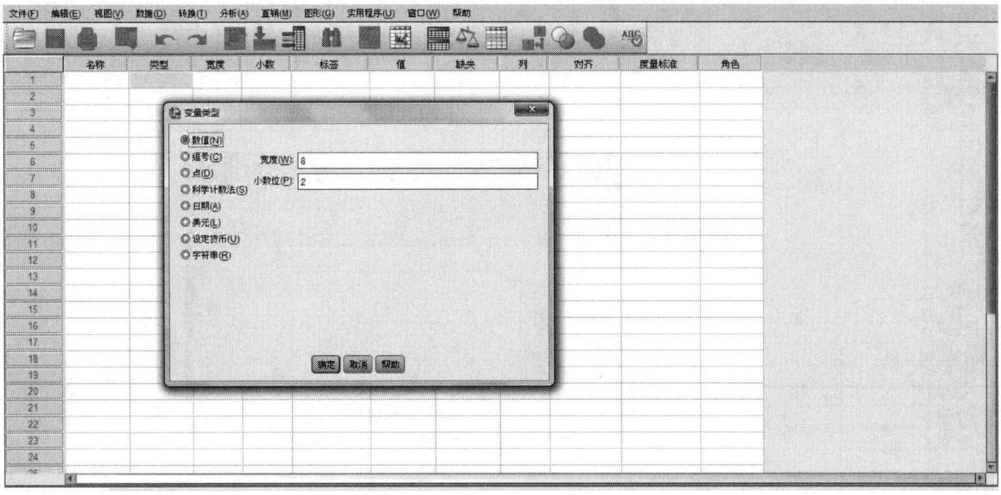

图 11-3　变量的类型规定与选择

在被圈起来的对话框中，变量的类型有图 11-3 中的几种，其中“数值”对应的是变量的备选答案是数值的情况，如年龄；“字符串”则对应变量的备选答案只可以分类时的情况，如职业、性别等。

第三列“宽度”表示这一列需要的宽度，可以根据需要自行设置。第四列“小数点”表示本列需要的小数点的位数，可以根据需要按上下箭头自行增减。第五列的“标签”的功能是为这个变量设置标签，当变量内容较长，不便在“名称”一栏内标注时使用，如“请问您最近是否饮用了某种品牌的矿泉水”等问题，就可以在“标签”栏录入。如果变量内容更长，可以采用简写的方式，把变量的内容大意写在“标签”栏即可，其目的是为了即使脱离问卷也能知道所分析的变量内容是什么。

在第六列“值”下，用鼠标点击空白栏后会弹出“值标签”对话框(图 11-4)。这一列的主要作用是把问卷变量的答案由文字转为数字和符号。如性别，可以用数字 1 代表男性，数字 2 代表女性，0 表示未填写。具体设置方法为：在“值”这一栏内输入数字，在“标签”栏内输入数字所代表的文字内容，输入完之后，点击下一栏的“添加”，就设置好了一个变量的备选答案。再以此类推，直到把变量的全部备选答案都设置为数字符号，然后点击“确定”，这个变量对应的备选答案选项就都设置好了(图 11-5)。

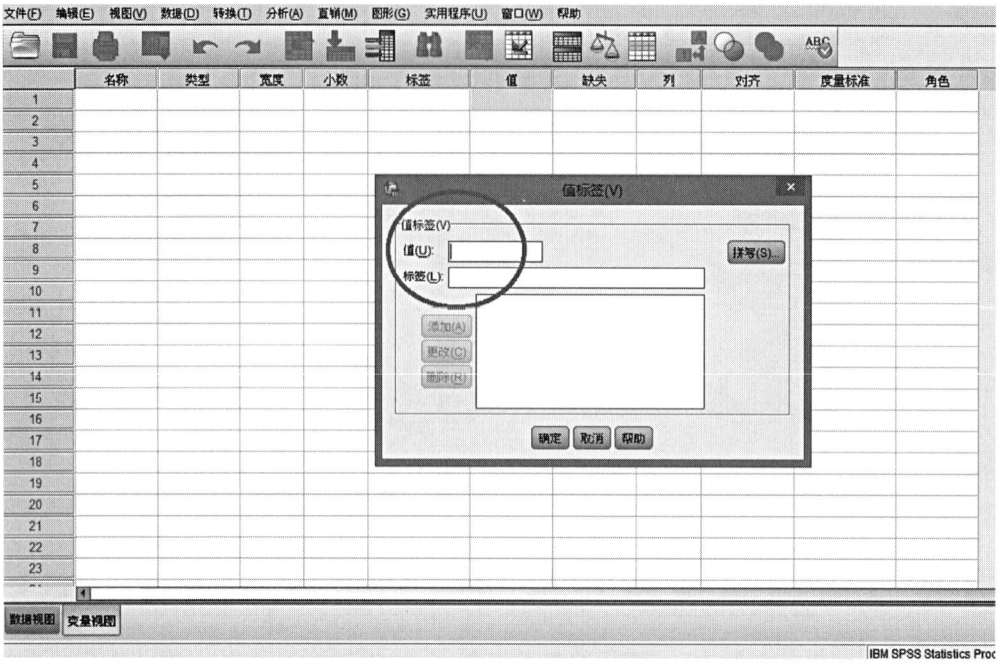

图 11-4　变量备选答案的符号值

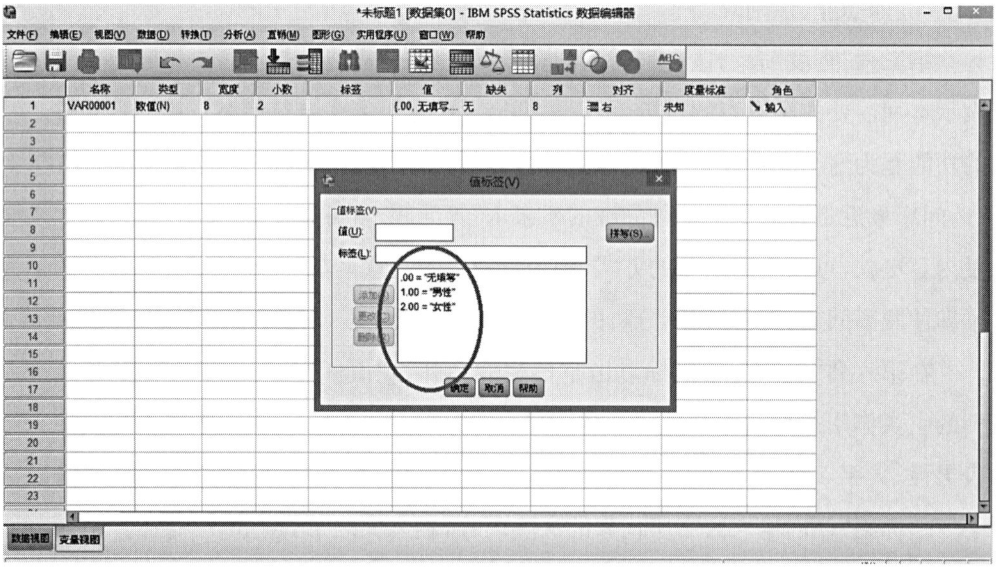

图 11-5　变量备选答案的数字符号设置图

第七列“缺失”主要用来处理问卷中回答有缺失的变量。这一栏如果不设置，则默认为没有缺失。如果调查中有缺失情况，就需要设置“缺失”的值，设置后，在后面进行统计分析时，缺失的值将不参与统计分析，这样就能够保证调查的真实性和代表性。

点击“缺失”一栏的空白行后，会出现对话按钮，点击之后，会出现图 11-6 的对话框。对话框提供了三种缺失值的设置方式，其中“没有缺失值”为默认，如果有缺失值，就需要选择缺失值的设置。SPSS 提供了两种设置缺失值的方式，一种是离散缺失值，可以为所设置的变量备选项设置几个用来代表缺失的离散型数值，在录入变量备选答案时，只要录入的是代表缺失值的数字，软件就会识别；如果希望给代表缺失值的数字设置一个范围，就可以选择第二种方法，将“低”设置为“1000”，“高”设置为“1500”，然后再给出一个具体的数字，如“1111”。这样缺失值就设置好了，然后点“确定”，进行下面的工作。

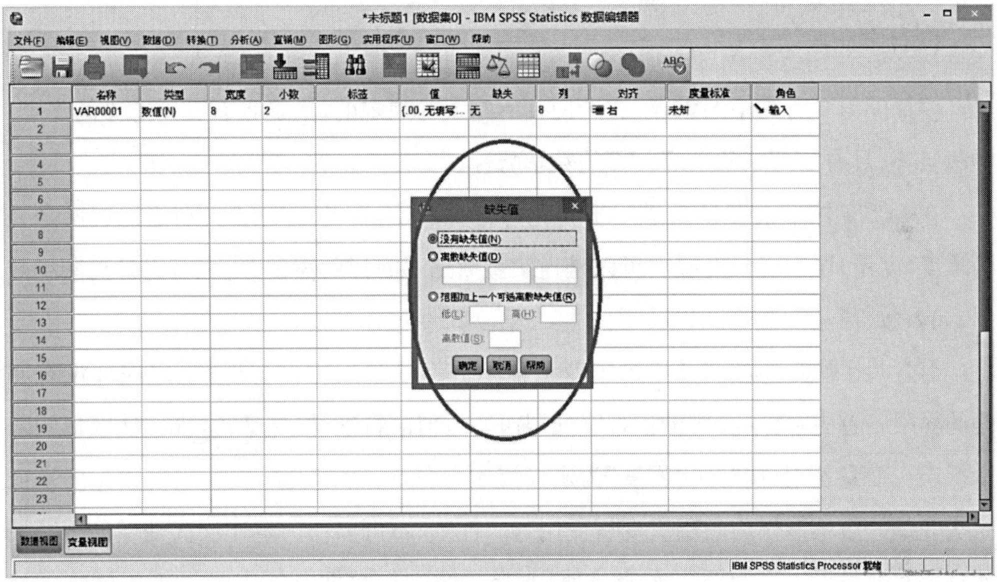

图 11-6　缺失值的设置

后面的“列”和“对齐”用于设置输出表格的宽度和格式，具体数值按照自己的需要来设置即可。“度量标准”则对应着变量的层次类型。变量层次类型在统计分析上分为三大类，也有的细分为四大类，即定类层次（名称层次）、定序层次、定距层次和定比层次。

(一)定类层次(名称层次)

只能把研究对象和问题进行分类（如性别、职业等），存在着“＝”或者“≠”的关系，但是不存在大小、高低和倍数等关系。对应的软件中的度量标准为“名义变量”。

(二)定序层次

变量的值对应着调查对象某些方面的高低顺序、大小强弱等，具有“＜”或者“＞”

的数学特性，但是并不能进行大于或者小于多少的计算，或者说不具有加减的数学特性。如文化程度，我们可以说大学文化程度比高中文化程度要高，但是不能直接做减法。定序层次对应的软件中的度量标准为“序号”层次。

（三）定距层次

变量的值与值之间的距离可以计算，具有“＋”和“－”的数学特性，如根据测量后的智商值和情商值，是可以知道不同人的智商或者情商差距的。

（四）定比层次

变量的值具有真正的零点，或者说其不是人为规定的，而是具有真正意义的零点，如收入等，具有“＋”“—”“×”“÷”的数学特性。

在 SPSS 中，将变量层次进一步简化为三种层次，即将定距层次和定比层次合并为尺度（度量）层次。尺度层次可以是连续型数据，如身高、体重等；也可以是离散型数据，如人数、商品个数等。

尽管为了研究的便利，SPSS 把变量值划分为三种层次，但是变量之间却没有明确的界限。首先，高层次变量包含着低层次变量值的特性，换句话说，高层次变量能降为低层次变量使用，如“文化程度”为定序层次，可以降为定类层次变量使用。但是低层次变量一般不能作为高层次变量使用，如“性别”不可以作为定比层次变量使用。虽然高层次变量可以降为低层次变量使用，但是我们在数据分析中尽量不要做降低处理，这是为了保证用户更充分地利用数据，否则极容易造成数据的浪费。

识别变量类型历来是一个难点，新的 SPSS 解决了这个问题，它带有变量层次识别功能，具体操作为：点击“数据”菜单中的“定义变量属性”，选择好需要软件帮忙界定的变量后，软件就会自动识别变量层次。

三、数据的录入

完成了变量的设置，就可以按照问卷的编码顺序录入数据了。录入的变量以及被选择的变量值都应按照变量规定后的数字符号来录入，如“您的性别”，如果调查对象填写的是“男”，则在“数据视图”界面所对应的性别变量后录入“男”所对应的数字符号“1”，以此类推，直到把问卷中规定好的变量录完为止。如图 11-7 所示的那样，每列变量对应的是问卷中的每个问题，所有变量对应着在软件中规定好的所有问题；而每一行则对应着每份问卷。能够被使用的问卷有多少份，最左侧显示的数字就有多少。把问卷中的所有问题录入完毕，把所有能用的问卷录入完毕，数据录入工作完成，基本的数据库就建立起来了。

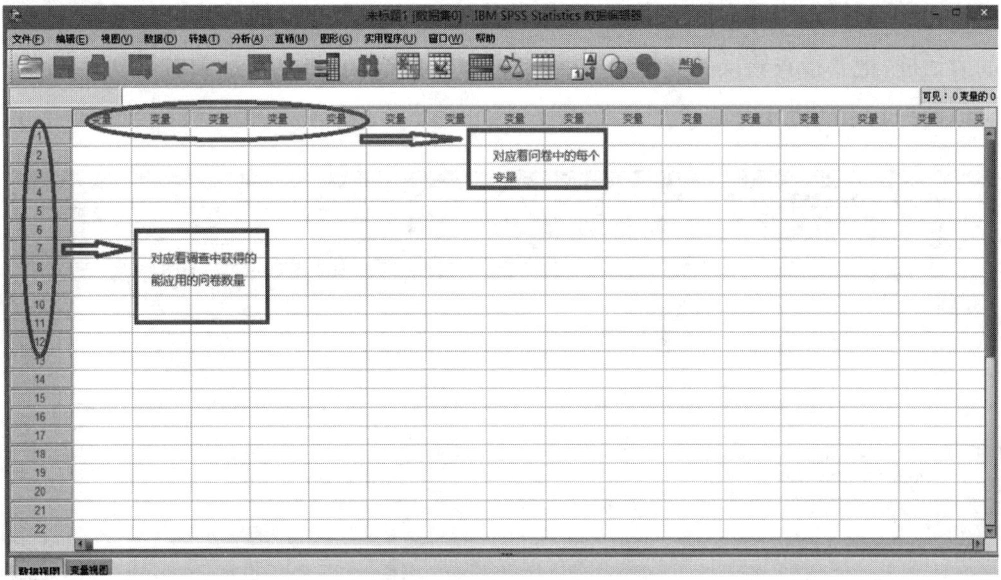

图 11-7　数据视图的使用

第二节　数据库的编辑与查错

录入完数据，建立了数据库之后，仍不能直接进行数据分析，还需要对数据库进行必要的编辑与查错。

数据库的编辑，主要是指根据需要调整数据的格式，比如宽度、小数位数等。数据库的查错则是指通过一些方法来检查录入的数据是否有错误。常见的检查方法有三种：第一种方法是在数据库规模不大的情况下，直接观察每个变量值是否有异常；第二种方法是双机录入，由两位录入员分别录入问卷数据，录入完成后进行数据比对，看两组数据是否有差异，找出有差异的数据，然后通过问卷的编号去查找原始数据并在数据库中对录入有问题的数据进行修改。第三种方法是通过频数分析检查错误。比如，我们还是以“性别”这个问题为例，在设定变量的值时，我们知道，数字“1”代表“男性”，数字“2”代表“女性”，数字“0”表示“未填答”，数字“1111”表示缺失值。按照这样的设置，我们在对这个变量进行频次分析时，所显示的变量值只能是“1”“2”“0”和“1111”，不应该有其他数字显示，但是如果录入出错了，可能就会出现其他数字。我们只要发现这些异常的数据，并找到它所对应的问卷编码，然后去查看原始数据，做出修改就可以了。图 11-8 是通过直接观察可以发现的错误数据；图 11-9 是通过频次分析进行的查错，具体的操作步骤为依次点击“分析”“描述统计”“频率”，然后就会显示图 11-10 的对话框，把要检查错误的变量选中后，点击中间的箭头，将之添加到右侧列表中，就可以进行基本的频次分析了。

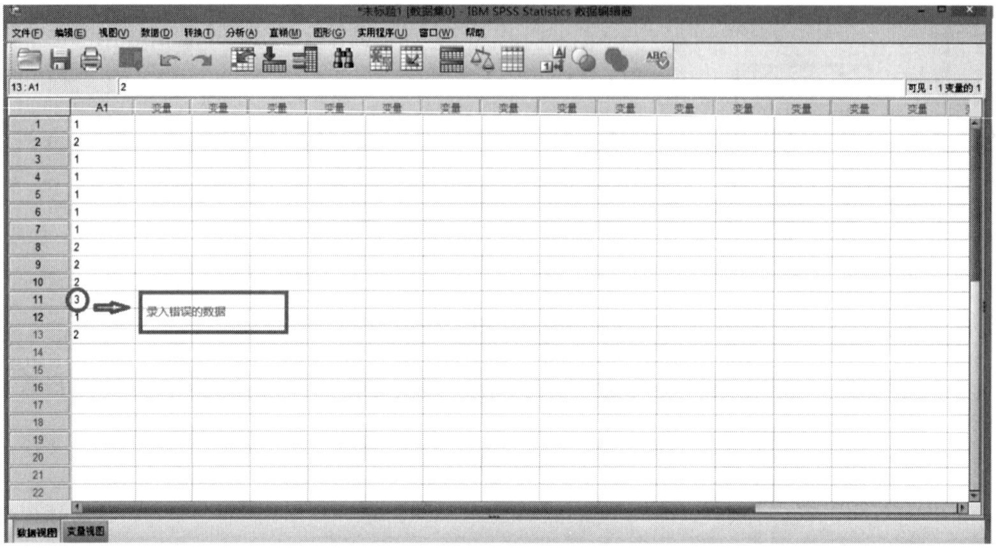

图 11-8　数据库的观察查错

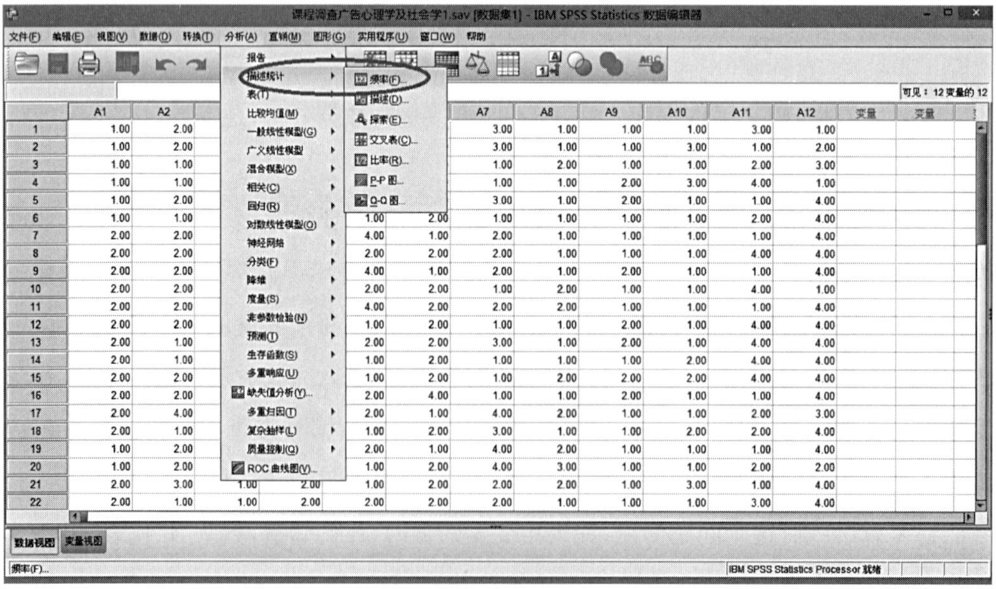

图 11-9　数据库的频数分析查错

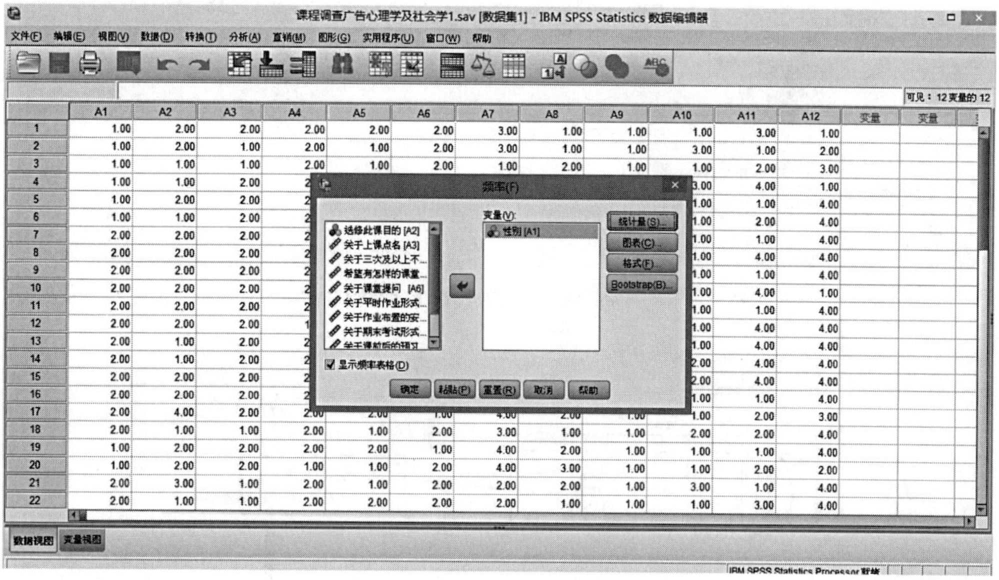

图 11-10　利用频次分析检查录入错误

我们还是以性别为检查的变量，选好之后，可以看到如图 11-11 的表格。如果数据录入有错误，则会出现如图 11-12 的界面。

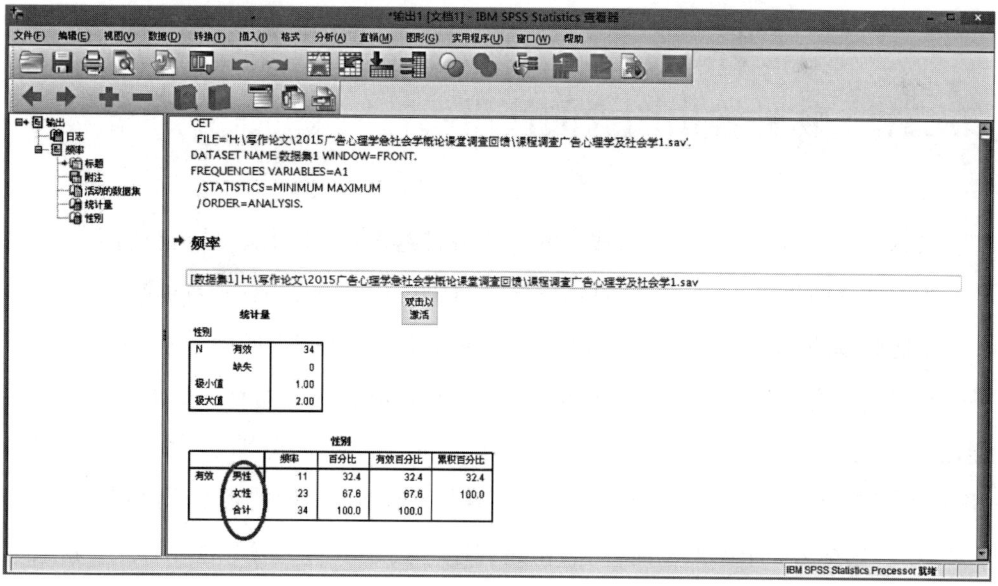

图 11-11　正确数据的频次分析

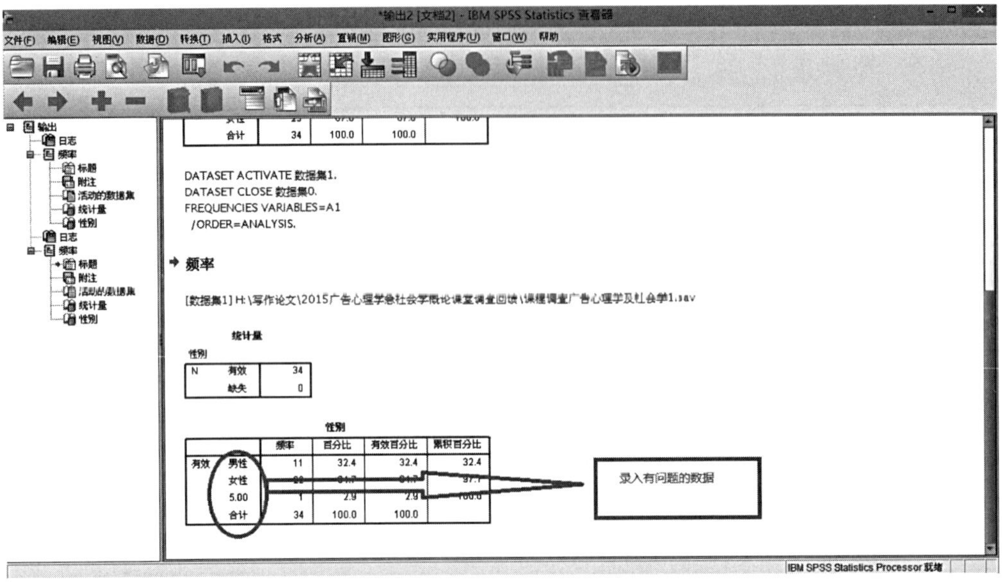

图 11-12　录入有问题的数据的频次分析

通过几种方式检查数据库的数据均没有问题之后，就可以进行后面的数据分析了。

第三节　软件输出图表的使用

SPSS 经过多年的升级调整，输出的图表格式越来越多样化。虽然我们可以根据个人爱好选择图表格式，但是，在具体操作时，对图表格式还是有一定的要求的。

不同版本的 SPSS 在图形的输出上也有些差异。在比较早的版本中，用户选择了“图形”对话框之后，会出现各种图形的选项；而比较新的版本则有了更丰富的图形功能，点击“图形”菜单后，就会出现图 11-13 所示的三个选项，分别是“图表构建程序”“图形画板模板选择程序”和“旧对话框”，前两个图形功能是旧的版本所没有的。

首先，选择第一个图形功能“图表构建程序”，会显示图 11-14 的对话框。新版本的 SPSS 要求在输出图形之前先设定变量的类别和层次，这样的要求对于一些图形而言是必须的，如果变量达不到软件要求的层次，输出的图表就是错误的。

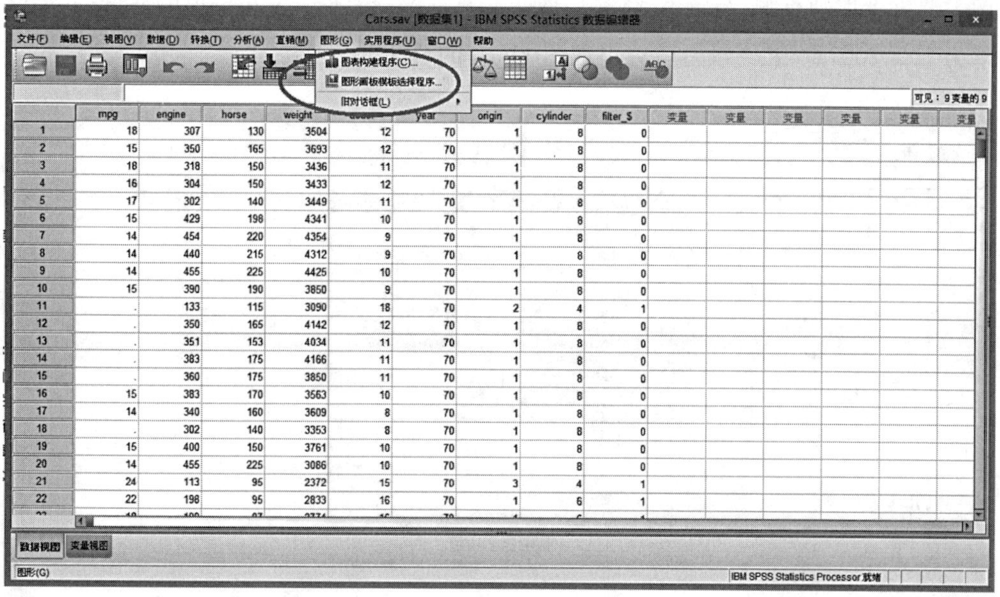

图 11-13　SPSS 图表的功能

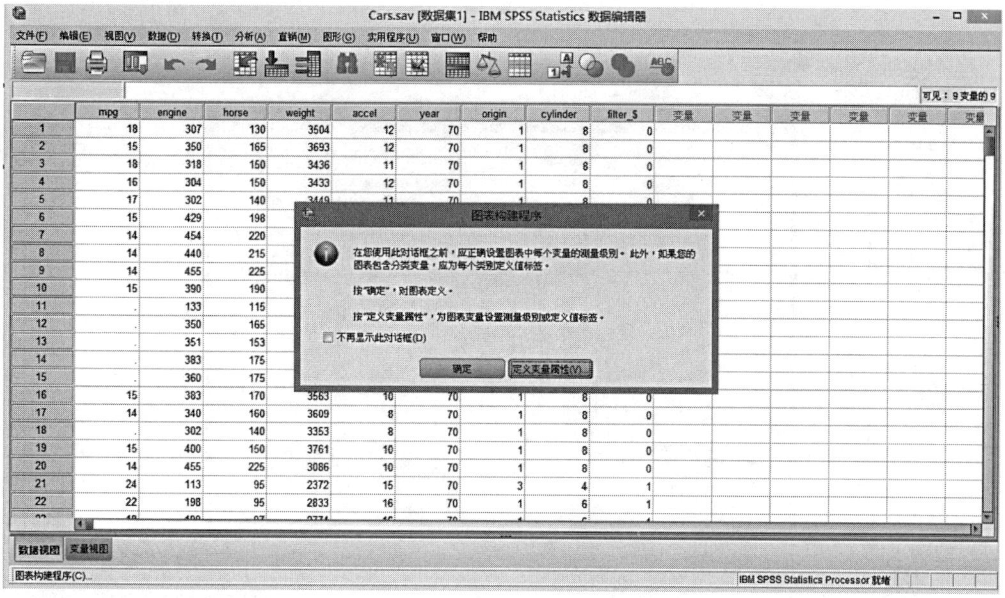

图 11-14　图表构建程序的使用

点击“定义变量属性”之后，就会出现图 11-15 的对话框。选择左栏“变量”的其中两个变量添加到右侧，然后把“将要扫描的个案数量”和“将要显示的值的数量”分别设置为 100、200，点击“继续”，就会出现图 11-16 的对话框。

图 11-15　变量属性的定义

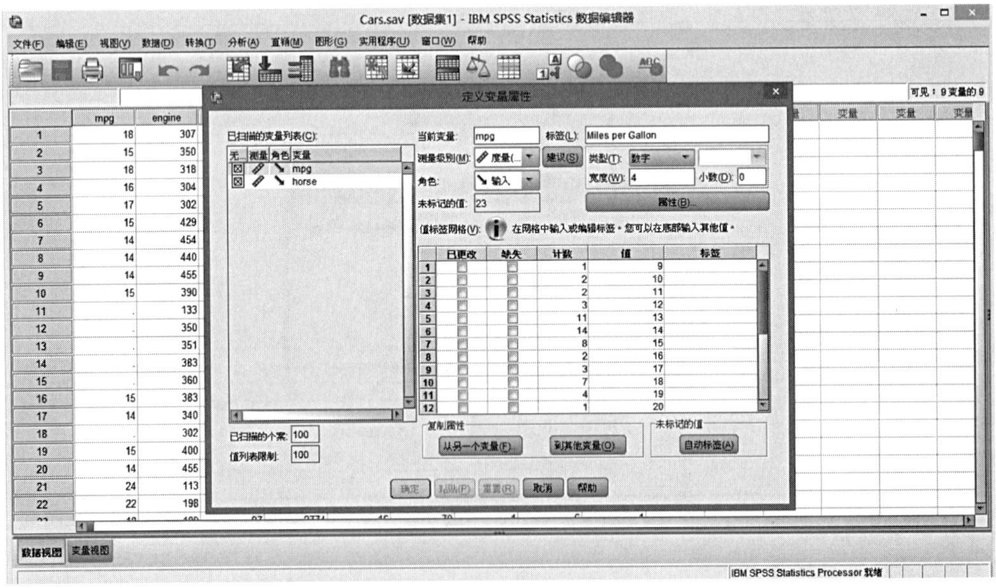

图 11-16　变量属性的扫描

当用户选择需要定义的变量之后，点击“继续”，软件就会对选择的变量进行变量等级的自动定义，比如，我们选择的这两个变量，第一个变量是“每加仑可行驶的公里数”，软件对其变量层次扫描结果为“尺度变量”。然后通过箭头上下选择另一个变量“马力”，软件也会给出“尺度变量”的扫描结果。如果需要扫描的变量较多，用户则可以依次选择。

如果是用户自己做的实地调查数据，对每个变量的层次都很清楚，也可以不需要用到软件的扫描功能而是自行界定和使用图表功能。这时，我们就可以直接点击图11-14中的“确定”，然后就会出现图11-17的对话框。

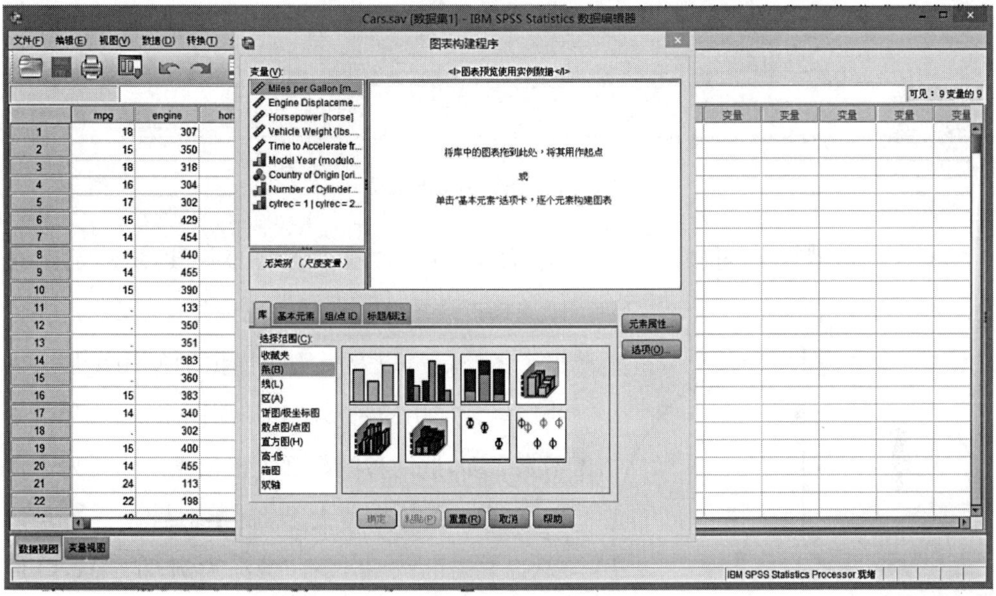

图 11-17　为变量选择图形

我们可以按照图形要求，通过拖拽的方式从图形库中选择图形。

SPSS 可以输出的图形的类型，通过图 11-18 可以很清晰地显示出来。最常用的是饼形图、条形图、折线图和散点图。在 SPSS 以往的版本中，点击“图形”对话框，可以直接显示图形名称，用户只要按照偏好和需要选择图形就可以了。

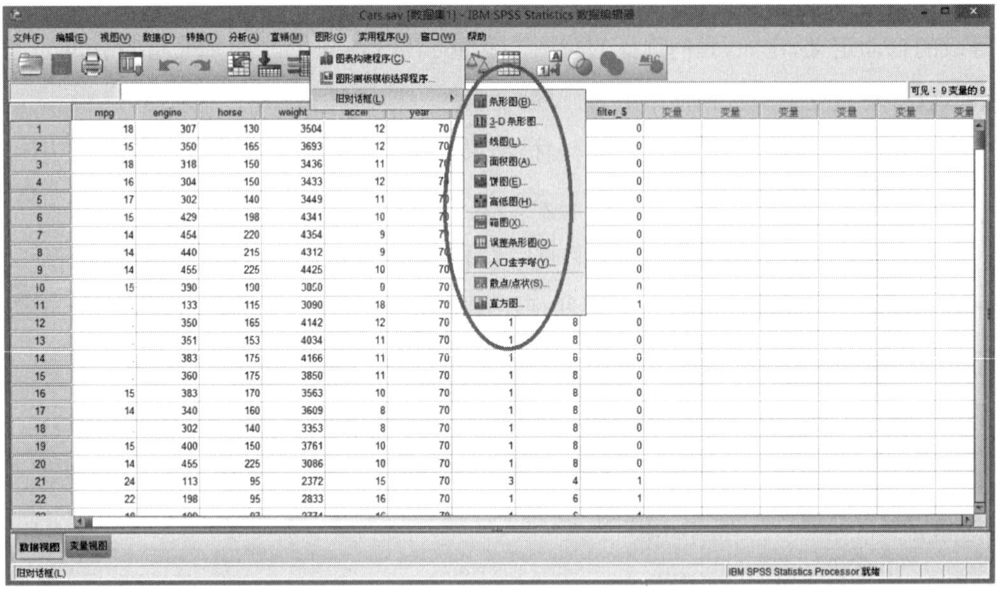

图 11-18 输出图表的类型

对于离散型变量，可以做一些常用的图形，如条形图、饼形图；对于连续型变量，可以选择折线图等。在具体的应用中，我们需要依据个案的数量以及类别等谨慎地使用图形。以我们经常使用的饼形图和条形图来说，如果类别不是太多，这两种图形都可以依据个人爱好来使用，但是，一旦分类太多，就不适合了。还是以 SPSS 自带的“汽车调查”数据为例，我们选择“原产国”变量构建饼形图，效果如图 11-19。

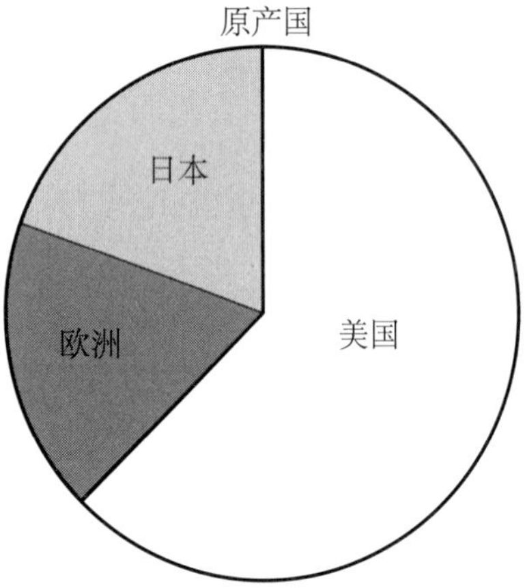

图 11-19 原产国的分布图

如果我们把变量“汽车马力”来进行饼形图输出，就会看到非常纷杂的图像，这样的图像不仅没有发挥图表的可视化优势，反而给文字说明带来了负担。

分类众多的变量是不适宜用饼形图和条形图表示的，可以依据变量层次使用折线图或者散点图，比如“汽车马力”变量更适合用折线图表示（图 11-20）。

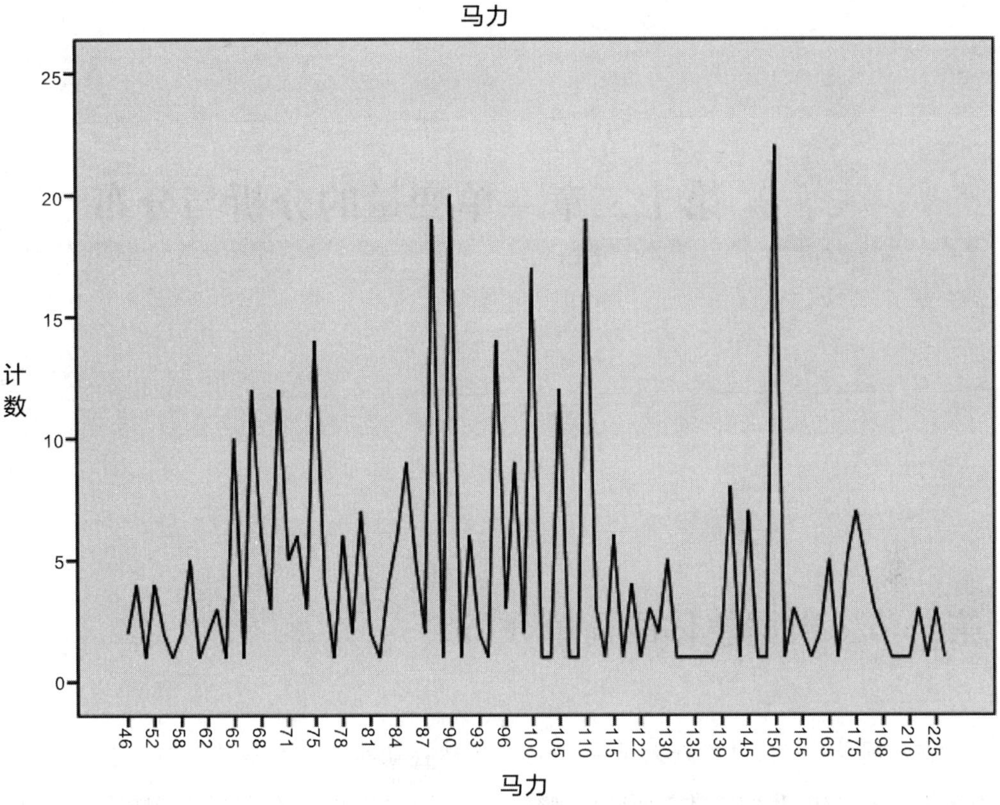

图 11-20　汽车马力图示

关于图表的使用还需要说明的是，条形图和直方图表面上看比较相似，但是，在使用中完全不同，需要注意它们的区别：

首先，条形图是以长方形的长度（宽度相同）来表示次数或百分率的大小的；直方图是以一个矩形的面积来表示每组数值的次数或者百分比的。条形图的各条形之间一般可以有间隙，直方图之间一般都没有间隙。

其次，条形图的条宽一般没有具体意义，通常情况下，对同一个变量的频次或者百分比分布所使用的条形宽度一致；而直方图的宽度因为跟面积有关，因而是有实际意义的。

第十二章 单变量的分析与分布

第一节 数据整体的简单分析

在数据录入完成并检查无误后，就形成了建立在实地调查基础上的一手数据库。对数据库的操作，我们通常需要简单观察整体数据的基本情况，包括变量频次分布、形状分布等。这一功能可以在 SPSS 的“分析—报告”下拉菜单中找到(图 12-1)。

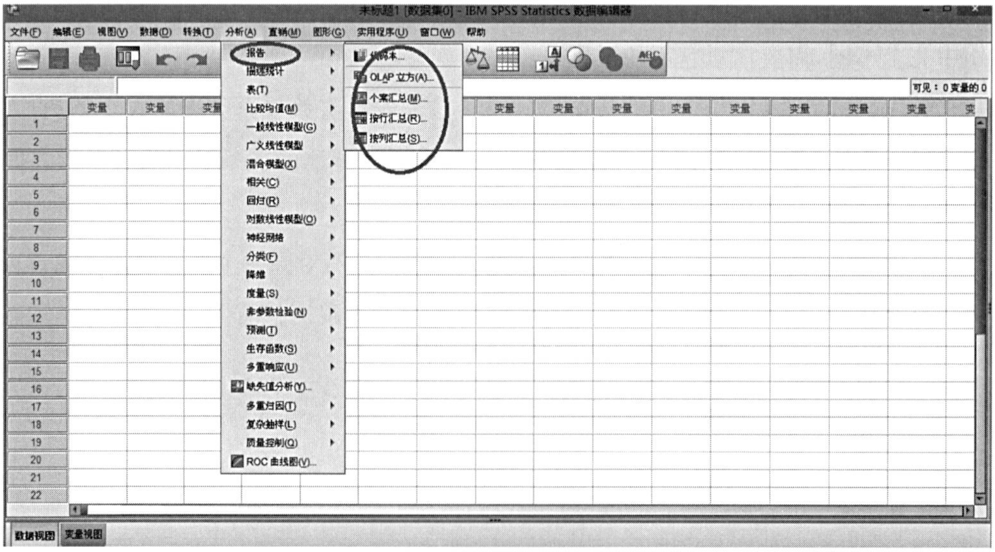

图 12-1 数据整体的简单分析

在进行数据的基本分析之前，我们需要先对这部分软件分析所涉及的统计名词做一个简单的回顾。在使用这些统计功能之前，需要明确，它们对变量的层次有要求。如均值只适用于尺度变量(即数字等有真正意义的变量)，而对于名义变量和秩序变量，就不能计算均值了。需要说明的是，很多同学在看到变量文字描述的时候，是比较清楚这种要求的，如性别，按照文字描述，我们知道要么是男性，要么是女性，不会有人去计算它们的平均值。但是由于在数据库中，男和女被分别以“1”和“2”或者其他数字所代表，于是不少人就把这种只有象征意义的数值也当成了有计量意义的数字，开始计算起平均值了。

软件分析中最常见的有关单变量值的计算主要包括以下几类：

第一种，最大值：就是变量值中最大的数。如收入变量中，哪个值最大，哪个就是最大值。

第二种，最小值：与最大值相反，是变量值中最小的数。还是以收入变量为例，哪个值最小，哪个就是最小值。

第三种，中位数(median)：或称中位值，就是在一个等级序列当中处于中间位置的那个数，高于这个值的有50%的个案，低于这个值的也有50%的个案。中位数的计算有两种方法，一种是根据原始资料求中位数，设 m_d 位置$=\frac{n+1}{2}$，其中，n表示个案数目；另一种则是求分组资料中的中位数，其计算公式为：

$$m_d = L + \left\{\frac{\frac{n}{2} - cf}{f}\right\} w$$

其中，L=分组数据中的中位数所在组的真实下限；f=中位数所在组的频次；w=中位数所在组的组距；cf=低于中位数真实下限的累加次数；n=全部个案数目。对于中位数在不同情况下的具体计算可参考统计类教材，因为在SPSS中不需要手工计算，只要明白这个参数的含义和如何使用就可以了，因而在此省略具体的推导和计算过程。

第四种，众值(mode)：也称众数，就是变量值中出现次数最多的那个值。如一项调查中，关于性别的变量取值，男性用“1”来表示，女性用“2”来表示，其中 $f_1=220$，$f_2=256$，则性别这个变量的众值为 f_2，即女性。

第五种，标准差(standard deviation)：常被用来分析变量的离散情况，简写为S，将各数值(x)与其均值($\bar{x}$)之差的平方和除以全部个案数n，然后取其正的平方根，就是标准差，其计算公式为：

$$S = \sqrt{\frac{\sum (x - \bar{x})^2}{n}}$$

如果各个实际数值和均值之差的总和很大，就表示变量数值的离散程度较大。

第六种，方差（variance）：简写为 S^2，就是标准差的平方值，它的意义跟标准差一样。

第六种，偏度（skewness）：也称偏态，是指非对称分布的偏斜状态，即统计数据峰值与平均值不相等的频率分布。统计上常用三阶中心矩作为测量偏态的重要指标，其计算公式为：

$$S_K = \frac{\sum_{i=1}^{n} (p_i - \bar{p})^3}{(n-1)\sigma^3}$$

第八种，峰度（kurtosis）：也称峰态，峰态是对峰的尖锐度或平坦度的描述，其计算公式为：

$$K = \frac{\sum_{i=1}^{n} (Y_i - \overline{Y})^4}{(n-1)s^4}$$

（a）均值（mean）：将变量的各个数值相加，求取一个平均的数值，就是均值。对于均值的计算，也分为两种情况，即原始资料和分组资料。原始资料均值的计算比较简单，我们可以通过以下公式计算得出均值：

$$\bar{x} = \frac{\sum x}{n}$$

对于分组资料而言，均值的计算公式是：

$$\bar{x} = \frac{\sum f x_m}{n}$$

其中 f 表示每组的次数，x_m 表示组中点，n 表示个案数。均值经常被用来测量变量的集中趋势。

（10）异众比率（variation ratio）：又称离异比率、异质指数，是指非众值的次数与全部个案数目的比率，其公式为：

$$v = \frac{n - f_{mo}}{n}$$

其中，n 是全部个案数，f_{mo} 是众值的次数。不属于众值的个案所占的比例越大，就表示众值的代表性越差。

一、OLAP 在线分析处理

OLAP 在线分析处理是对按一个或多个分组变量所分的组计算所考察的连续变量的总体值、均值以及其他统计量，结果以分层的方式输出。

下面我们以在课堂上的一项调查数据为例来观察在线分析处理的使用。首先，我们点击 OLAP 对话按钮之后，会出现图 12-2 的对话框。其中，左栏是本次调查搜集数据后录入的所有变量；右上区域的“摘要变量”是研究者想要观察的变量，只要选中左侧变量后，点击对应的箭头即可将其添加到“摘要变量”栏中；“分组变量”是用来确定选择以哪个或哪几个变量为分组依据的，但是在这里，分组变量并没有起到分组的作用，通常情况下，可以不做设置。

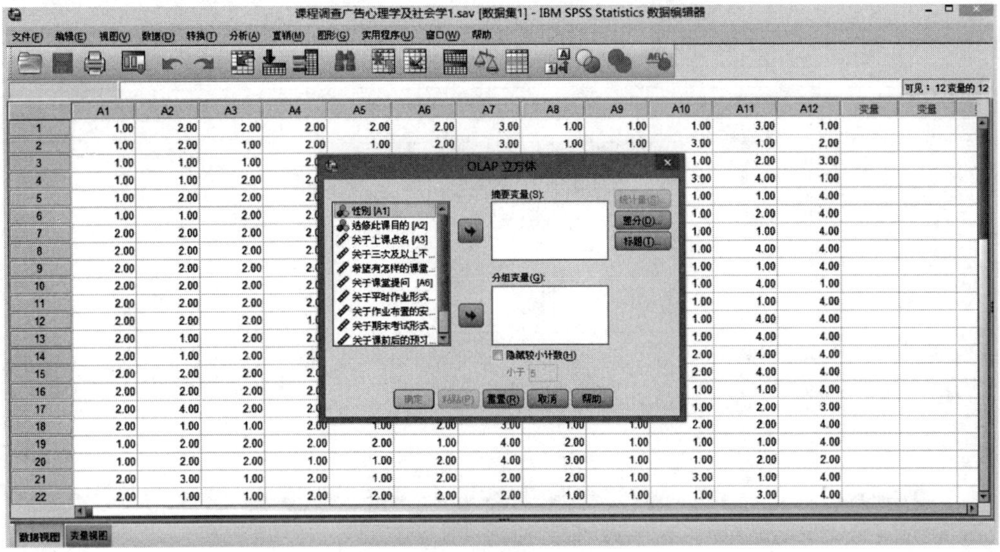

图 12-2　OLAP 的统计分析

选择好需要观察的变量之后，居于右侧上方的“统计量”按钮就会被激活，点击之后会显示如图 12-3 所示窗口。

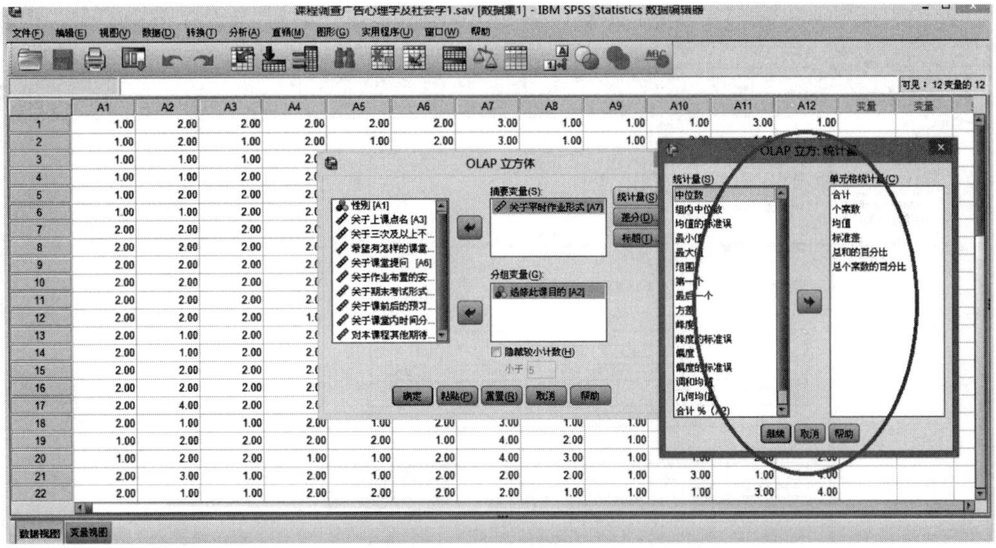

图 12-3　OLAP 的统计量

在统计量中我们可以看到，能够选择的统计量比较多，包括中位数、方差、偏差、峰度、偏态等。这些都是统计上的参数，用来测量变量在分布等方面的特征。

由于方差、偏态、峰度等要求变量层次为尺度变量，因此我们选择了消费支出和收入的简单数据进行分析，把人均可支配收入作为摘要变量，把人均消费支出作为分组变量(图 12-4)。

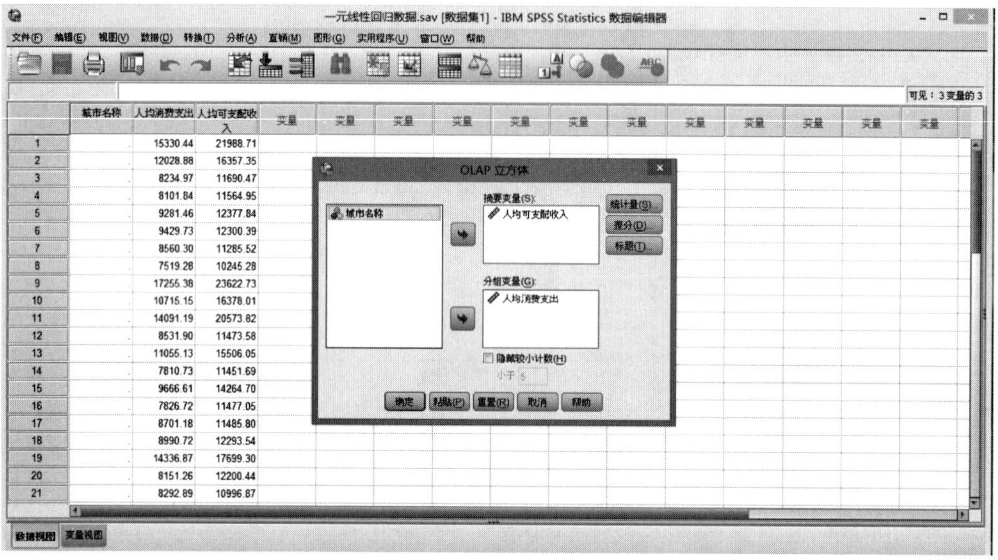

图 12-4 OLAP 在线分析处理

选好变量以后，我们点击“统计量”按钮，选择需要对摘要变量进行简单统计描述的参数。我们选择了经常用到的标准差、均值、偏度和峰度来观察变量人均可支配收入的总体分布情况(图 12-5)。

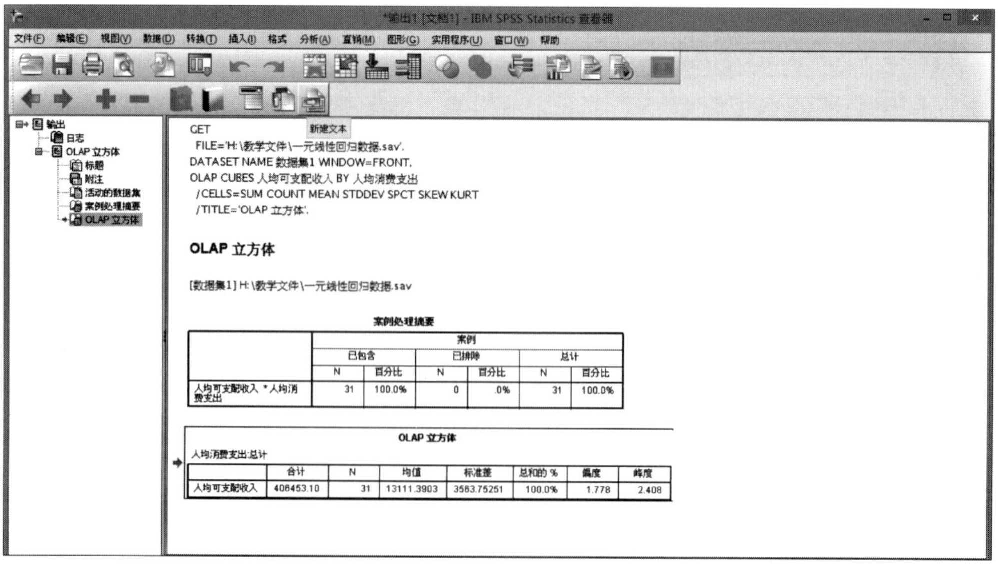

图 12-5 OLAP 数据简单汇总结果

上述输出结果显示，人均可支配收入的分布属于正偏态的尖峰分布。用通俗的话来解释，就是说人均可支配收入这个变量的总体情况是收入差距比较大，平均值并不能很好地代表总体水平。需要观察的是，虽然我们在分组变量中输入了人均消费支出这个变量，但是从输出结果来看，软件并没有进行分组统计，分组的功能在后面的分析过程中才开始有效。

二、个案汇总分析

汇总分析(cases summary)主要是计算指定变量的分组统计量，对于不同的分组将在所有水平下进行交叉组合。

点击“摘要个案分析”选项之后，会显示“摘要个案”对话框(图 12-6)。其中，变量栏中可以加入一个或多个变量，但是被选择的变量一定要是能被分组分析的变量，分组变量栏中可以加入数值型或短字符型变量，选中的某个或者某些变量将作为分组的依据，这里的分组变量就有了真正依据选择的变量进行分组的功能。

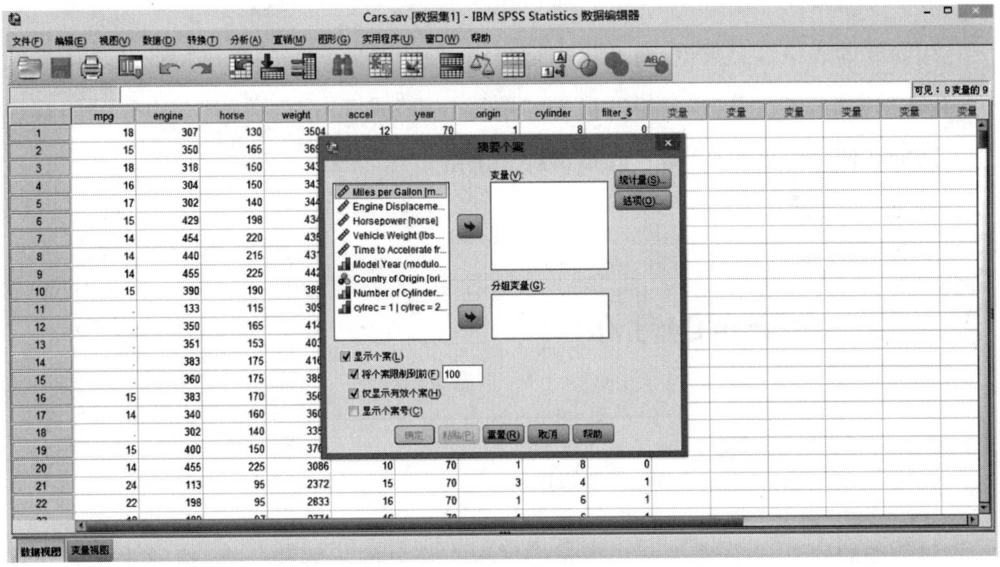

图 12-6　个案汇总分析

我们以 SPSS 早期版本自带的关于汽车的调查数据库为分析案例，选择以“原产国家”为分组变量，选择“汽车马力”为被分组分析的变量，至于统计量则需要根据研究者的需要自行选择。我们选择了经常需要观察的中位值和均值，点击确定之后，结果如图 12-7。从个案汇总的图表里，我们能比较方便地看到按照分组变量“原产国家”被分成了三个组，每个组都按照预先设定的统计量进行了分组统计。

摘要

[数据集1] C:\Program Files (x86)\SPSS\Cars.sav

案例处理摘要

	案例					
	已包含		已排除		总计	
	N	百分比	N	百分比	N	百分比
Horsepower * Country of Origin	399	98.3%	7	1.7%	406	100.0%

个案汇总

Horsepower

Country of Origin	N	均值	中值
American	249	119.61	105.00
European	71	81.00	77.00
Japanese	79	79.84	75.00
总计	399	104.86	95.00

图 12-7 个案汇总输出部分图表

三、行变量和列变量的汇总

用简要的表格汇总数据，对变量进行分组，便于观察数据的总体特征。具体操作为：在数据窗口，依次点击“分析”“报告”“按行分析”或者“按列分析”。由于输出数表这一功能在使用中比较简单，在此不再展开讲解。

第二节 单变量的分布

一、单变量分布的简单计算

对数据的分析，首先需要对单变量的情况有充分的了解和分析，然后才能展开双变量及多变量之间的关系研究。不同层次的变量，能够分析其分布的方法也不同。一般情况下，适用于低层次变量的统计研究方法，也适用于高层次变量；而适用于高层次变量的统计方法，并不适用于低层次变量。我们在分析中经常用到的单变量分布的分析方法主要包括频次分布、比例和比率分布、累计频次和累计百分比等。

(一)频次分布(frequency distribution)

频次分布指一个变量的各个情况出现的次数或频次,也称频率分布。通过频次分布,可以观察同一次的调查数据中变量的分布情况。例如职业,通过频次分布我们就可以知道本次调查中哪种职业的调查对象最多,哪种最少。

在 SPSS 中,频次分布的操作在“分析”菜单下的“描述统计”中,“频率”和“描述”选项都可以实现频次分布的计算(图 12-8)。

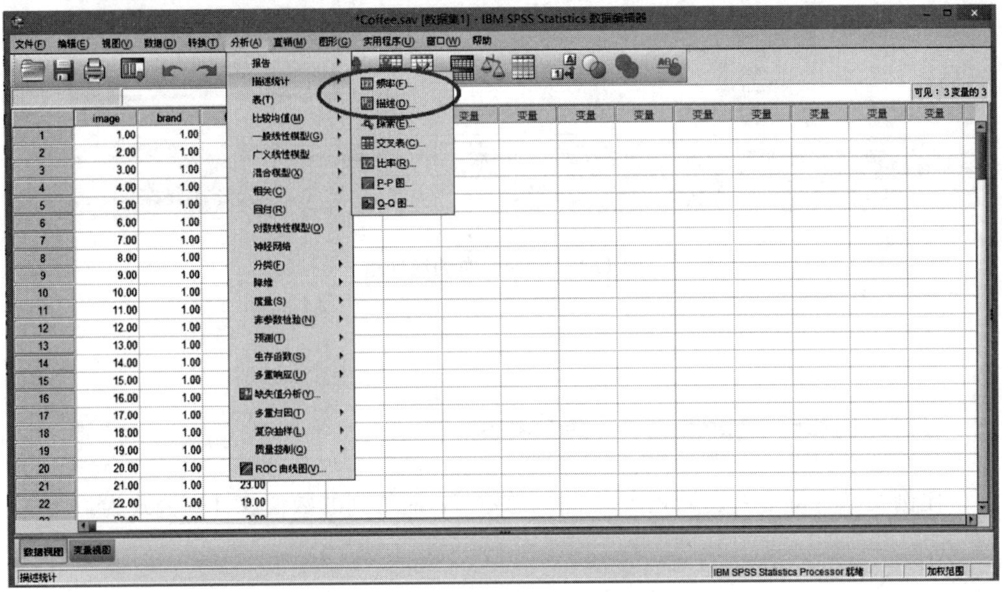

图 12-8　频次分布的计算

无论是做“频率”分析,还是“描述”分析,点开对话框之后,除了选择需要分析的变量之外,还会有“统计”对话框的选择。我们只要按照变量层次和统计需求选好统计量,然后进行频次分析就可以了。点击之后,就会出现如图 12-9 的界面。

在图 12-9 中,我们看到了统计量的对话框中有集中和离散的统计,这一点在后面会专门讨论。

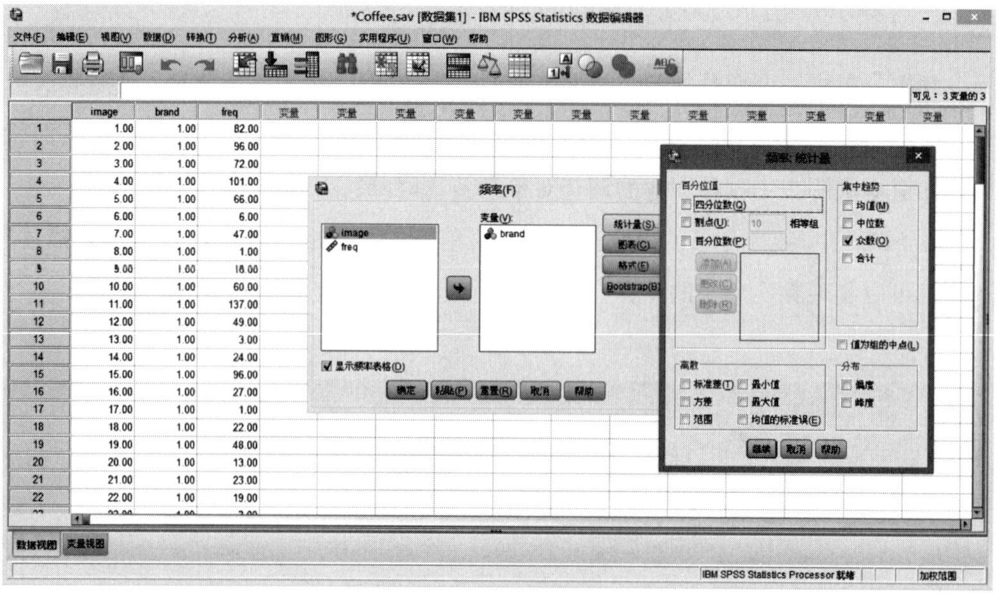

图 12-9　频次分布的统计量

(二)比例和比率(proportions and rates)

比例就是将每个类别的频次(f)除以总数(N)而得到的数值。计算公式为:

$$P=\frac{f}{N}$$

计算出来的各类数值之和为 1。比率就是计算比例时通过扩大基数,让读者更容易理解和使用,如百分比、千分比、万分比等。在实际的统计分析中,比较常用的是百分比。SPSS 的操作为:依次点击“分析”“描述统计”“频率”后,会出现图 12-10 的对话框,勾选图中左下角被圈起的“显示频率表格”,SPSS 就可以给出计算后的各个类别的比率。

以上几种分布的计算适合用于名义变量(定类变量)计算。除了通过这些计算方法来研究变量分布,还可以通过图示的方法,如饼形图、条形图等来直观而形象地展示变量的分布情况。

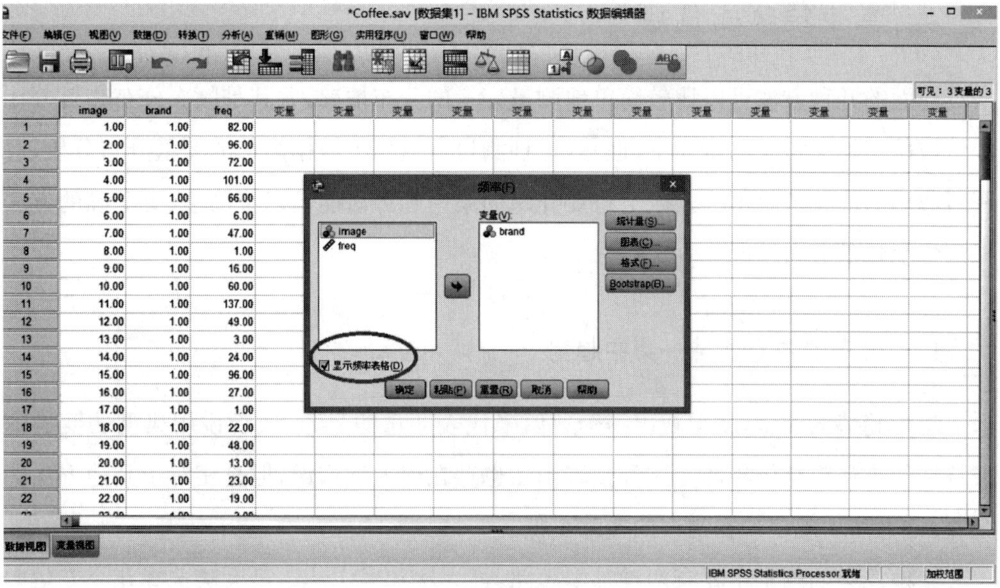

图 12-10　比率的计算

(三)累计频次和累计百分比

累计频次往往应用于累计统计图或表中，用来衡量大于或小于某个变量值的频次的多少。累计频次就是把次数累加起来，分为向上累加和向下累加。通过累加的计算，我们可以很容易地知道高于或低于某个值的频次占多少百分比。累计百分比在SPSS中也有自动计算功能，计算出来的结果如图 12-11。与计算相关的软件操作同比率的计算。

brand

		频率	百分比	有效百分比	累积百分比
有效	AA	1012	21.7	21.7	21.7
	BB	611	13.1	13.1	34.8
	CC	862	18.5	18.5	53.3
	DD	753	16.2	16.2	69.5
	EE	709	15.2	15.2	84.7
	FF	715	15.3	15.3	100.0
	合计	4662	100.0	100.0	

图 12-11　累积百分比的计算

累积百分比和频率的计算适用于定序变量(尺度变量)，定类变量(名义变量)并不适用。上文提到的适用于定类变量(名义变量)的方法也可以应用于定序变量。

二、集中趋势测量法

前面的几种方法可以比较简单地测量变量的分布情况，尤其是频次分布和百分比经常被用于社会科学的研究中，但是，这种测量只适用于数据简单的变量分布分析，对资料应用的简化还是不够。以下将要介绍的集中趋势法能够以更简洁、更准确的方法来测量变量的分布情况。

(一)分布的中心衡量—集中趋势

集中趋势的测量，就是找出一个数值来代表变量的分布，或者说用典型的变量值或特征值来代表总体特征。这种预测当然也存在误差和错误，但是相对于其他方法的预测，该方法出现误差和错误的概率更低。

集中趋势的测量主要有两种基本思路：最大法和居中法。最大法选择几个变量中最大的一个来代表总体的特征，居中法又分为平均值法和中间值法。集中趋势在SPSS中的计算比较直接，在要分析的数据中，选择好要分析的变量后，点击“统计量”对话框，就会显示如图12-12的对话框。

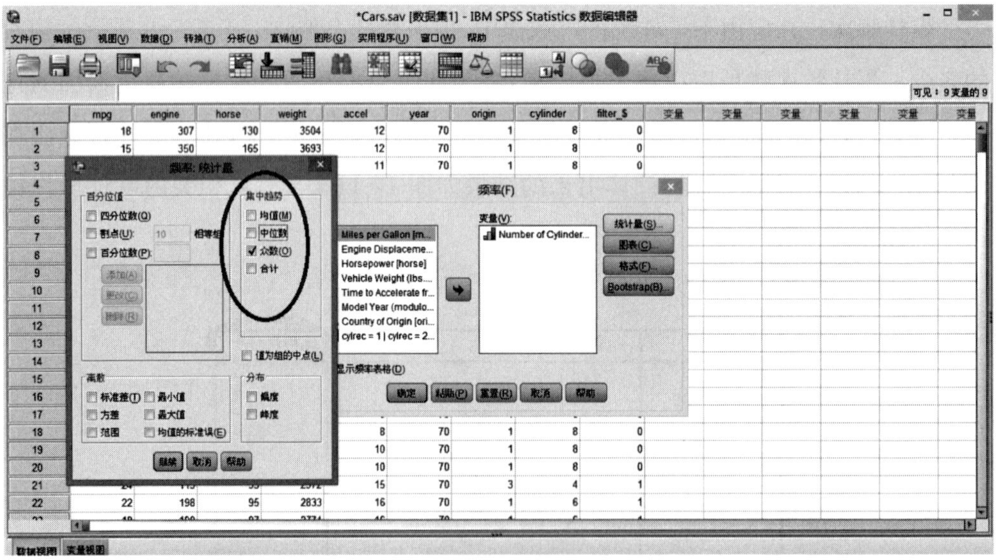

图 12-12 集中趋势的统计选择

根据不同变量的层次，使用的测量方法也不一样。对于定类变量(名义变量)来说，测量其集中趋势的方法是众值(mode)法(最大法)。所谓众值，指频数最多的那个变量值。对于未分组数据来说，一般情况下众值只有一个；但对于分组数据来说，众值有时会不唯一。以图 12-11 的品牌的频次为例，其中，AA 品牌的频次为 1 012，在 6 个品牌的频次中最多，即为众值。

对于定序变量来说，衡量其集中趋势常用的方法为中位值(median)法，中位值即位于序列中间位置的值。以前面使用的汽车数据为例，我们只要选择好要分析的变量“气缸数量”，然后点击“统计量”对话框，在“集中趋势”栏内，选好“中位值”，然后依次点击“继续”和“确定”，就可出现图 12-13 的结果。通过计算结果可知“气缸数量”变量的中位值为 4。

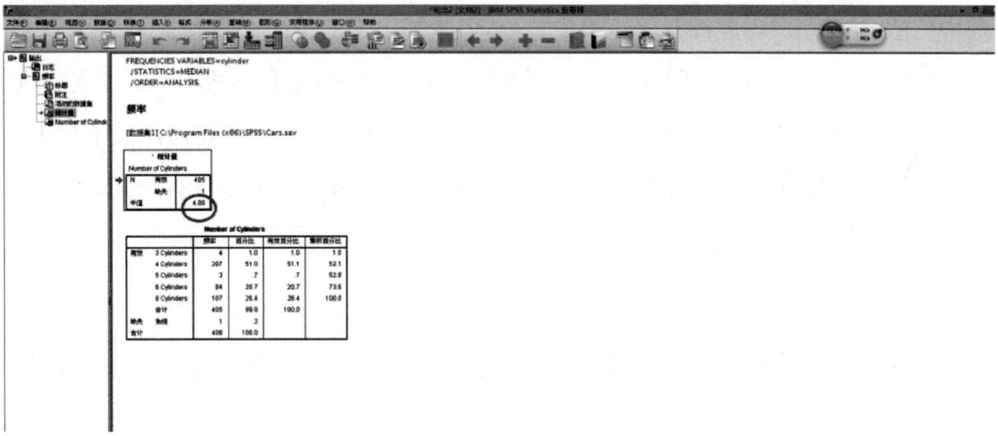

图 12-13　中位值的计算

均值(mean)，即平均数，包括算术平均数和几何平均数。算数平均数是统计学上最基本、最常用的一种平均值，又分为简单算术平均数和加权算术平均数。简单算术平均数适用于原始的未分组数值型数据，其计算公式为：

$$M=\frac{X_1+X_2+\cdots X_n}{n}$$

例如，我们计算 5 个人的平均成绩，这 5 个人的成绩分别是 90、89、85、88、92，计算公式为 M=(90+89+85+88+92)÷5=88.8。

加权算术平均数主要适用于被分组处理过的数据，假如我们把已有的原始数据分为 K 组，各组中的值为 X_1、X_2、$\cdots X_k$，各组的频数分别为 f_1、f_2、$\cdots f_k$，加权算术平均数的计算公式为：

$$M=\frac{X_1\,f_1+X_2\,f_2+\cdots X_k\,f_k}{X_1+X_2+\cdots+X_k}$$

几何平均数是指 n 个观察值连乘积的 n 次方根。根据资料的条件不同，几何平均数有加权和不加权之分。在常用的统计分析中，我们经常使用的是算术平均数。

虽然我们可以通过软件的操作来执行各种计算，不再需要自己动手，但是这也增加了犯错误的风险。在应用众值、中位值、均值时要注意以下几个问题：

1. 根据不同的变量层次选择不同的参数

众值：适用于所有变量层次。无论是定类变量（名义变量），还是定距和定比变量（尺度变量），都可以使用众值来衡量其集中趋势。

中位值：中位值适用于定序、定距和定比变量，不能用于定类变量，比如"性别"这个定类变量，虽然我们经常用数字来代表男性和女性，但是不能计算代表性别的数字的中位值；虽然 SPSS 能够计算这类中位值，但是算出来的结果并没有意义。

均值：适用于定距及以上变量。均值的灵敏度较高，但是它不适用于低层次变量，只适用于定距及定比高层次变量。虽然在 SPSS 中，我们能够计算任何用数字代表的变量取值的平均值，但是，如果不满足变量层次，计算出来的结果也没有意义。

2. 众值、中位值和均值的比较

对于变量集中趋势的测量，众值、中位值和均值虽然都可以使用，但是三者存在着准确度和灵敏度上的差别，所以不能相互替代。这三个参数的使用特征可归纳为以下三点：

(1)要求变量的层次不同。如前所述，众值适用于所有变量，中位值适用于定序及以上变量，而均值只适用于定距及定比变量（SPSS 中的尺度变量）。

(2)灵敏度不同。从灵敏度的比较来看，在变量满足正态分布的情况下，众值的灵敏度最低，均值的灵敏度最高，排序表示为：众值＜中位值＜均值。

(3)均值的代表性会随着变量的分布偏差而降低。因此，对于对称分布的变量来说，均值是具有代表性的；而对于偏态分布来说，它的代表性不如中位值。

(二)变量分布的形状—离散趋势

集中趋势衡量的是变量分布的集中程度，而离散趋势则用来衡量数据的差异程度或者变量的分散程度，从而评估估计值误差的大小。常用的参数包括异众比率、极差、方差和标准差等。

1. 异众比率

在集中趋势中，众值用来衡量变量的集中情况，如果变量分布中众值很少，则表明变量的取值比较分散。借助这一事实，异众比率就是通过计算非众值在整个变量取值中所占的比率来测量变量分布的离散情况的，计算公式为：

$$\gamma=\frac{(N-f_{m0})}{N}$$

其中 f_{m0} 代表众值的频次。异众比率的数值表示了数据的分散程度，数值越大表明数据越分散，数值越小表明分散程度越小。

2. 极差

观察值的最大值与最小值之差。比如以收入变量为例，最低收入为 1 000，最高收入为 7 000，则极差为 7 000－1 000＝6 000。极差只适用于定序以上的变量。

3. 方差和标准差

方差指观察值与其均值的差的平方和除以全部观察总数 n，计算公式为：

$$S^2=\frac{\sum(x_i-\bar{x})^2}{n}$$

其中，S^2 代表方差，x_i 表示为变量值，$\bar{x}$ 表示变量取值的均值。

方差的平方根即是标准差，计算公式为：

$$S=\sqrt{\frac{\sum(x_i-\bar{x})^2}{n}}$$

方差和标准差都仅适用于定距及以上变量。

异众比率、极差、方差和标准差等几个参数比较而言，主要有两方面的区别。

(1)变量层次的要求不同。异众比率适用于各个层次的变量，极差一般用于定序以上层次的变量，方差和标准差只适用于定距及以上层次的变量。

(2)衡量资料的准确度不同。虽然异众比率适用于所有层次变量，但是在使用时，如果变量是高层次的，方差和标准差则更为准确和灵敏。

三、单变量的峰态与偏态分布

以上，我们在讨论几种参数代表性的时候反复提到一个条件，就是变量的分布应满足或者接近正态分布。

(一)正态分布

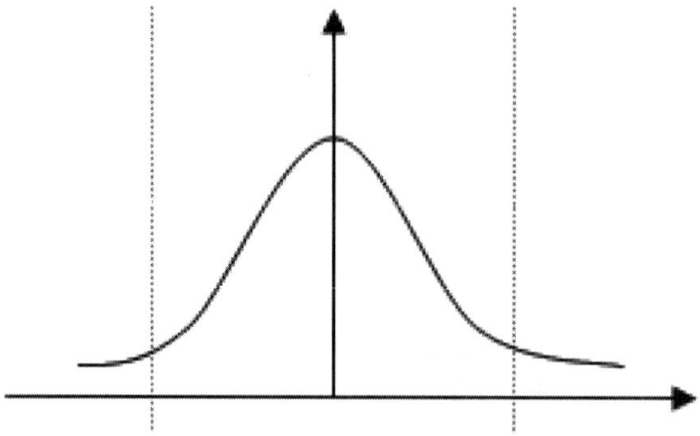

图 12-14 正态分布曲线图

正态分布也称常态分布,是连续随机变量概率分布的一种,它的图形具有左右对称、一条对称轴、单峰、均值为 0 等特点。正态分布曲线反映了随机变量的分布规律。理论上的正态分布曲线是一条中间高、两端逐渐降低、左右无限延伸且完全对称的钟形曲线(图 12-14)。

(二)偏态与峰态

如果变量的曲线分布出现了非对称等情况,就不再满足正态分布,而是出现了偏态和峰态的变化。偏态和峰态的概念在前面已经有所论及,我们在这里只针对 SPSS 中给出的偏态和峰态来讨论怎样使用它们。我们还是以 SPSS 较早版本自带的数据 Cars. sav 为例,选择好变量“马力”,然后进行偏态和峰态的计算,结果如表 12-1:

表 12-1 偏态和峰态的计算结果

描述统计量

	N	均值	偏度		峰度	
	统计量	统计量	统计量	标准误	统计量	标准误
马力	400	104.83	1.044	0.122	0.591	0.243
有效的 N(列表状态)	400					

通过计算可以看出,“马力”这一变量的偏态值和峰态值分别为 1.044 和 0.591。根据统计结论,偏态值小于“0”,是一种左偏的分布,又称负偏态;偏态值大于“0”,是一种右偏的分布,又称正偏态。如果偏态系数等于“0”,就是正态分布了。表中的偏态值为 1.044,是一种正偏态,从图形上看,是右侧拖着一条长长的尾巴。

峰态是衡量概率密度分布曲线在平均值处峰值高低的特征值。表征概率密度分布曲线在平均值处峰值高低的特征值反映了峰部的尖度,峰态值大于“0”,则为尖峰分布;峰态值小于“0”,则为扁平峰分布。示例中峰态值为“0.591”,为扁平峰分布。

第十三章　双变量的相关测量

对单变量的分析，我们关注的是变量的分布情况；对双变量及多变量的分析，我们关注的是变量之间的关系，并要以变量关系为基础来进行研究的推断。

单变量中一些参数的使用对变量的层次有所要求，双变量分析对变量层次的要求有增无减。针对不同的变量，会有不同的分析方法，一旦因为判断变量类别错误而选择了不适用的统计分析工具，则会带来错误的结果。考虑到教学层次，我们在此仅讨论双变量的相关测量，多变量及更复杂的统计分析，请参考其他文献。

大数据的出现，为我们判断事物之间的关联打开了更大的窗口，为我们分析事物及现象间关系提供了更多途径。样本量的增加，也为我们提供了进行变量间关联分析的多种可能的结果。

鉴于目前大数据分析工具和方法的现状，我们在此仍然以传统的数据为基础，讨论两个变量之间的关联性，并在这种关联性的基础上试图推断和预测变量间在未来时空里的关系。

双变量关联性的讨论主要从两个方面展开，一个是变量之间的关系的测量，另一个是变量之间关系的解释与预测。对于关系的测量，我们需要明确相关测量法的选择标准，这些标准包括：

- 变量的测量层次；
- 变量间的对称与非对称关系；
- 统计值有无消减误差比例意义。

对于变量测量结果的解释，我们需要关注的是：

- 相关的强度；
- 相关的方向(定序层次以上)；
- 消减的误差比例。

在这里，我们主要对定类—定类变量、定序—定序、定类—定距变量、定距及定比—定距及定比变量的相关及双变量的简单回归进行分析。本部分主要内容包括：

- 第一节：两个定类变量：Lambda，tau-y；
- 第二节：两个定序变量：Gamma，dy；
- 第三节：两个定距变量：简单线性回归与积矩相关；
- 第四节：其他变量类型的双变量相关分析(包括定类变量与定距变量)；
- 第五节：定类变量与定序变量、定序变量与定距变量等。

第一节　定类—定类变量关系分析

对于两个变量都是定类变量的分析，在 SPSS 软件中，我们依次点击“分析”“描述统计”“交叉表”，就会出现图 13-1 的对话框。交叉表中，按照要求选好行和列，行和列的选择可按照生成交叉表的情况自主选择。

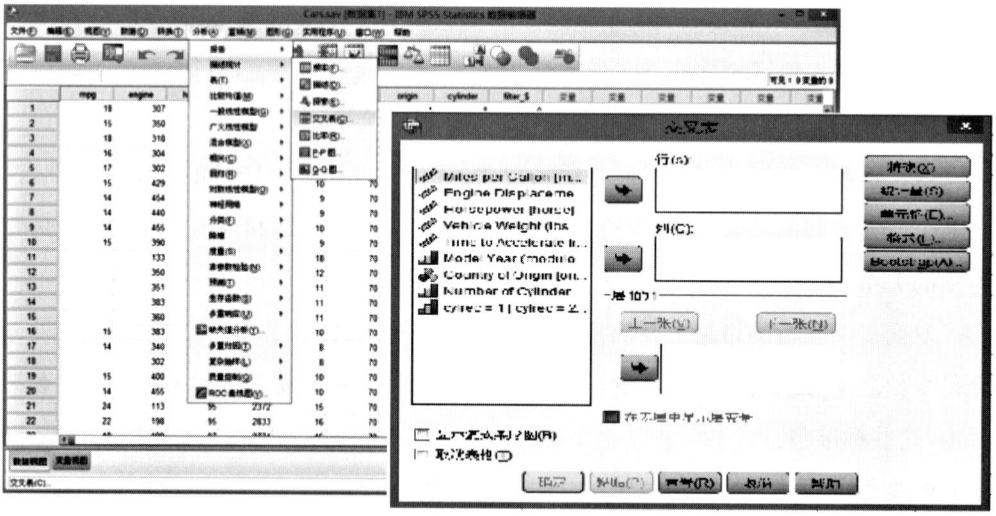

图 13-1　交叉表的使用

选好之后，点击“统计量”，就会出现如图 13-2 所示页面，图中用扁圆图形圈起来的部分为定类—定类变量关系分析所使用的方法。其中，卡方检验是变量间交互分析经常用到的。交互分析是传统调查研究常用的方法之一，用于研究两个变量之间是相互独立的还是存在某种关联性，适用于分析两个定类变量之间的关系。

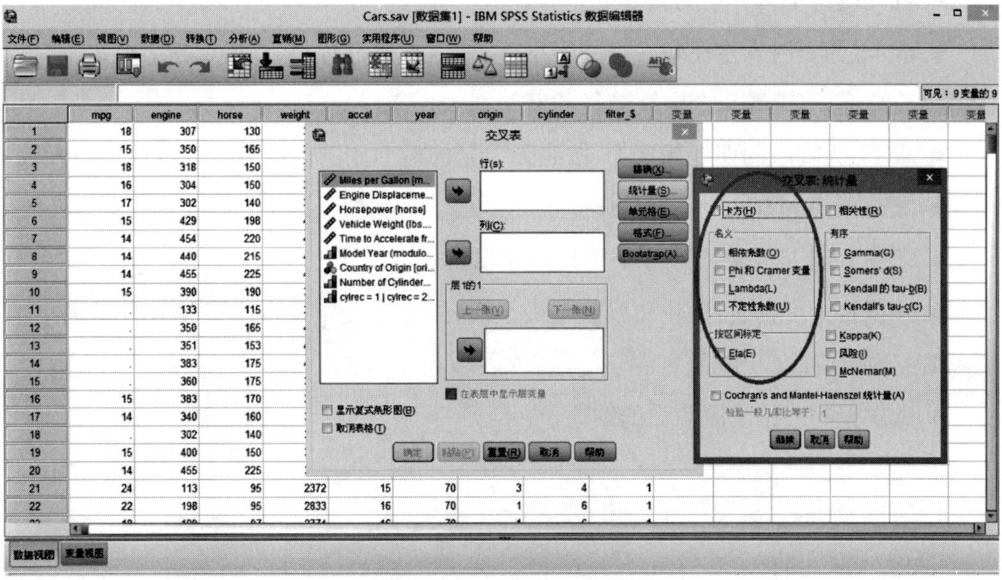

图 13-2　定类—定类变量的分析工具

一、卡方的计算及其应用

尽管我们已经可以用软件来进行各种运算，不再需要通过公式来手动计算，但是，我们还是应该对各个统计分析使用的方法和原理有所了解，这样在使用过程中才知道怎样运用计算出来的结果，以及结合这样的计算结果应该怎样解释变量之间的关系或者变量独立与否。χ^2（卡方）检验适用于拟合优度检验和变量间的独立性检验。

卡方检验的相关公式为：

$$\chi^2 = \frac{(n_{ij} - E_{ij})^2}{E_{ij}}$$

其中 E_{ij} 期望值的计算方法为：

成数法计算：$E_{ij} = n\,p_{ij}$

边缘和求解：$E_{ij} = \dfrac{n_{i*}\ n_{*j}}{n}$

(一)拟合优度检验

拟合优度检验用来衡量调查数据与原假设拟合的程度或一致的程度，比如我们可以用它来计算收视群体对电视节目是否有偏好差异等。利用卡方来进行拟合优度的检验，一般的检验过程如下：

- 首先确定 H_0，一般为无偏好差异。
- 求 H_0 为真时发生在每一组的概率，假如电视节目有 4 个，那么各个组在没有收视差异的情况下，观看每个电视节目的概率则为 1/4。
- 求 H_0 为真时的期望频次 f_e，按照无差异的概率比例计算每个节目观察的人数。
- 求观测频次与期望频次的偏差 f_0-f_e。
- 求 χ^2 统计量 $\chi^2=(f_0-f_e)^2\div f_e$。
- 根据自由度查表，比较概率值与最小值，或者比较 χ^2a 与计算得出的 χ^2 若 $\chi^2>\chi^2a$，则拒绝原假设。
- 做出拒绝或接受原假设的结论。

(二)独立性检验

除了拟合优度的检验外，卡方还可以进行独立性检验，可以通过观察一个频数分布形式的样本来判断其是否抽自一个符合既定分布模式的总体。

我们可以在 SPSS 的使用过程中省去这样的计算过程，但是对于计算出来的卡方，我们应该能够解读它的值的意义。

我们以“coffee. sav”数据为例来进行卡方分析。在此，需要验证的是原假设是否成立，即两个变量之间是否存在关联。对于独立性检验而言，计算过程是一样的，只不过我们对数据的意义和结果的解读会有所不同。

在一些分析的实例中，我们会看到有的卡方检验需要对数据进行加权处理，有的不需要加权。之所以会出现这样的情况，还是基于所使用的数据的特性。如果是对原始数据进行卡方检验，一般不需要进行频次加权；而如果是对已经整理好的分组数据进行卡方检验，就需要对变量进行频次加权。

进入卡方检验的窗口，在新的版本的 SPSS 中只要按照前面的操作说明执行命令就可以了；在旧的版本中，可以通过点击“非参数检验”找到“卡方分析”。作为示例的数据是原始数据，我们直接做卡方检验就可以了，在 SPSS 中依次点击“分析”“描述统计”“交叉表”“精确”后，会出现如图 13-3 的对话框。

按照要求设定好参数之后，点击“继续”和“确定”，就出现卡方检验的结果了。SPSS 会输出 3 个表，我们只需要看最后一个表即可(图 13-4)。

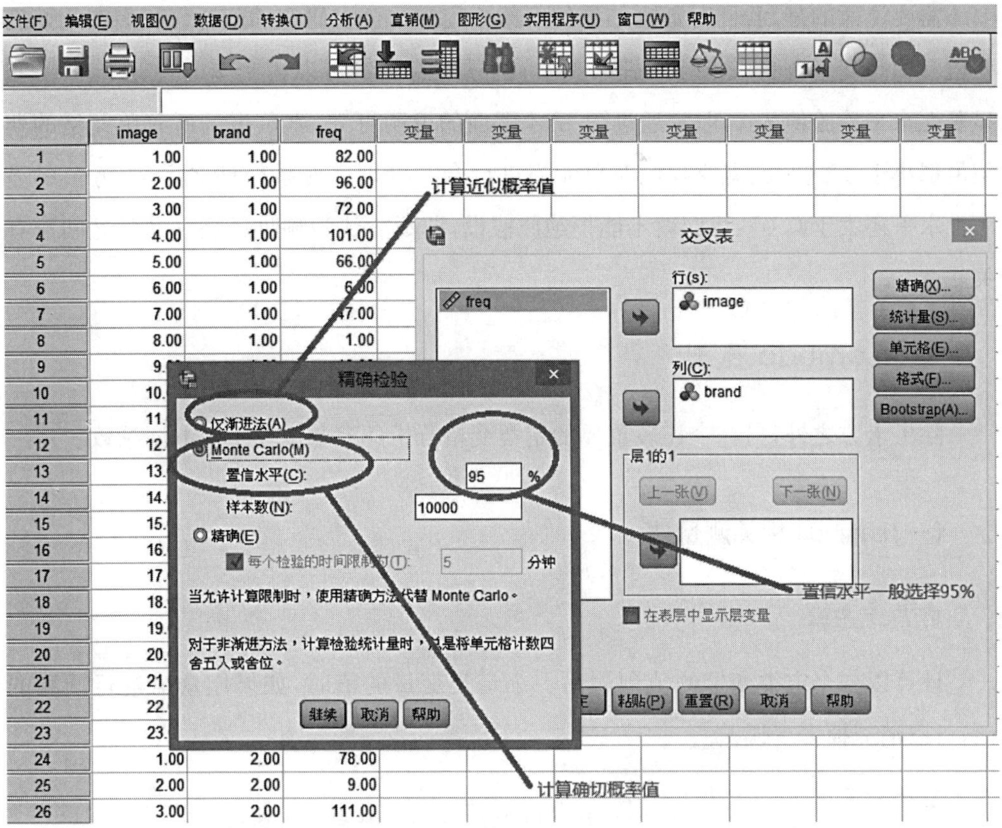

图 13-3　卡方检验的使用与说明

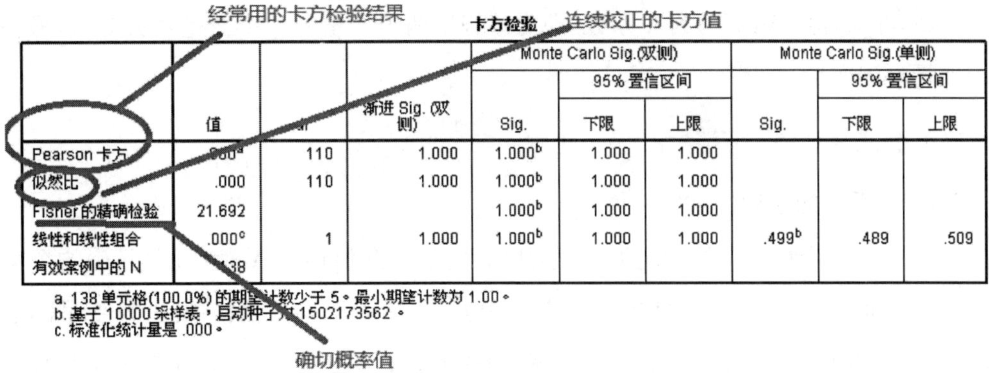

卡方检验

	值	df	渐进 Sig.(双侧)	Monte Carlo Sig.(双侧) Sig.	95% 置信区间 下限	95% 置信区间 上限	Monte Carlo Sig.(单侧) Sig.	95% 置信区间 下限	95% 置信区间 上限
Pearson 卡方	.000[a]	110	1.000	1.000[b]	1.000	1.000			
似然比	.000	110	1.000	1.000[b]	1.000	1.000			
Fisher 的精确检验	21.692			1.000[b]	1.000	1.000			
线性和线性组合	.000[c]	1	1.000	1.000[b]	1.000	1.000	.499[b]	.489	.509
有效案例中的 N	138								

a. 138 单元格(100.0%) 的期望计数少于 5。最小期望计数为 1.00。
b. 基于 10000 采样表，启动种子为 1502173562。
c. 标准化统计量是 .000。

图 13-4　卡方检验结果说明

按照一般的统计经验，理论数小于 5 的格子不能超过 20%；并且期望值不能等于 1。如果是四格表，要求则更加严格：所有的期望值≥5 并且总样本量 n≥40，用 Pearson 卡方进行检验；如果期望值≥1 且<5，并且 n≥40，用连续性校正的卡方进行检验；如果期望值<1 或 n<40，则用 Fisher's 进行检验。

需要注意的是，我们对数据结果的解读一定要结合要研究的问题。我们在此处需要检验的是变量咖啡风格和品牌的关系，通过检验我们可以得到卡方值是 0.000，其显著性水平检验值为 1，但是通过图 13-4 下面的说明可知，本数据的所有单元格的期望值都小于 5，这时就需要我们对单元格进行合并处理。如果处理之后，卡方值的显著性水平还大于 0.05，我们就不能拒绝原假设，即不能认为咖啡风格和品牌之间没有关联性。

二、Lambda 系数

除了卡方之外，另一个比较重要的定类变量分析的参数就是 Lambda 系数。

(一)Lambda 相关测量法

1. 基本逻辑

计算以一个定类变量的值预测另一个定类变量的值时，如果用众值进行预测的话，可以消减掉多少误差。

2. 两种形式

(1)对称形式：简写为 λ 系数，其特点是假定两个变量的关系是对称的，即不分自变量与因变量。

(2)非对称形式：简写为 λ_y 系数，即能够假定两个变量中一个变量是自变量，另一个变量是因变量。

3. 公式原理

(1) λ_y 系数的原理。

不知道 X 变量信息的情况下，只能用 Y 变量的众值预测 Y 值，预测正确的个案数为 M_y，而预测错误的个案数(全部误差)公式为：$E_1=n-M_y$；如果知道 X 变量的信息，每一个 X 值下，Y 变量都有一个众值，用这个众值预测 Y 值，预测正确的个案数公式为 $E_2=\sum M_y$，预测错误的个案数公式为：$E_2=n-\sum M_y$。

(2)λ 系数的原理。

$$E_1=(n-M_y)+(n-M_x)=2n-(M_x+M_y)$$

$$E_2=(n-\sum M_y)+(n-\sum M_x)=2n-(\sum M_x+\sum M_y)$$

$$E_1-E_2=2n-(M_x+M_y)-2n+(\sum M_x+\sum M_y)$$

$$=\sum M_x+\sum M_y-(M_x+M_y)$$

4. 运用 λ 公式需要注意的问题

(1)λ_y、λ 系数值表示相关强度，其取值范围为 0—1。

(2)λ_y表示用 X 值预测 Y 值时所能消减掉的误差比例。

(3)λ 表示用 X 值和 Y 值相互预测时所能消减掉的误差比例。

Lambda 相关测量法的特点是以众值作为预测的准则，不考虑众值以外的次数分布。因此，如果全部众值都集中在条件次数表的同一列或同一行时，Lambda 系数就会等于 0。

(二)tau-y 相关测量法

1. 关于 tau-y 系数

- tau-y 是不对称相关测量法。
- 系数值的取值范围为 0—1。
- 系数具有消减误差比例的意义。
- tau-y 系数的敏感度高于 Lambda 系数。

2. 计算步骤

- 求出 E_1(不知 X 而预测 Y 时的全部误差)和 E_2(知道 X 预测 Y 时所犯的错误)。
- 计算消减误差的比例。

3. 相关公式：$tau\text{-}y=\dfrac{E_1-E_2}{E_1}$

我们以“coffee. sav”数据为例，来分析其中两个变量的关联，操作过程同图 13-1。我们还是分析变量“image”和“brand”，把它们分别选入行和列之后，选好精确值，然后选择“统计量”，就会出现如图 13-5 的对话框。我们把名义变量分析的几个栏都选好后，输出结果如图 13-6。结果中，除了必要的频次交叉表之外，主要是“方向度量表”和“对称度量表”。在“方向度量表”中，Lambda 的值是 0. 164，其显著性检验值为 0，这一结果在统计上是显著的，但是由于其值非常小，在实际的问题分析中，这两个变量之间关联性不大，因此我们不能认为风格和品牌之间有显著的关联性。

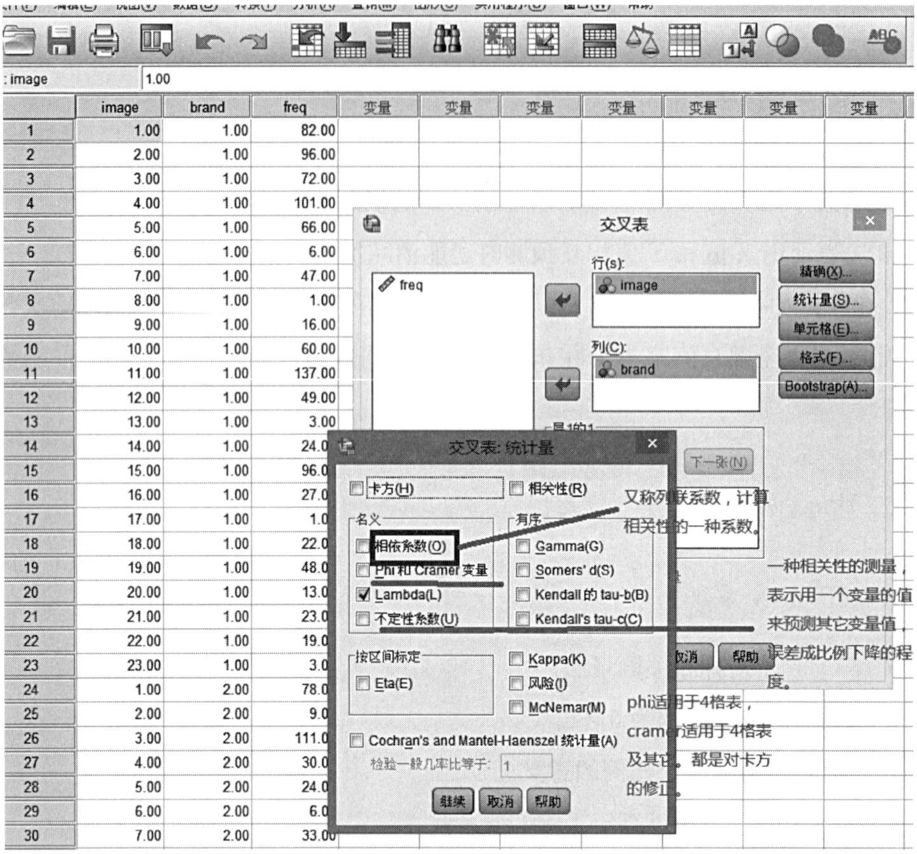

图 13-5 双定类变量交叉分析

方向度量

			值	渐进标准误差[a]	近似值 T[b]	近似值 Sig.	Monte Carlo Sig. Sig.	95% 置信区间 下限	95% 置信区间 上限
按标量标定	Lambda	对称的	.164	.007	21.279	.000			
		image 因变量	.081	.007	11.879	.000			
		brand 因变量	.262	.011	21.787	.000			
	Goodman 和 Kruskal tau	image 因变量	.040	.001		.000[c]	.000[d]	.000	.000
		brand 因变量	.165	.004		.000[c]	.000[d]	.000	.000
	不定性系数	对称的	.166	.004	39.156	.000[e]	.000[d]	.000	.000
		image 因变量	.131	.003	39.156	.000[e]	.000[d]	.000	.000
		brand 因变量	.227	.006	39.156	.000[e]	.000[d]	.000	.000

a. 不假定零假设。
b. 使用渐进标准误差假定零假设。
c. 基于卡方近似值
d. 基于 10000 采样表，启动种子为 2000000。
e. 似然比卡方概率。

对称度量

		值	近似值 Sig.	Monte Carlo Sig. Sig.	95% 置信区间 下限	95% 置信区间 上限
按标量标定	φ	.897	.000	.000[a]	.000	.000
	Cramer 的 V	.401	.000	.000[a]	.000	.000
	相依系数	.668	.000	.000[a]	.000	.000
有效案例中的 N		4662				

a. 基于 10000 采样表，启动种子为 2000000。

>警告#3211
>在至少一个个案中,加权变量值为零、负值或缺失。这类个案对于统计过程和需要正向加权个案的图形不可见，但会保留在文件中，并由非统计性工具，如UST
>和SAVE进行处理

图 13-6 双定类变量交叉分析结果输出

第二节　定序—定序变量关系分析

如果两个变量都是定序变量，我们就可以用 Gamma 系数和 dy 系数简化这两个变量的关系。这两个相关系数都是分析两个变量的等级关系，因此，用这两个系数进行分析的方法也叫级序相关法。

级序相关法的基本逻辑是：根据任何两个个案在某变量上的等级来预测它们在另一个变量上的等级时，可以减少的误差是多少。也就是说，级序相关法是以每对个案之间的相对等级作为预测的准则的。

用户在 SPSS 中，依次点击“分析”“交叉表”，选择好需要分析的两个定序变量之后，点击“统计量”，即可见到如图 13-7 的窗口，图 13-7 中圈起来的部分就是对两个定序变量关系的分析。

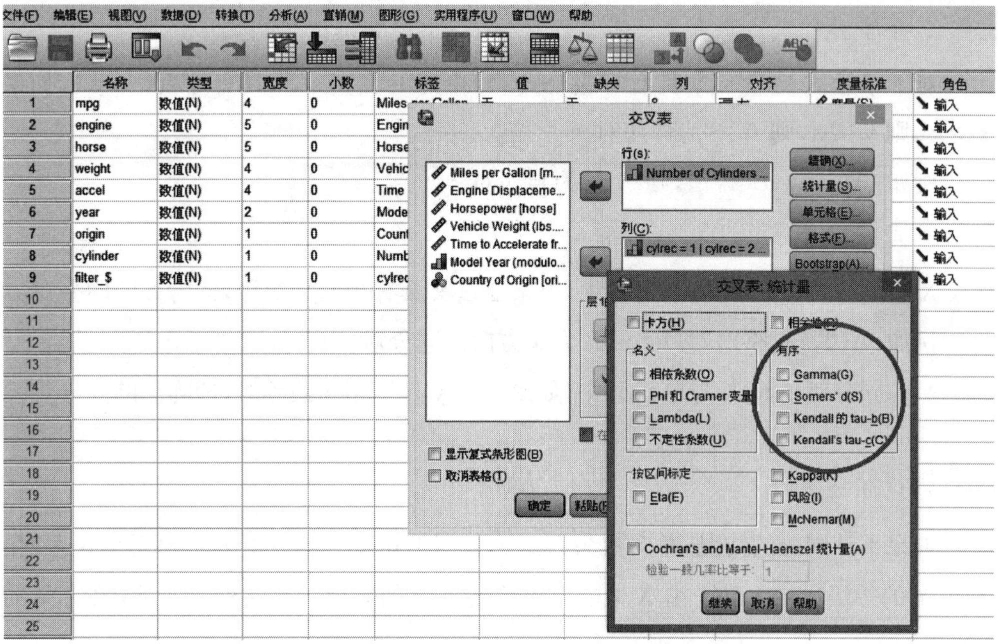

图 13-7　定序—定序变量的分析工具

在被圈起来的 4 个系数中，最经常用到的是 Gamma 系数和 d_y 系数，以及选项“相关性”中的斯皮尔曼等级相关系数。

一、Gamma 相关系数

(一)计算公式

$$G=\frac{N_s-N_d}{N_s+N_d}$$

其中:

N_s=同序对的数目;N_d=异序对的数目。

(二)同序对、异序对、同分对

1. 同序对

对于单元 A 变量 x,y 具有等级(x_i,y_i);对于单元 B 变量 x,y 具有等级(x_j,y_j)。如果 $x_i>x_j$,则 $y_i>y_j$,则 A、B 为同序对。

例如:A(2,3);B(5,9),则为同序对。

2. 异序对

对于单元 A 变量 x,y 具有等级(x_i,y_i),单元 B 变量 x,y 具有等级(x_j,y_j),如果 $x_i>x_j$,则 $y_i<y_j$,则 A、B 为异序对。

例如:A(4,6);B(2,7),则 A、B 为异序对。

3. 同分对

X 的同分对单元 A 与单元 B 中,如果变量 x 具有相同的等级,即为 x 的同分对。

例如:A(2,5),B(2,7),则 A、B 为 x 方向的同分对。

Y 的同分对单元 A 与单元 B 中,如果变量 y 具有相同的等级,即为 y 的同分对。

(三)公式原理

如果不计同分的情况,总对数为 N_s+N_d,当不知道 X 与 Y 之间存在等级关系时,X 与 Y 的等级比较无助于由 X 上的等级预测 Y 上的等级。在这种情况下,预测 Y 的等级纯属随机,即每对个案被猜对与猜错的概率各占一半。此时,$E_1=\frac{1}{2}(N_s+N_d)$。如果知道 X 与 Y 之间存在等级关系,并用 X 上的等级预测 Y 上的等级时,同序对都猜对了,异序对都猜错了,也就是说,$E_2=N_d$。

$$G=PRE=\frac{E_1-E_2}{E_1}=\frac{\frac{1}{2}(N_S+N_d)-N_d}{\frac{1}{2}(N_s+N_d)}=\frac{\frac{1}{2}(N_s-N_d)}{\frac{1}{2}(N_s+N_d)}=\frac{N_s-N_d}{N_s+N_d}$$

（四）作用

用来反映两个有序变量间的对称相关性。Gamma 靠近 0 时，表示两个变量之间有很小的相关性或者没有相关性；靠近 1 时，表明两个变量具有很强的相关性。

（五）Gamma 相关系数的应用注意事项

- 用于对称关系。
- 系数值为－1 至＋1。
- 有消减误差比例的意义。

二、d_y 系数

（一）计算公式

$$d_y = \frac{N_s - N_d}{N_s + N_d + T_y}$$

其中，N_s是同序对数，N_d是异序对数，T_y是只在因变量 Y 上同分的对数。

（二）应用这一系数需要注意的事项

- d_y 系数用于非对称关系。
- 系数值为－1 至＋1。
- 具有消减误差比例的意义。

三、斯皮尔曼等级相关系数

斯皮尔曼等级相关系数用于计算个案在两个变量上的等级时，不仅要区分二者的等级高低差异，还要计算二者差异的确切数值。

（一）计算公式

$$r_s = 1 - \frac{6\sum D^2}{n(n^2 - 1)}$$

其中，D 表示个案在两列级序上的差值；n 表示全部的个案数目。取值范围为－1 至＋1。

(二)作用

等级相关用来研究定序变量之间是否具有等级相关性,用来检验级序之间的关联程度。

例如:我们事先假定,在高校内,职称越高,收入越多。实际情况如何呢?对实际情况的验证即利用等级相关性进行的检验。

(三)r_s的取值范围

1. 正等级相关

两个定序变量的变化方向是在相同的方向上展开。最小值为 0,最大值为 1。

2. 负等级相关

两个定序变量的变化方向在相反的方向上展开,[-1,+1]-1 表示完全负相关,1 表示完全正相关,0 表示不相关。

(四)应用 Spearman 的 $r_s(\rho)$系数时须注意的问题

- 用于对称关系。
- 系数值-1 至+1。
- r_s^2有消减误差比例的意义。
- 要求同分对的情况不多。

四、tau 系数

tau 系数有三种形式,分别为 tau-a、tau-b 和 tau-c,都是适用于分析对称的变量关系。这一系列公式的基本逻辑,就是计算同序对的对数与异序对的对数的差值在全部可能对数中所占的比例。其计算公式分别如下:

$$tau\text{-}a = \frac{N_s - N_d}{\frac{1}{2}n(n-1)}$$

$$tau\text{-}b = \frac{N_s - N_d}{\sqrt{N_s + N_d + T_x}\ \sqrt{N_s + N_d + T_y}}$$

$$tau\text{-}c = \frac{2m(N_s - N_d)}{n^2(m-1)}$$

其中，N_s是同序对数，N_d为异序对数，n 为全部个案数，m 为交互分类表的行数(r)和列数(c)中的较小者。tau 系数的取值范围为[－1,＋1]。

对于双变量都为定序变量来说，当我们说相关强度的时候，一定要明确地说出到底是什么相关系数，因为用不同的相关测量法计算出来的相关系数值是不一样的，比如，G、dy、tau-c 等。

在 SPSS 中，我们从图 13-7 可知，分析定序变量相关的系数除了 Gamma 和 Somers'd，还有 Kendall 的 tau-b 和 tau-c 系数。其中，Somers'd 是 Gamma 检验的非对称推广，取值在－1 至＋1 之间，绝对值越靠近 1，相关性越强；越靠近 0，相关性越弱。Kendall 的 tau-b 是对定序变量的非参数检验，绝对值表示相关性的大小，符号表示相关方向，它考虑了相同值的测量并将其计入计算过程中。Kendall 的 tau-c 则将相同的观测值从计算中剔除了。

我们以"employee. sav"数据为例，分析"接受教育的程度"和"受雇佣的类别"两个变量之间的关系。按照定序变量分析的操作，我们选择两个变量分别进入行和列，并设置好精确值之后，点击"统计量"，就出现了双定序变量的对话框，我们把 SPSS 中进行定序变量统计量分析的几个系数都选择好后，点击"确定"，就出现了如图 13-8 的结果。

方向度量

							Monte Carlo Sig.		
								95% 置信区间	
			值	渐进标准误差[a]	近似值 T[b]	近似值 Sig.	Sig.	下限	上限
按顺序	Somers'd	对称的	.392	.040	8.548	.000	.000[c]	.000	.000
		Educational Level (years) 因变量	.583	.059	8.548	.000	.000[c]	.000	.000
		Employment Category 因变量	.296	.033	8.548	.000	.000[c]	.000	.000

a. 不假定零假设。
b. 使用渐进标准误差假定零假设。
c. 基于 10000 采样表，启动种子为 2000000。

对称度量

						Monte Carlo Sig.		
							95% 置信区间	
		值	渐进标准误差[a]	近似值 T[b]	近似值 Sig.	Sig.	下限	上限
按顺序	Kendall's tau-b	.415	.042	8.548	.000	.000[c]	.000	.000
	Kendall's tau-c	.331	.039	8.548	.000	.000[c]	.000	.000
	γ	.651	.061	8.548	.000	.000[c]	.000	.000
	Spearman 相关性	.484	.046	12.014	.000[d]	.000[c]	.000	.000
按区间	Pearson 的 R	.514	.036	13.013	.000[d]	.000[c]	.000	.000
有效案例中的 N		474						

a. 不假定零假设。
b. 使用渐进标准误差假定零假设。
c. 基于 10000 采样表，启动种子为 2000000。
d. 基于正态近似值。

图 13-8　双定序变量相关分析的结果

方向的度量上，Somers'd 的值为 0.392，其显著性检验值为 0，在统计上呈显著性相关，只是值比较小。Sperarman 等级相关系数为 0.484，显著性检验值为 0，在统计上是显著的，结合具体的变量分析，我们可以认为，教育程度和聘用的类别之间存在相关性，教育程度越高，被聘用的级别也越高，其关联值为 0.484。考虑到同序对、异序对等因素的影响，还可以观察 γ 值，为 0.651，统计上也呈现显著性。

第三节　两个定距变量的简单线性回归与积矩相关

当我们分析的两个变量都是定距及定比变量的时候，在 SPSS 中的操作如图 13-9。

图 13-9　定距变量与定距变量的相关与回归

考虑到社会科学变量的性质和层次，SPSS 中使用的主要是简单的线性回归法，即用直线方程，以一个定距变量（自变量）的数值预测或估计另一个定距变量（因变量）的数值的方法。对于两个定距变量相关性的分析，主要采用的是积矩相关系数（Pearson 的 r 系数），用它来测量两个定距变量的相关程度和方向。

一、回归分析

(一)简单线性回归分析法的原理

如何根据每个 X 值来估计 Y 值呢？根据统计学上的推断，以均值来预测或估计定距变量值造成的误差最小。因此，在散布图中的每个 X 值上虽然可能有多个小点(即多个 Y 值)，但我们在估计时就要取其均值。也就是说，在图中的每个 X 值上，我们可以多加一个小点，表示相应的各个 Y 值的平均数。由于这条回归线是由均值构成的，原则上以之来预测 Y 值造成的误差最小。然而，这条线通常是曲折的，很难用一个方程式来表示。为求运算方便，最好是将回归线变成一条直线，即用 Y'＝bx＋a 这个方程式来表示。

(二)最小平方准则

假定我们根据一条直线来以自变量的某个值(X_i)估计因变量的某个值(Y_j)，所估计的值是 $Y_{j'}$，而实际上该值是 Y_j，则误差是 $e = Y_j - Y_{j'}$。原则上，将全部样本个案的各个 e 相加起来就是误差总数，但这样做会出现正负值相抵消的现象，所以，我们要改为把 e 的平方值相加求和。因此，如果回归直线在坐标图中的位置能够使 $\sum e^2$ 最小，就理应是最佳拟合线。所谓最小平方准则，就是使回归方程式误差(即 $\sum e^2$)最小的准则。

(三)计算斜率和截距的公式

统计学家根据最小平方准则推导出了回归直线的位置，其斜率(b)的计算公式为：

$$b = \frac{\sum (X-\bar{X})(Y-\bar{Y})}{\sum (X-\bar{X})^2}$$

其中，X 是自变量的值，$\bar{X}$ 是自变量 X 的均值；Y 是因变量，$\bar{Y}$ 是因变量 Y 的均值，n 是全部个案数目。

截距(a)的计算公式为：

$$a = \bar{Y} - b\bar{X} = \frac{\sum Y - b(\sum X)}{n}$$

我们了解了一元线性回归方程的原理和计算方法，再使用 SPSS 进行回归分析的时候，建立回归方程就简单了。比如我们以“cars”数据为例，分析并建立“马力

(Horsepower)”和“发动机重量(Vehicle Weight)”之间的回归方程,“发动机重量”作为自变量,“马力”作为因变量,通过 SPSS 的计算,可得以下结果:

做出一元线性回归的统计结果后,我们需要对几个图进行解读。首先,我们看“模型汇总”,其中 R=0.859,拟合优度 R^2=0.739,调整后的 R^2=0.738。拟合优度 R^2 是回归分析的决定系数,说明自变量和因变量形成的散点与回归曲线的接近程度,取值范围在 0—1 之间,数值越大,说明回归得越好。这一示例中,拟合优度为 0.739,调整后的拟合优度为 0.738,说明用自变量来预测因变量效果还是不错的。

➜ 回归

[数据集1] C:\Program Files (x86)\SPSS\Cars.sav

输入/移去的变量[b]

模型	输入的变量	移去的变量	方法
1	Vehicle Weight (lbs.)	.	输入

a. 已输入所有请求的变量。
b. 因变量: Horsepower

模型汇总

模型	R	R 方	调整 R 方	标准 估计的误差
1	.859[a]	.739	.738	19.720

a. 预测变量: (常量), Vehicle Weight (lbs.)。

Anova[b]

模型		平方和	df	均方	F	Sig.
1	回归	437321.468	1	437321.468	1124.566	.000[a]
	残差	154774.310	398	388.880		
	总计	592095.778	399			

a. 预测变量: (常量), Vehicle Weight (lbs.)。
b. 因变量: Horsepower

常数项

系数[a]

模型		非标准化系数		标准系数	t	Sig.
		B	标准 误差	试用版		
1	(常量)	10.778	3.586		-3.006	.003
	Vehicle Weight (lbs.)	.039	.001	.859	33.535	.000

a. 因变量: Horsepower

系数b

图 13-10 一元线性回归分析结果视图

Anvoa(analysis of variance)表显示的是方差分析的结果，其中 df 为自由度，F 为 df 自由度下、sig(significant)为 0.05 时的临界值，sig 是 F 值实际显著性的概率 P 值，当 sig≤0.05 的时候，说明回归系数有统计学意义。反之，若这个表中的 P 值为 0，我们也可以认为这个回归模型是有统计学意义的。最后一个系数表分别用线条表示了哪个为回归方程的系数 b，哪个为常数项 a。在这里，对于系数和常数项都进行了 t 检验，检验结果证明，无论是系数还是常数项都具有统计学上的意义。把数值代入回归方程，y=0.039x+10.778，我们所建立的回归方程即算完成。

值得注意的是：

- 回归系数 b 用于非对称关系。
- b 值表示自变量对因变量影响的大小和方向。
- b 值的大小不限于−1 至+1(大小与衡量单位有关)。

二、相关分析

对于两个变量都属于定距及以上变量的相关分析，在 SPSS 中的操作如下：分别点击“分析”“相关”“双变量”，即可以看到如图 13-11 的窗口。

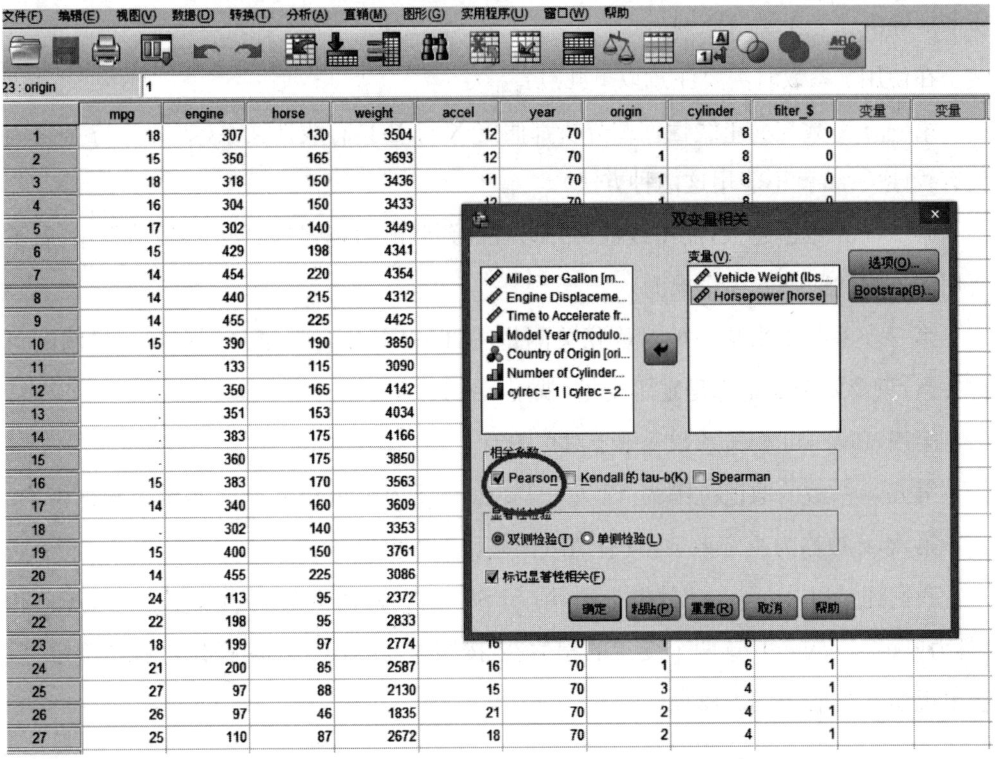

图 13-11　定距变量的双变量相关分析

图 13-11 中所圈的 Pearson 相关系数即相关分析常用的系数。

(一)计算公式

$$r=\frac{\sum(X-\bar{X})(Y-\bar{Y})}{\sqrt{(X-\bar{X})^2}\ \sqrt{(Y-Y)^2}}$$

其中 X 和 Y 分别是两个变量的取值，X 和 Y 分别是 X 和 Y 的均值。

(二)公式的原理与 r^2 的意义

由于 r 系数是测量两个定距变量的相关性的，故在预测或估计数值时应以均值作为准则。如果不知道 X 值，我们在预测每个 Y 值时所犯的误差便是 $Y-\bar{Y}$。为了避免正负值相抵消，要把每个误差值变成平方值，全部误差(E_1)就是$\sum(Y-\bar{Y})^2$。

现在我们已知 X 值，并且利用线性回归方程式($Y'=bx+a$)来预测每个 Y 值，这样的预测的误差是 $Y-Y'$，因而所消减的误差是：$(Y-\bar{Y})-(Y-Y')=Y'-\bar{Y}$，再将这个消减误差值变成平方值并求和所得$\sum(Y'-\bar{Y})^2$，就是以 X 变量预测 Y 变量所能减除的误差总数(E_1-E_2)。

在使用 r 系数时需要注意以下几点：

第一，r 系数与简单线性回归分析都假定 X 与 Y 具有线性关系(如果 X 与 Y 之间没有线性关系，就不能用这两种方法)。

第二，r 系数值越大，简单线性回归方程的预测能力越强(如果 r 系数值很小，就不要用简单线性回归方程作预测)。

第三，r 系数本来是一种对称相关测量法，但很多社会学家并不在意变量间的对称关系，只要两个变量都是定距变量，就用 r 系数。

第四，Pearson 相关系数 r 用于对称关系。

第五，r 系数的取值范围为－1 至＋1；－1 表示完全负相关，＋1 表示完全正相关。

第六，r^2 被称为决定系数，具有消减误差比例的意义。

我们还是以“cars. sav”数据为例，用 SPSS 分析“发动机重量(Vehicle Weight)”和“马力(Horsepower)”这两个变量的相关性，按照前面的操作说明操作，点击“确定”后会出现如下结果(图 13-12)。

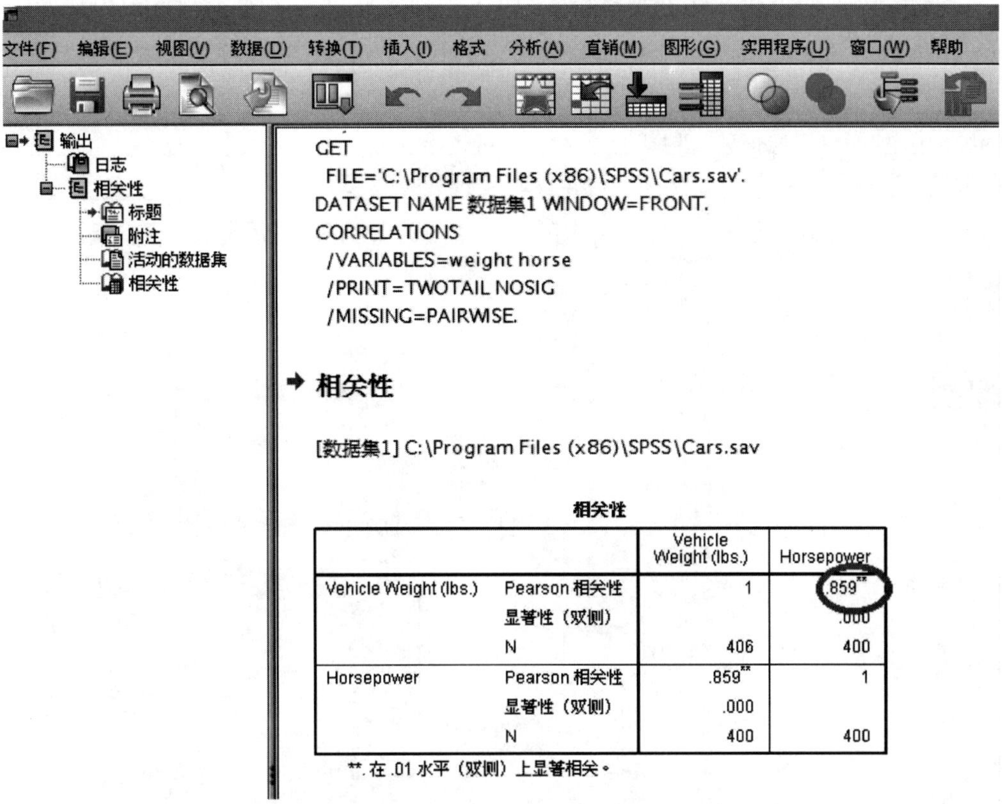

图 13-12　定距变量双变量相关结果

图 13-12 中的“相关性”表格给出了相关系数以及它的显著性检验。通过 SPSS 计算，相关系数 r＝0.859，其显著性检验为 0.000，小于 0.01，因此我们认为这两个变量在统计上呈现相关性，其相关系数绝对值为 0.859，接近 1，我们认为这两个变量在统计上呈高度相关性。

第四节　其他类型的双变量相关

除了上述几种双变量的相关分析之外，还存在其他几种双变量的相关分析，如定类变量与定距变量的相关分析、定序变量与定距变量的相关分析等。

一、定类变量与定距变量

对于一个变量是定类变量，另一个变量是定距及以上变量的分析，通常用相关比率(Eta 系数)进行分析。在分别点击“分析”“描述统计”“交叉表”之后,会出现如图 13-13 的窗口,圈出的部分是 Eta 系数。

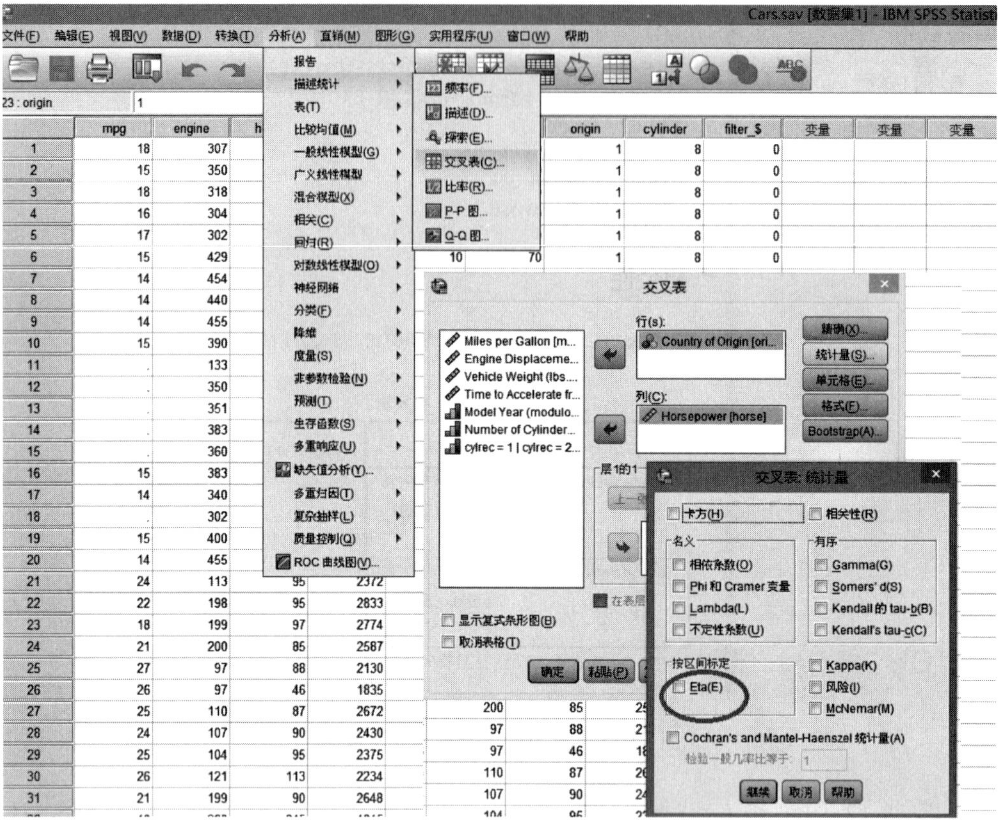

图 13-13　Eta 系数的计算

(一)相关比率

相关比率(又称为 Eta 平方系数,简写为 E^2),是以一个定类变量(X)为自变量,以一个定距变量(Y)为因变量的非对称相关测量法。

(二)公式

$$E^2 = \frac{\sum (Y - \bar{Y})^2 - \sum (Y - \bar{Y}_i)^2}{\sum (Y - \bar{Y})^2}$$

$$E = \sqrt{E^2}$$

其中，Y 是因变量的值，$\bar{Y}$ 是因变量的均值；$\bar{Y}_i$ 是在每个自变量值（X_i）上各因变量的均值。Eta 系数值（E）为 0—1；Eta 系数的平方（E^2）具有消减误差比例的意义。

（三）公式原理

由于因变量（Y）是定距变量，如果不知道 X，便应以均值作为预测的准则，全部误差（E_1）是 $\sum(Y-\bar{Y})^2$，取其平方值可以避免正负值互相抵消。

Eta 系数适用于两个系数均为定距变量的情况，Eta 系数所测量的是 Y 变量（定距）值在不同的 X 变量（定类）值中的差异情况。如果两个定距变量之间的关系是非线性的，则我们可将其中的一个变量（一般是自变量）看作是定类变量，然后用 Eta 系数来测量相关情况。这种将定距变量看作定类变量的做法，必然会使我们不能充分应用该变量的数学特性，如高低的比较或加减的运算，但其好处是可以照顾到变量间的非线性关系。

Eta 系数用于测量一个定类（或定序）变量与一个定距变量的相关关系，但也可用于测量非线性关系的两个定距变量的相关关系；Eta 系数值与 r 系数值相互比较，就可以大致知道变量间是否为非直线关系：两值相差越大，越表明变量间的关系是非线性的。

二、其他情况

（一）定类—定序变量相关

如果测量的是一个定类变量和一个定序变量的相关关系，就可以把其中的定序变量看成是定类变量，然后用 Lambda 和 tau-y 系数测量它们的相关关系。

（二）定序—定距变量相关

如果测量的是一个定序变量和一个定距变量的相关关系，就可以把其中的定序变量看成是定类变量，然后用 Eta 系数测量它们的相关关系。

第十四章　调查报告的撰写

到了撰写调查分析报告(下简称“调查报告”)的阶段,整个调查和数据分析工作已经接近尾声了,但这并不是说可以忽视调查报告的撰写。调查工作的质量如何、数据分析的结论是否对现实问题有指导意义,都会反映在报告里。因此,调查报告的撰写非常重要。

无论是哪种形式的调查,调查报告都是对前面调查工作的汇总和提升。无论前面采取的是定量研究还是定性研究,是二手文献研究还是实地调查,都需要对找到的数据和资料进行梳理、总结及提炼,这些工作都需要在调查报告中完成。

对于调查报告的撰写,我们要基于真实的数据和资料,本着客观和严谨的态度,遵循逻辑推理关系,谨慎、客观地得出结论和建议,不能以部分数据来推断过大的范围。另外,任何结论和建议的提出都应基于调查工作的实际情况,而不应该夹带个体利益,使得结论和建议与真实情况相背离。

根据所调查的领域和主题的不同,调查报告的风格会有差异,学术研究型的调查在撰写的时候需要提炼理论的贡献和意义,更侧重理论脉络的梳理及调研后对原有理论的贡献或者更新;应用性质的调查报告则更侧重于问题的发现与解决。

第一节　调查报告的基本结构

不同领域、不同主题的调查报告有着相似的基本结构,都包括标题、摘要、正文、结论与建议、发布与声明这五个部分,有的报告还会附有附录。

一、标题

调查报告的标题一般有两种形式。一种是单标题式的,如“关于某某的研究报告”;另一种是双标题式的,即一个主标题、一个副标题,如“还首都蓝天——对北京市周围企业排污情况的调查”。标题形式的选择并没有固定标准和要求,只要能够让人知道调查报告的主题和主要内容或者调查报告的主要目的就可以了。总的来说,调查报告的标题要求简单明了,需要呈现主要问题与重要调查点,一般不需要进行文学式的渲染。

二、摘要

摘要的目的主要是以简洁的语言将本次调查的重点内容及问题予以总结和呈现。考虑到一些阅读调查报告的人对调查和数据分析的整个过程并不感兴趣,或者根本没有时间详细阅读整个报告,他们关注的是最终的分析结果和调查结论。即使是有时间、有兴趣阅读整个调查报告的人,也需要先阅读简短的调查摘要,对本次调查有一个大致的了解后,才会有兴趣继续阅读。因此,调查报告的摘要部分非常重要,作为唯一可能被阅读的部分,它需要用简洁而凝练的语言,概括性地阐述调查重点和调查结果。

如果是针对某个产品的推广所做的市场调研,需要明确这个产品的竞争对手及其营销和广告策略、产品在消费者使用和评价过程中的优缺点、本产品的营销及广告策略的优劣势,以及根据调查结果可以采取的措施等。

三、正文

调查报告的正文可以细分为引言部分和数据分析部分。引言部分主要用于交代本次调查的基本情况,数据分析部分主要用于展示数据及资料分析的方法和过程。

(一)引言

引言是调查报告正文的引子,主要用来交代调查工作的缘起、调查的主要内容、调查方法,同时对调查的时间、地点、调查对象、调查对象、调查过程等要素做简要的概括和说明。从调查报告整体来看,这部分属于引导部分,其主要作用是通过简短地交代本次调查的基本情况引出正文部分。引言看似简单,实际上会对后面正文的可信度造成影响，也关系到结论是否客观公正、是否有代表性。一项调查项目，我们除了要看它得出的创新性的结论之外，还要看它所选用的调查方法和调查对象，甚至还要看调查时间和调查地点是否是选在了有特殊事件和背景的情况之下，这些都会影响调查结论的客观性和代表性。因此，如何选择合适的调查和抽样方法、如何选择调查的时间和地点、怎样选取调查对象，都是调查人员在开展实地调查阶段和报告撰写阶段需要客观对待的问题。前面的工作没有做好或者做好了没有交代好，都会影响后续的写作和结论的可信度。

(二)数据分析过程

这部分是整个调查报告的重点内容，其主要作用是选择合适的方法对调查搜集来的数据或者截取的有意义的大数据中的部分数据展开分析，慢慢为后面结论的得出积累论据。

这部分的写作，无论是基于一手调查还是二手文献，都需要处理大量的图表和数据。处理图表时，需要调查人员结合报告需要和读者的需要，恰当地选择图表，不能直接把软件输出的表格复制过来，要按照图表及报告的基本要求添加清楚表头和表号、图片的编号等。一般来说，图表要能够传达比较多的数字信息，不能一个变量一个图表。对于重要的变量，使用的图表往往会多一些，而一些基本信息的变量所使用的图表要更综合一些。如果是二手数据，除了必要的图表编号之外，还需要注明数据的出处和来源。如果数据只是来源于网络，一般可信度不大，很难得出客观公正的分析结论。

关键变量的数据分析，除了需要调查人员根据研究主题和报告阅读者所关心的问题筛选出重要的变量之外，还需要调查人员根据变量要求选择适合的分析工具和分析方法。本书只是就数据分析常用的 SPSS 软件做了比较简单的使用介绍，但是在实际的定性、定量数据分析过程中，可以选择的软件有很多，这些分析软件对数据的具体要求不同，具体使用什么软件，还需要研究者根据实际需要和数据特性做出选择。

数据的分析过程还包括对原始数据的加工过程，如加权处理等。这种数据处理需要调查人员小心翼翼，不能为了得出自己想要得出的结论，就不管不顾地进行加权等处理，那样就违背了调查和分析工作的客观性。虽然在实际的数据分析中，我们一再强调数据真实的重要性，但总是难以避免有人为了得出想要的结论而对数据的加工进行造假。这样的分析过程虽然不会在调查报告中体现出来，但是如果能够拿到原始数据，造假的行为马上就会穿帮。无论是商业性质的调查还是社会性质的调查，对数据负责、对调查者负责的意识必须贯穿调查工作的始终。我们在杜绝调查数据造假的同时，也要杜绝数据的技术加工造假，后者虽然更隐蔽，但也不是不能被发现的。

另外，在这部分并不需要展示所有的数据分析过程，而是要更多地展示一些关键变量的数据结果及分析过程。一些基本的图表和数据分析过程可以放在报告的附录部分，以便于查找和阅读。

四、结论与建议

在数据分析的基础上，研究者应对本次调查及数据分析工作进行总结，并给出结论、提出建议。对研究结果的讨论可以从三个角度展开，即结论的说明、推论和建议、可能存在问题的讨论。在结论的说明部分，不是说我们要把数据分析的所有结论都在此呈现，而是要呈现一些关键变量的结论和结果，一些不太重要的变量的结论和结果，在数据分析阶段就已经呈现了，在此不必重复。这部分主要是为本次调研的主要问题和关键变量提供重点解释的机会，如一些新现象、新结果的出现，或者新的变量之间的关系反映在客观问题上时如何应对，等等，都应在此得到强调和展示。在结论的基础上，应根据新的情况和问题，提出合理的建议。需要注意的是，我们只能以本次调查为基础提出建议，因为市场情况千变万化，超出了一定的时间、空间等具体条件，我们提出的建议未必有效，还可能产生负面影响。

五、发布与声明

声明部分主要针对数据的发布、使用、调查结论和结果的授权及使用范围等做出说明，对整个调查报告的版权归属及使用情况也会做出约定和说明。

六、附录

附录部分主要是呈现正文不便呈现的各种二手文献、数据等资料，是调查报告正文的补充材料，通常包括：设计的调查问卷、抽样方案的补充和说明，调查和数据搜集阶段遇到的问题及解决方法，对本次研究相对重要的二手文献内容及来源、项目的参与者及具体分工情况等的说明。

第二节 调查报告的写作要求

调查报告写得怎么样、能不能吸引人读下去，怎样写作非常关键。优秀的调查报告能够给调查工作增光添彩，行文拙劣的调查报告会严重影响阅读者对前期调查工作的评价和好感。因此，怎样撰写调查报告是我们从市场调查一开始就需要好好考虑的。

一份合格的调查报告，需要满足以下几个基本条件。

一、语言凝练、简洁

调查报告的作用是总结前期调研成果，以简单明了的方式全面、准确地把调查情况和调查结果呈现给阅读者，需要做到语言简洁、凝练，不能拖泥带水，重点内容要能够让人一目了然。更不能为了修饰而采用文学作品的写法，添加过多的渲染以及过多的修辞，尽管这样做会增加调查报告的可读性和趣味性，但是也降低了读者对整个调查工作客观性的信任度。

对于一些专业术语，我们也应尽量以简洁的方式给出解释，不要出现太多晦涩难懂的专业概念。在写调查报告的时候，写作者心里需要时时考虑读者的接受程度及学科背景，只能被写作者读懂的调查报告不是合格的调查报告，写作者必须清楚地意识到调查报告为何而写、为谁而写。

二、结构严谨、布局合理

调查报告的结构安排一般应遵循由简单到复杂、由普通问题到重点问题的逻辑关系，力求简繁得当，重点突出。调查报告的结构安排不能让读者的阅读过程有跳跃感、突兀感，应该让读者读一遍就知道调查的基本情况和结果，而不是去调查报告的角落寻找信息。重点内容要放在报告中比较重要的位置并给予详细的分析和陈述，对需要简单处理的问题几笔带过就可以。结构的清晰和严谨是一份合格的调查报告的基本要求。

三、充分、有效地运用数据、图表

图表与数据有时候比单纯的文字更有效果，但是图表与数据的使用不能随意和泛滥,需要配合文字予以说明和强调,不需要重点突出的内容可以不添加图表,不能通篇图表,那样图表就失去了自身的作用。有的人认为数据和结果都在图表里,读者自己去图表里按照需要去找就可以了。实际上这是一种懒惰的想法,调查报告需要把调查结果简单明了地呈现在读者眼前,而不是使其花费大量时间去寻找。因此,调查报告的撰写者需要对图表的信息给出简单说明,并对重点的图表给出详细的解释和说明。另外,图表的编排也要符合基本要求,应当做到文字和图表对应、表头标号等和图表内容对应等。软件输出的图表不要直接复制使用,要按照调查报告的风格和要求对图表进行编辑及整理加工之后再使用。

四、内容完整、论证充分

调查报告需要完整地介绍调查的整个过程、调查方法、调查对象及调查结果、对研究假设的验证情况、发现并解决了哪些问题、在调查基础上提出了什么样的建议等,同时要客观地评价整个调查和数据分析工作的优劣势,让读者对调查所获得的结果有一个客观而清醒的认识,不能为了研究者的目的而故意省去一些数据和分析。整个报告的论证过程也需要建立在逻辑思维的基础上,不能无视前提条件随意得出调查结论。

五、问题意识明确

在调查报告的写作过程中,甚至是在整个调查过程和数据分析过程中,问题意识一直是做好调查、写好调查报告的关键因素。有了问题意识,才能够形成研究假设,才能够设计好调查问卷,进而筹划好整个调查工作,在报告的写作过程中,也只有带着问题意识,才能如剥茧抽丝一般把问题讲清楚。如果缺乏问题意识,自己都不知道该做什么、在做什么,到了写调查报告的阶段,写作就会处于混沌状态,不太可能写出一份好的调查报告来。

第三节　调查报告案例分析

调查报告的写法没有统一规范,不同的调查领域和行业、不同应用目的的调查报告有不同的写法。但是,通过前文介绍的调查报告的基本要求,我们还是能够发现好的调查报告的共性。本节我们将通过对调查报告的个案分析来说明应如何写好以及如何完善调查报告。

以下调查报告案例选自学生的调查作业，该小组针对当代大学生阅读方式展开了调查工作并制作了汇报调查成果的演示文稿，在此基础上完成了调查报告的撰写。

北京印刷学院学生电子书与纸质书阅读情况调查报告书

目 录

报告内容摘要：

此次调查主要围绕当代大学生阅读电子书与纸质书的情况以及一些基本阅读习惯展开，界定范围是除去课堂所用课本(纸质书)之外的阅读类型的阅读方式。我们采用的抽样方法是非随机抽样中的主观抽样，即根据研究者对调查主题的了解和对调查对象的熟悉程度，通过主观经验判断而进行的抽样。我们借助二手文献调查法，阅读了有权威性的前人的调查报告《市场经济下电子书与纸质书发展的调查研究》——（中国知网：于越、刘宏），协助我们更好地明确了调查目的以及问卷的制作规范。并且，借助问卷法涉及的方法，我们先通过试调查发现了问卷中的不足与问题，然后在正式调查时进行了线上和线下的问卷发放，共发放问卷 175 份，其中线上共发放 100 份，回收 100 份；线下发放 80 份，回收 75 份。调查对象主要是北京印刷学院康庄校区的大学生。

统计结果表明，调查对象中大一女性占比较多；从纸质书与电子书的阅读偏好可以看出，如今北京印刷学院的大学生更多选择阅读电子读物；对于阅读方式的调查显示，大部分人认为纸质书与电子书可以共存，一同更好地服务读者。

此次调查我们的确还有不成熟之处，例如样本容量相对较小、问卷设计欠缺逻辑性问题，等等，但是最终的结果还是和我们的预期保持了一致。我们作为编辑出版专业的学生，日后有大部分人会从事出版行业的工作，与纸质书（传统出版）和电子书（数字出版）的接触会越来越多。这次的调查对我们未来的职业生涯有一定的帮助，有助于我们更好地处理纸质书和电子书之间的关系。

一、市场调研策划与安排

1. 调查背景

（1）阅读是一种从古至今都存在并一直在发展的文化活动，书籍则是它的承载体。书籍从最初的石壁作画、甲骨刻字、玉石帛锦、竹简木牍发展到纸质书，在网络蓬勃发展的今天，电子高科技产品也已悄然来到我们的身边。电子读物是网络时代的产物，它的出现也改变了大学生的阅读方式与观念。那么，面对两种不同的阅读方式，大学生又会如何选择？这对他们的阅读习惯产生了什么影响？传统出版与数字出版的发展又会如何？针对这些问题，我们展开了调研。

（2）一次偶然的机会，我们组的成员有幸听取了一场北京师范大学音像出版社组织的交流会，在交流会上，我们的组员提出了电子书和纸质书的阅读量与销售量到底是竞争关系还是相辅相成的关系这一问题，而出版社给出的答案是后者，因而我们就针对这个问题做出了调查大纲。

2. 调查目的

（1）不同阅读方式对人们产生的影响；

（2）纸质书与电子书优缺点分析；

(3)现今大学生阅读习惯的调查；

(4)当代大学生对不同阅读方式的看法；

(5)探讨北京师范大学音像出版社交流会回答的真实性。

3.调查方法

问卷法(线上+线下)、二手文献调查法。

4.调查范围

调查对象:北京印刷学院大学生。

调查时间:2019年4月10日—2019年5月18日。

5.抽样方法

受客观条件影响,我们无法进行严格的随机抽样。同时,为了快速得出调查结论,我们选择了非随机抽样中的主观抽样法。

6.样本容量的确定

置信度95%,绝对误差5%,总体样本容量为180人,其中线上问卷发放100份,线下问卷发放80份。

7.活动安排

(1)前期:上相关网站查找并阅读相关二手文献,协助我们确定并精确调查的问题、方向和目的等；

(2)中期:小组成员经过讨论,拟定调查问卷的问题并进行线上和线下的问卷宣传发放,其中线下调查选择专业课课间人流高峰期发放,以最大限度地保证样本数量和质量,发放时限为3天；

(3)后期:回收问卷,统计调查数据,进行数据分析,得出调查结论。

8.组织调查单位

北京印刷学院。

9.注意事项

(1)发放问卷的时候要注意使用礼貌用语；

(2)要尊重调查对象个人的填写倾向和意愿；

(3)线下的问卷要注意保管好。

二、二手文献分析

1.题目

《市场经济下电子书与纸质书发展的调查研究》——(中国知网:于越、刘宏)

2. 调查结果

他们的调查以纸质问卷为主，发放 320 份，收回 300 份，调查年龄结构为 20—50岁，其中大学生占比较多。据他们的数据分析，有 71.1%的人接触过电子书，这说明电子书已经深入大部分人的生活。在纸质书与电子书的对比中，纸质书最突出的优点是没有辐射，因而不会影响身体健康，且保存时间长。

而电子书的优点是便于阅读、更新快，但是多数人会选择看完即删。从这里我们分析出，电子书阅读方便、不受时间和空间限制的优点增加了人们的阅读量，电子书更适应高速发展的快餐文化，但同时也有着不便于保存和无法长期查阅的缺点，不利于知识的传承与积累。

虽然纸质书与电子书有各自的优缺点，但是在短时间内，它们必将共存下去。从行业来说，二者是对立、竞争关系，但无论哪种形式，它们的本质是一样的，只是形式上存在较大的差异。随着社会的发展、进步，必然会出现传统的纸质图书出版社同多媒体、互联网之间的竞争，它们之间既存在矛盾，又相互兼容，甚至是互利互惠的。在图书未来的发展中，这些出版商家要充分考虑到整个市场的各个方面，对一些图书的出版发行及运作要很好地同网络、多媒体有机地结合起来，做到同步发行，这样既考虑到了人们不同的阅读习惯，又能兼顾图书收藏者的喜好，可以使两者有机地结合起来，达到各方共赢的目的。相信电子书和纸质书会互相促进、共同发展。

于越等人的调查范围相较我们来说更广泛、更具体、更有说服力。我们的样本容量小，因而我们最后的统计数据和他们的有一些偏差；我们的调查对象主要以北京印刷学院的大学生为主，与他们的调查对象（大部分为大学生）有重合性；他们最后的调查结果与我们最开始的预期结果相似。

三、问卷设计

针对这次调查，我们共设计了 23 道问题。

其中前 3 道题用于搜集调查对象的个人相关信息（性别、年级、专业）；

第 4 题切入主题，调查人们对于纸质书与电子书的选择情况；

第 5—13 题是关于调查对象平时的阅读习惯的调查（阅读的时长、地点、书籍类型、阅读习惯、阅读氛围，等等）；

第 14—21 题是关于纸质书与电子书之间的关系问题（纸质书和电子书的优缺点、纸质书与电子书给读者带来的影响、纸质书与电子书的特点，等等）；

第22题是关于人们对不同阅读方式的看法(纸质书与电子书未来的关系问题);

最后一题是开放性问题,询问调查对象对于书籍未来发展的看法或者建议。

四、试调查

问卷设计完毕后,我们进行了试调查,结果发现我们的调查还是存在一些问题的,但是迫于时间所限,我们最后并没有修改问卷。

(1)比如一些问题的选答和必答没有设计好,导致有些问题涉及的情况调查对象虽然没有亲身经历,但也要选择一个选项;

(2)有些问题前后的安排存在逻辑上的不合理现象;

(3)调查对象的个人因素对问卷调查存在影响;

(4)一些跳题的选择问题没有进行详细设计;

(5)纸质书与电子书的具体范围没有界定得很清楚。

五、正式调查

问卷确定之后,每个组员各自被分配到了一定数量的问卷,并找了身边的同学、朋友进行了问卷发放。线上问卷主要采用两种方式发放:一部分组员选择在微信朋友圈公开推广问卷,一部分组员选择小窗私信好友一个个发放问卷。线下问卷同样进行了任务分配并在校区内进行了分发。发放问卷的时限为3天,之后停止发放,回收问卷,分析结果。

六、调查结果

线上问卷发放100份,回收有效问卷100份;

线下问卷发放80份,回收有效问卷75份;

一共回收了175份问卷。

因题目较多,所以在这里我们仅选择有代表性的数据进行分析(图14-1、图14-2)。

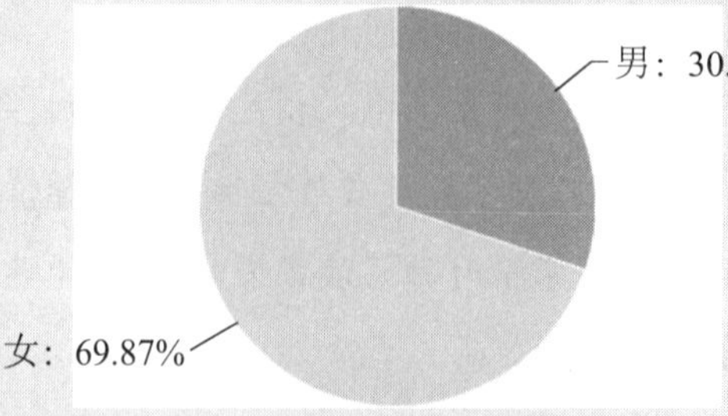

图14-1 调查对象的性别比

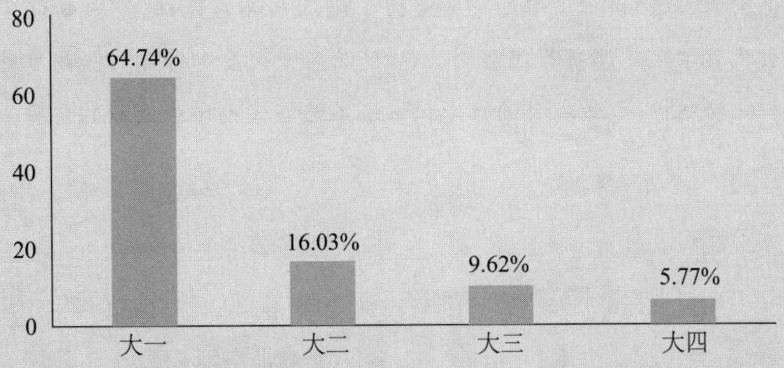

图 14-2　调查对象的年级比例

分析调查对象的基本信息可以发现，调查对象中女性占多数、大一学生占多数。由于专业问题我们设置的是开放性题目，所以不便于做具体统计。

北京印刷学院大学生阅读方式调查结果：大部分学生更多选择阅读电子书，可能是碍于他们的学习生活繁忙，因而选择了快捷阅读的方式充实自己的精神世界。

北京印刷学院大学生阅读书目调查结果：选择休闲娱乐类书籍的有59.01%，选择经典文学作品的有59.01%，选择专业类书籍的有37.89%。这反映出快节奏、高压力的生活让很大一部分大学生通过选择阅读休闲娱乐类书籍来舒缓压力、调节身心。但同样也有人选择阅读文学作品和专业书籍来提高自身的专业知识与文化修养。百忙之中，人们能够让节奏慢下来读一读自己喜欢的书，从侧面折射出我们的整个民族仍然不忘读书是根本，经典文学作品仍然受到青睐，这令我们很欣慰。

与此同时，海量的信息和电脑与手机的普及，使得大学生对休闲类书籍的获取更容易，近年兴起的网络小说因受到各大高校学生的追捧，规模不断壮大，然而这些图书都是没有嚼头、没有味道，更没有营养的快餐文化。

新闻资讯类书籍较低的阅读率反映了大学生对于社会发展的动态关注较少，他们可能更执着于自己身边的事情。作为年轻人，我们应主动关注国家发展动态，这既是对自己的提升，也是对自己未来工作后从事的行业的关注。

北京印刷学院大学生阅读目的调查结果显示，大部分同学选择的阅读目的是自身兴趣以及拓展知识面(图 14-3)。古人云：开卷有益。读书是修身养性的最好途径，通过读书才能了解未知的世界，获取实用的信息，进而更好地生活。虽然这是一个漫长的过程,但读书的意义是为了满足人类的精神需要,知识是无形的财富。当代大学生对读书有理智的认识,能为其未来自身修养的提高奠定良好的基础。一味功利性地、带有目的性地读书绝不是当代大学生阅读的宗旨。

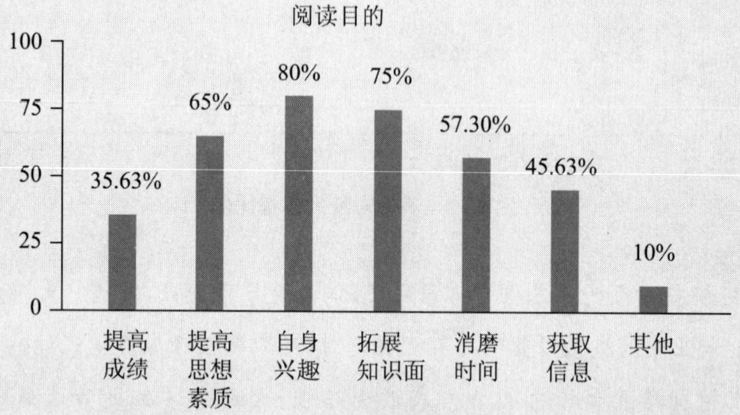

图 14-3 调查对象的阅读书阅读目的情况分布

北京印刷学院大学生实体书、电子书阅读频率比较结果:根据电子书、实体书阅读频率的比较,我们可以较为清晰地看出,每天看书和极少看书的人对于阅读方式的选择没有明显差异,而经常看书的人更倾向于选择电子书,偶尔看书的人则更倾向于选择实体书(图 14-4)。

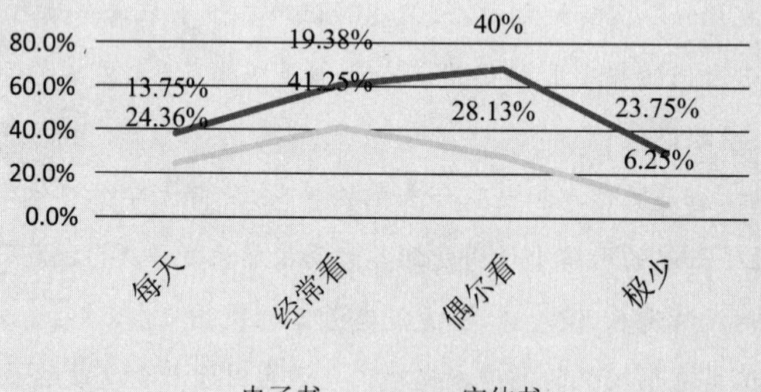

图 14-4 电子书与传统图书阅读频率比较

我们推测,纸质书更具"拥有感",可以让人真切地体会到自己是在阅读,并且可以进行圈点、勾画、批注;而电子书更倾向让读者快速阅读,捕捉到的信息多且快(图 14-5)。

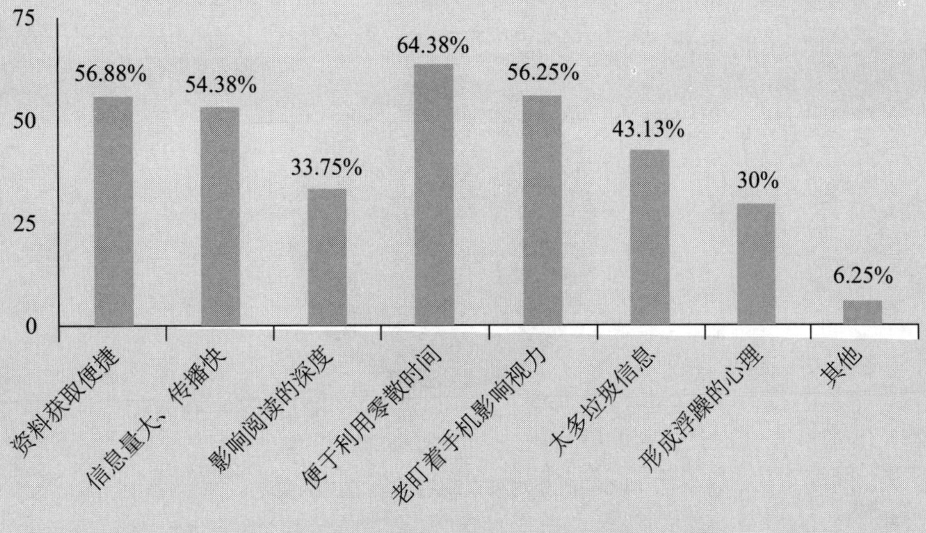

图 14-5　调查对象对电子书影响的看法分布

北京印刷学院大学生对电子书对其影响的看法调查结果：电子书对大学生的影响是把有利有弊的双刃剑，它的兴起使人们获取资料更加便捷，借助电子书，人们不仅能够及时获得最新的成果或报告等信息，更节约了一定的费用和储存空间。再者，电子读物在阅读时间和阅读地点上的随意性，让大学生可以利用零散时间学习，自行获取所需的信息。

但电子书的弊端也不可小觑，如电子屏对视力的损害就很严重。同时，网上也充斥着许多垃圾信息，这不仅增加了有效信息的检索成本，还使得电子书的版权和信息的安全性难以得到保障，极大地损害了作者和读者的利益。

并且，也有很多同学反映，他们对电子书的阅读大多处在浅阅读层次上，不能通过阅读电子书深入地获取知识与信息。还有人认为电子书会令人产生浮躁心理，这可能是网络对青少年在延迟满足上的影响导致的。

北京印刷学院大学生对不同阅读存在方式的看法调查结果：6.25%的人认为电子书会取代纸质书，31.25%的人认为纸质书不会被取代，53.75%的人认为两种方式可以共存（图 14-6）。电子书的产生一定程度上对传统阅读方式的地位造成了冲击。电子书的发展虽是一日千里，但是由于电子书的不完美以及读者出于健康和情感上的考量对其仍有抵触心理，这些不可弥补的缺点也不会使它占据阅读方式的主导地位。

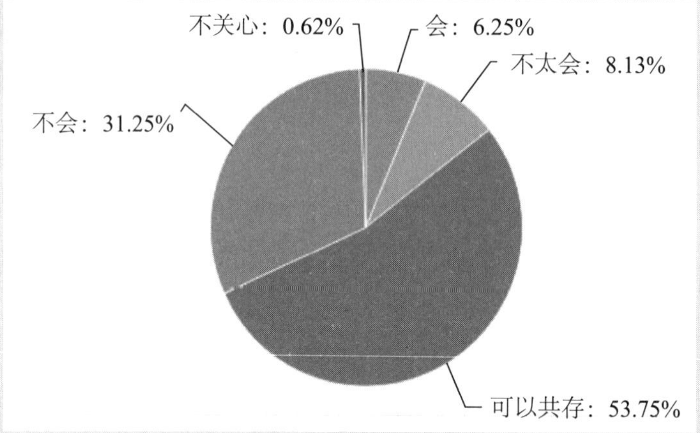

图 14-6 调查对象对现有阅读方式的看法

受到一代代书香思想熏陶的我们，对纸质书有着特殊的情愫。纸质书是我们追求高洁、优雅情感的寄托。如今，越来越多的电子书软件也开始极力在形式上设计得更像一本书，这从侧面反映了纸质书有它存在的合理性。无论科技如何发展，承载着几千年文化的纸质书籍也不会消失，因为这是文化的血脉所在。

电子书的发展也会趋于完善，会更加符合人们的要求，这也是我们愿意看到的。希望电子书与纸质书能够共同为读者更好地服务，未来将会是传统阅读与电子阅读并行的时代。

七、总结

此次调查基本完成了我们预想的目标，虽然调查存在受访群体覆盖范围小、选择人员相对集中等不足，但我们还是通过数据得到了想要的答案，这也为我们以后在编辑出版相关行业的发展提供了一些启示。

首先，不同的阅读方式对人们产生的影响并没有我们之前预想得那样鲜明，许多大学生在依赖纸质书阅读的同时不断地在接触大数据。在我们的调查中，有75%以上的受访者表示自己能够同时接受传统阅读和数字阅读，由此我们得出结论，传统阅读和数字阅读并不是我们平时下意识地认为的水火不相容的关系，它们是相辅相成、相互促进、相互发展的。作为编辑出版专业的学生，我们要有意识地利用好二者各自的优势，在之后类似问题的探讨中不再将二者割裂开来观察和思考，而是要有意识地用联系的、发展的眼光看问题，将传统出版更好地融入大数据时代，更好地和数字出版有机结合。

其次，在调查过程中，我们发现，大家经常有意识地根据书籍的性质选择阅读方式。89%以上的大学生倾向于利用传统阅读方式来阅读文学巨著或者传统文化意蕴丰厚的书籍。而数字出版则一般集中在小说、研究报告等休闲或者科技领域。由此我们得到启发，如果以后我们的组员都有幸成为新闻出版人的话，必当积极发展传统文学巨著的线上文化，不能让经典仍然在纸质书的领域踏步，我们应当做好传统文学的数字化，发展有声读物或者周边衍生文化，利用数字阅读的优势进一步加大传统文学的传播力和影响力。

最后，我们的小组成员仔细阅读了受访者为我们留下的一些建议和想法。针对传统阅读的意见多是携带不易，而对电子书的意见则是因为版权问题普遍偏贵。并且有小部分人提出希望在降低纸质书价格的同时发展纸质书个性化定制。我们的解决方案参照总结的第二条，即我们要积极发展传统文学巨著的线上文化，让人们在坐地铁、等火车等零碎的闲暇时间也能受到高质量读物的熏陶，而不是一味沉浸在碎片化的快速阅读体验里。

此外，我们对定制化的建议也非常感兴趣，这是我们第一次接触图书定制化的数据，或许在未来，出版行业可以通过对传统出版的改革满足这一点，使人们在有更好的图书购买体验的同时增加购书的比率。而人们对数字阅读的意见更加多样并且具有很高的参考价值，其中包括希望规范电子书的格式和内容、加大对一些非法链接的查处力度，保证正版图书的权益，普及可翻可写的电子书，修订新的数字阅读管理条例，多出版有意义、有深度的书籍，控制网络小说独占数字阅读鳌头的尴尬局面等。由此可以看出，数字阅读不但受关注度更高，而且发展空间更大，只要出版行业积极尝试新的渠道，促进制定和完善相关的法律法规及行业规范，数字阅读与传统阅读的和谐接轨指日可待。

（完成者：徐一帆、王雨瑶、戴紫辰、杨欣沂、李子轩、官绿怡、程思佳）

案例分析

第一，调查的主题选择既结合了学生自己的专业，同时又体现了当下阅读市场的现状——传统的纸质读物阅读和以各种电子屏为介质的数字阅读并存。这已经是一个具有普遍性的事实。越是具有普遍性的问题，可能做起调查来越是不太容易找到创新的调查角度，一不小心，就会陷入简单的描述分析，甚至是人云亦云，抑或是闭门造车的困境。调查小组以一所大学中大学生的两种阅读选择的对比为契机，调查大学生对传统读物和数字读物的认知与使用情况，应该说基本上中规中矩，选取的调查点也比较具体。不足之处在于，调查小组对二手文献的阅读和解读不够规范，他们应该能查找到更为丰富的数据和资料。调查报告对有关这方面的研究方法、研究成果虽然有所涉及，但是对二手文献和已有调查的研读与分析还是缺乏深入的思考。所以在后面的调查和分析中，无论是方法的选择还是调查内容的分析，只是就本次调查的结果展开了讨论，未能再结合已有研究和已有数据进行深入的对比分析。

第二，在调查的流程安排方面，该调查基本符合市场调查的要求，因为是小组作业，无论从时间上还是从人员安排上看，都只能做小型调查。在调查方法和调查对象方面，调查小组选择的是以北京印刷学院大学生为主的人群，通过线上和线下抽样调查与问卷法相结合的方法来展开调查工作。这样的调查人群选择除了满足了便利性之外，被选中的调查对象的代表性和客观性是否符合抽样样本基本的要求也需要认真考虑。

第三，在数据的使用和分析上，调查小组选择了和本次调查主题密切相关的几个变量，在调查报告中进行了重点讨论，并通过截取在问卷星上调查的结果和简单的Excel、SPSS等软件中的数据分析来对本次调查给出了结论。需要注意的是，截取网络分析结果这样的做法存在一个问题，就是不能参与数据分析过程，不能确定选择的数据分析工具是否适合本次调查，因此在解释数据结果的时候，只能按照呈现出来的数据和结果进行解读，不能分析和判断这样的结果是对还是错。

第四，网络调查的便利性让通过网络调查搜集数据的方式越来越普遍，但是它存在一个致命的问题，就是无法确定数据的真实性。我们通过实地调研，通过观察数据之外的一些因素，还能大致判断搜集的数据的真实性，但是网络的调查没办法判断调查对象是否认填答了问卷，以及他是否是符合调研要求的人。当然，不是说所有的网络数据都不靠谱，有的网络数据非常准确，比如我们每个人在网络平台的购物记录、浏览概率等，但是这些准确的数据对于普通人来说很难获取。比如一些大数据，虽然这些数据很好，我们在开展市场调查时也渴望得到免费的数据，但是很难。如果我们在不知道一些网络数据真实与否的基础上展开数据分析并得出结论，甚至给出建议，恐怕会给调查工作带来更多的负面影响。

第五，在数据使用和图表使用上，该调查报告也有不规范的地方。通常，表格的使用一定是按照表格能够提供的最大信息量，在调查报告的撰写者对表格认真编辑整理的基础上，编制好表格的表头和表号后才能使用，而不能把各种软件分析出来的表格直接复制粘贴在调查报告里，这样会显得极不认真和不负责任。

第六，在结论的得出上，该调查报告缺少有价值和有意义的结论及建议，对问题的思考缺乏深度，对样本的选择缺乏客观性和代表性，最后的结果也就只能就事论事了。

参考文献

书籍

1. 巴比. 社会研究方法:第 11 版[M]. 邱泽奇,译. 北京:华夏出版社,2018.

2. 风笑天. 社会研究方法:第 5 版[M]. 北京:中国人民大学出版社,2018.

3. 科宾,施特劳斯. 质性研究的基础:形成扎根理论的程序与方法:第 3 版[M]. 朱光明,译. 重庆:重庆大学出版社,2015.

4. 迈尔-舍恩伯格. 大数据时代——生活工作与思维的大变革[M]. 周涛,等,译. 杭州:浙江人民出版社. 2013.

5. 张灿鹏,郭砚常. 市场调查与分析预测:第 2 版[M]. 北京:清华大学出版社,2013.

6. 徐子沛. 大数据:正在到来的数据革命[M]. 桂林:广西师范大学出版社,2012.

7. 文军,蒋逸民. 质性研究概论[M]. 北京:北京大学出版社,2010.

8. 胡颖. 传播学调查研究方法[M]. 北京:中国传媒大学出版社,2010.

9. 卢纹岱. SPSS 软件应用[M]. 北京:电子工业出版社,2010.

10. 艾尔维森,舍尔德贝里. 质性研究的理论视角——一种反身性的方法论[M]. 陈维维,译. 重庆:重庆大学出版社,2009.

11. GILBERT, DAWN. Marketing research—methodological foundations (10e). Boston: Cengage Learning,2009.

12. 柯惠新,祝建华. 传播统计学[M]. 北京:北京广播学院出版社,2003.

13. 范伟达. 市场调查教程[M]. 上海:复旦大学出版社,2002.

14. 李沛良. 社会研究的统计应用[M]. 北京:社会科学文献出版社,2002.

15. 刘利兰. 市场调查与预测:第 2 版[M]. 北京:社会科学出版社,2002.

16. 黄升民,黄京华,王冰. 广告调查:第 2 版[M]. 北京:中国物价出版社,2002.

17. 郭大水. 市场调查与预测[M]. 天津:天津大学出版社,2000.

18. 袁方,林彬. 社会调查原理与方法[M]. 北京:高等教育出版社,1990.

19. 包智明. 让社会更美好[M]. 北京:群言出版社,2002.

20. 周星,王铭铭. 社会文化人类学讲演集[M]. 天津:天津人民出版社,1997.

期刊

1. 王亚奇. 北平社会调查所与1920年代的生活费调查研究[J]. 历史教学(下半月刊),2018(9):57-63.

2. 李江滨. 网络环境下的市场调查方法[J]. 统计与咨询,2018(2):54-55.

3. 赵鼎新. 从美国实用主义社会科学到中国特色社会科学——哲学和方法论基础探究[J]. 社会学研究,2018(1):17-40.

4. 周批改. 毛泽东社会调查方法研究综述[J]. 理论视野,2017(11):78-83.

5. 李炜. 与时俱进:社会学恢复重建以来调查研究的发展[J]. 社会学研究,2016(6):73-94.

6. 风笑天. 推动与引领:《社会学研究》三十年来的方法研究论文回顾[J]. 社会学研究,2016(6):49-72.

7. 王铭铭. 局部作为整体——从一个案例看社区研究的视野拓展[J]. 社会学研究,2016(4):98-120.

8. 李笑男. 蓬勃发展,需求不足——黄京华教授谈国内数据市场现状[J]. 当代传播,2003(4):44-45.

9. 包智明. 定量方法在人类学调查研究中的应用[J]. 民族研究,2002(5):54-56.

10. 风笑天. 社会学方法二十年:应用与研究[J]. 社会学研究,2000(1):1-11.

11. 风笑天. 社会调查方法还是社会研究方法?——社会学方法问题探讨之一[J]. 社会学研究,1997(2):21-30.

图书在版编目(CIP)数据

市场调查与分析 / 王云蔚著. -- 北京：中国传媒大学出版社，2020.6（2021.12 重印）
ISBN 978-7-5657-2691-0

Ⅰ. ①市…　Ⅱ. ①王…　Ⅲ. ①市场调查　②市场分析　Ⅳ. ①F713.52

中国版本图书馆 CIP 数据核字(2020)第 042859 号

市场调查与分析
SHICHANG DIAOCHA YU FENXI

著　　者　王云蔚
策划编辑　程　平
责任编辑　姜颖昳
封扉设计　大鹏设计
责任印制　李志鹏

出版发行　中国传媒大学出版社
社　　址　北京市朝阳区定福庄东街 1 号　　**邮　　编**　100024
电　　话　86-10-65450528　65450532　　**传　　真**　65779405
网　　址　http://cucp. cuc. edu. cn
经　　销　全国新华书店

印　　刷　唐山玺诚印务有限公司
开　　本　787mm × 1092mm　1/16
印　　张　14.5
字　　数　266 千字
版　　次　2020 年 6 月第 1 版
版　　次　2021 年 12 月第 2 次印刷

书　　号　ISBN 978-7-5657-2691-0/F · 2691　　**定　　价**　58.00 元